Luan Ferr

Cura Xamânica
O Poder das Antigas Tradições

Direitos Autorais
Título Original: Cura Xamânica - O Poder Curativo das Antigas Tradições
Copyright © 2024 por Luiz Antonio dos Santos
Segunda Edição
Esta é a segunda edição do livro Cura Xamânica, revisada e ampliada para oferecer aos leitores uma experiência mais rica e detalhada sobre as práticas ancestrais do xamanismo e sua aplicação contemporânea.

Este livro é uma obra que explora o xamanismo e suas práticas ancestrais aplicadas às necessidades contemporâneas, integrando dimensões físicas, emocionais e espirituais para a cura e o autoconhecimento. Destina-se à reflexão, estudo e crescimento pessoal, não substituindo orientações médicas ou psicológicas profissionais.

Equipe de Produção da Segunda Edição
Autor: Luan Ferr
Revisão: Helena Ribeiro
Adaptação e Colaboração: Virginia Moreira dos Santos
Projeto Gráfico e Diagramação: Arthur Mendes da Costa
Capa: Anderson Casagrande Neto
Publicação e Identificação
Cura Xamânica / Por Luan Ferr
Booklas.com, 2024
Categorias: Corpo, Mente e Espírito. Espiritualidade.
DDC: 158.1 - CDU: 613.8

Direitos Reservados
Editora Booklas/ Luiz Antonio dos Santos
Rua José Delalíbera, 962
86.183-550 – Cambé – PR
E-mail: suporte@booklas.com
Website: www.booklas.com

Sumário

Prólogo 4
Capítulo 1 Ansiedade e Estresse 16
Capítulo 2 Insônia 28
Capítulo 3 Depressão 40
Capítulo 4 Bloqueios Emocionais 54
Capítulo 5 Fadiga Crônica 69
Capítulo 6 Dores Crônicas 81
Capítulo 7 Problemas Digestivos 92
Capítulo 8 Problemas Respiratórios 104
Capítulo 9 Problemas Circulatórios 115
Capítulo 10 Problemas de Pele 127
Capítulo 11 Problemas de Imunidade 138
Capítulo 12 Problemas de Autoestima 149
Capítulo 13 Medos e Fobias 161
Capítulo 14 Problemas de Relacionamento 172
Capítulo 15 Tristeza e Luto 183
Capítulo 16 Falta de Propósito 193
Capítulo 17 Problemas Financeiros 205
Capítulo 18 Vícios e Dependências 216
Capítulo 19 Problemas Espirituais 227
Capítulo 20 Problemas Energéticos 240
Epílogo 251

Prólogo

Xamanismo é uma prática espiritual antiga que se originou há milhares de anos, transcendo fronteiras culturais e geográficas. É encontrado em diversas formas em culturas indígenas ao redor do mundo, incluindo os nativos americanos, os povos siberianos e os aborígenes australianos. A prática xamânica está centrada na crença de que tudo no universo é interconectado e que os xamãs, como intermediários entre o mundo físico e o espiritual, possuem o poder de acessar esses reinos para curar e guiar suas comunidades.

Os xamãs são conhecidos por suas habilidades de entrar em estados alterados de consciência, geralmente induzidos por práticas como a meditação, a dança rítmica, o uso de plantas enteógenas ou a batida constante de tambores. Esses estados permitem aos xamãs se comunicarem com os espíritos da natureza, os ancestrais e outros seres espirituais. Essa comunicação é usada para obter conhecimento, diagnosticar doenças e realizar curas, além de proteger e orientar a comunidade.

O papel do xamã varia de acordo com a cultura, mas geralmente inclui funções de curandeiro, conselheiro espiritual e líder cerimonial. Os xamãs são respeitados por sua sabedoria e habilidades e são frequentemente vistos como guardiões do conhecimento ancestral e das tradições espirituais. A prática xamânica enfatiza a importância da harmonia entre o ser humano e a natureza, reconhecendo que o bem-estar individual está intrinsecamente ligado ao equilíbrio do mundo natural.

No cerne do xamanismo está a ideia de que tudo tem um espírito, seja uma pedra, uma árvore, um animal ou um ser humano. Essa perspectiva animista vê o mundo como um tecido vibrante de energia interconectada, onde cada elemento possui vida e propósito. O xamã é capaz de se conectar com esses espíritos para obter sabedoria e orientação, ajudando a restaurar o equilíbrio quando ele é perturbado.

Os rituais xamânicos são variados e podem incluir cerimônias de purificação, como a utilização de ervas sagradas para a defumação, a construção de mandalas de areia ou pedras, e a criação de altares dedicados aos espíritos guardiões. Essas práticas são realizadas com a intenção de curar doenças, resolver conflitos e trazer clareza espiritual. A preparação para esses rituais é meticulosa, exigindo que o xamã e os participantes estejam em um estado de pureza e concentração.

A cura xamânica não se limita ao aspecto físico, mas também abrange os níveis mental, emocional e espiritual. O xamã entende que muitas doenças têm suas raízes em desequilíbrios espirituais ou traumas emocionais, e que a cura verdadeira requer uma abordagem holística que integra todos os aspectos do ser. Através de rituais de cura, o xamã trabalha para remover bloqueios energéticos, restaurar o fluxo de energia vital e reintegrar a pessoa em seu próprio poder espiritual.

Além das práticas de cura, os xamãs também desempenham um papel crucial na orientação espiritual. Eles ajudam as pessoas a entender suas jornadas de vida, oferecendo conselhos e rituais para superar desafios e encontrar o caminho de volta ao equilíbrio. A sabedoria xamânica é transmitida de geração em geração, mantendo viva a conexão com os ancestrais e a continuidade das tradições espirituais.

Os benefícios do xamanismo são vastos e abrangem a cura física, mental e espiritual. As práticas xamânicas oferecem ferramentas para enfrentar o estresse e a ansiedade, promover a autodescoberta e fortalecer a conexão com a natureza. Ao acessar estados de consciência elevados, as pessoas podem encontrar soluções criativas para problemas, experimentar uma profunda sensação de paz e harmonia, e desenvolver uma compreensão mais rica e significativa da vida.

Para aqueles que desejam embarcar em uma jornada xamânica, é fundamental começar com uma mente aberta e um coração receptivo. A prática do xamanismo exige dedicação, respeito e uma vontade genuína de aprender e crescer. Ao se preparar para essa jornada, é importante estabelecer intenções claras e se conectar com a própria espiritualidade, buscando sempre a orientação dos espíritos e a sabedoria ancestral.

Este é o início de uma jornada transformadora, onde o xamanismo oferece um caminho para a cura, a sabedoria e a reconexão com o mundo espiritual e natural.

A prática do xamanismo envolve a interação profunda com a natureza e os elementos que a compõem. A terra, o ar, a água e o fogo são vistos como forças vivas, cada uma com sua própria energia e espírito. Os xamãs utilizam essas forças em seus rituais para trazer cura e equilíbrio. A terra representa estabilidade e nutrição, o ar simboliza o pensamento e a comunicação, a água está ligada às emoções e à intuição, e o fogo representa a transformação e a energia vital.

Os espíritos da natureza, como os espíritos das plantas, animais e minerais, desempenham um papel vital na prática xamânica. Cada espírito possui sabedoria e poder específicos, e o xamã pode convocá-los para obter assistência em curas e outras cerimônias. Por exemplo, certos animais são considerados guias espirituais e podem oferecer proteção, insight e força. As plantas medicinais são usadas tanto fisicamente quanto espiritualmente para tratar doenças e promover o bem-estar.

Para se conectar com esses espíritos, o xamã frequentemente usa técnicas como a jornada xamânica. Durante a jornada, o xamã entra em um estado alterado de consciência e viaja ao mundo espiritual em busca de sabedoria e cura. Esse estado pode ser alcançado através da meditação, da repetição de mantras ou da batida rítmica de tambores. A jornada xamânica permite ao xamã explorar diferentes reinos espirituais, encontrar espíritos guias e obter insights sobre a condição do paciente.

Os instrumentos xamânicos, como tambores, chocalhos e bastões de cura, são ferramentas essenciais no trabalho do xamã. Esses instrumentos são usados para alterar estados de consciência, invocar espíritos e canalizar energia de cura. O tambor, em particular, é um instrumento poderoso, cujas batidas rítmicas ajudam o xamã a entrar em estados de transe e conectar-se com o mundo espiritual. Cada instrumento é considerado sagrado e é tratado com grande respeito.

A preparação para os rituais xamânicos é um aspecto crucial da prática. Antes de realizar um ritual, o xamã passa por um processo de purificação que pode incluir jejum, banhos de ervas e meditação. A intenção é limpar o corpo e a mente de qualquer impureza e focar na tarefa espiritual à frente. Os participantes dos rituais também são encorajados a se purificar e a preparar suas mentes e corações para a experiência.

Os rituais xamânicos são realizados em locais considerados sagrados, como florestas, montanhas, rios e cavernas. Esses locais são escolhidos por sua energia especial e pela presença de espíritos guardiões. A natureza desses locais ajuda a amplificar o poder do ritual e a facilitar a conexão com os reinos espirituais. Além disso, a escolha do horário do ritual pode ser influenciada por ciclos naturais, como as fases da lua, as estações do ano e outros fenômenos astrológicos.

Durante um ritual, o xamã pode usar cânticos, danças e outras formas de expressão artística para invocar espíritos e canalizar energia de cura. Os cânticos são geralmente passados de geração em geração e são considerados sagrados. Eles são usados para estabelecer uma conexão com os espíritos, invocar sua presença e pedir sua ajuda. A dança xamânica é outra prática importante que ajuda a mover a energia e a entrar em um estado de transe.

A cura xamânica é um processo profundo que vai além do tratamento dos sintomas físicos. O xamã trabalha para identificar e tratar a causa raiz do problema, que muitas vezes está relacionada a desequilíbrios espirituais ou traumas emocionais. O objetivo é restaurar a harmonia e o equilíbrio, não apenas no indivíduo, mas também na comunidade e no mundo natural. A cura pode envolver a remoção de energias negativas, a recuperação de partes perdidas da alma e a restauração do fluxo de energia vital.

Ao final dos rituais, é comum haver um período de integração, onde o xamã e os participantes refletem sobre a experiência e compartilham seus insights. Esse momento é crucial para assimilar as mudanças e as curas que ocorreram, e para entender como aplicar essas lições na vida diária. A integração é vista como uma parte essencial do processo de cura, ajudando a solidificar as transformações espirituais e a garantir que os benefícios do ritual sejam duradouros.

Este mergulho nas práticas e crenças xamânicas revela a profundidade e a riqueza dessa tradição espiritual. O xamanismo oferece um caminho poderoso para a cura, a conexão com o sagrado e a harmonização com o universo, convidando todos a explorar e descobrir suas próprias jornadas espirituais.

O xamanismo é uma prática que enfatiza a cura e a transformação pessoal por meio da conexão com o mundo espiritual e com a natureza. Esta prática holística vê o ser humano como uma parte integral do universo, onde tudo está interligado e possui uma energia vital. A crença central do xamanismo é que muitas doenças e problemas são causados por desequilíbrios ou bloqueios dessa energia vital, e que a cura pode ser alcançada ao restaurar o equilíbrio e o fluxo de energia.

Os xamãs desempenham um papel crucial como curandeiros, não apenas tratando os sintomas físicos, mas também abordando os aspectos emocionais, mentais e espirituais da doença. A visão holística do xamanismo reconhece que a saúde depende da harmonia entre corpo, mente e espírito, e que a cura verdadeira envolve a reintegração dessas partes em um todo coeso.

Uma das ferramentas fundamentais do xamanismo é a cerimônia de purificação. Estas cerimônias podem incluir a defumação com ervas sagradas, como sálvia, cedro ou erva-doce, que são queimadas para limpar energias negativas e purificar o ambiente. A fumaça dessas ervas é considerada uma oferenda aos espíritos, ajudando a estabelecer uma conexão entre o mundo físico e o espiritual. A defumação é frequentemente usada no início de um ritual para preparar o espaço e os participantes para o trabalho espiritual.

Outro aspecto importante do xamanismo é a jornada espiritual, onde o xamã viaja aos reinos espirituais em busca de cura e orientação. Essas jornadas podem ser realizadas de várias maneiras, incluindo a meditação profunda, o uso de tambores ou outros instrumentos rítmicos, e a ingestão de plantas enteógenas em contextos cerimoniais. O objetivo dessas jornadas é entrar em contato com espíritos guias, animais de poder e outros seres espirituais que podem oferecer sabedoria e assistência.

Os xamãs também utilizam a energia dos elementos naturais em seus rituais. Por exemplo, a água pode ser usada para limpar e purificar, o fogo para transformar e transmutar energias, a terra para fornecer estabilidade e nutrição, e o ar para trazer clareza e comunicação. Esses elementos são vistos como manifestações das forças espirituais do universo e são integrados nos rituais para amplificar o poder da cura.

A prática do xamanismo requer um profundo respeito e reverência pela natureza e pelos espíritos. Os xamãs frequentemente realizam oferendas e cerimônias de gratidão para honrar os espíritos e pedir sua assistência. Essas oferendas podem incluir alimentos, flores, cristais ou outros itens simbólicos que representam uma troca de energia e um reconhecimento do apoio espiritual recebido.

A cura xamânica muitas vezes envolve a identificação e remoção de bloqueios energéticos. Esses bloqueios podem ser causados por traumas emocionais, pensamentos negativos ou influências externas. O xamã trabalha para detectar essas obstruções e restaurar o fluxo de energia vital através de várias técnicas, como a imposição de mãos, o uso de cristais de cura e a canalização de energia espiritual. A remoção desses bloqueios permite que a energia vital flua livremente, promovendo a saúde e o bem-estar.

Além de tratar doenças, o xamanismo também se concentra na prevenção e na manutenção da saúde. Os xamãs ensinam práticas e rituais que podem ser incorporados na vida diária para manter o equilíbrio e a harmonia. Estas práticas podem incluir meditação, técnicas de respiração, rituais de gratidão e a conexão regular com a natureza. Ao integrar essas práticas, os indivíduos podem fortalecer sua conexão espiritual e prevenir desequilíbrios antes que eles se manifestem como doenças.

A jornada do xamanismo é uma jornada de autodescoberta e crescimento espiritual. Através da prática xamânica, as pessoas podem descobrir aspectos ocultos de si mesmas, superar medos e limitações, e desenvolver uma maior compreensão e compaixão. A transformação pessoal que ocorre através do xamanismo é profunda e duradoura, proporcionando um caminho para a realização espiritual e a harmonia interior.

Ao explorar o xamanismo, é essencial abordar essa prática com uma mente aberta e um coração receptivo. A jornada xamânica é única para cada indivíduo, e a experiência de cada um será moldada por sua própria intenção e disposição para se conectar com o espiritual. Ao embarcar nesta jornada, as pessoas são convidadas a confiar no processo e a permitir que a sabedoria ancestral e os espíritos guias orientem seu caminho para a cura e a transformação.

O xamanismo não é apenas uma prática de cura, mas também um caminho espiritual que oferece um profundo entendimento sobre a vida e o universo. Uma das crenças fundamentais do xamanismo é a interconexão de todas as coisas. Esta visão de mundo holística reconhece que cada ser, seja humano, animal, planta ou mineral, possui um espírito e está conectado ao grande tecido da vida. Essa interconexão implica que o bem-estar de um afeta o bem-estar de todos, e que a harmonia deve ser mantida para que o equilíbrio seja preservado.

A preparação para a jornada xamânica é um aspecto essencial que não pode ser subestimado. Antes de iniciar um ritual ou cerimônia, é importante que o xamã e os participantes purifiquem seus corpos e mentes. Esse processo de purificação pode incluir jejum, banhos de ervas e meditação. O objetivo é limpar qualquer negatividade ou distração que possa interferir na conexão com o mundo espiritual. A preparação cuidadosa cria um estado de receptividade e abertura, permitindo que o xamã entre em estados de consciência elevados com maior facilidade.

Os espíritos guias desempenham um papel vital na prática xamânica. Eles são vistos como aliados e professores que ajudam o xamã a navegar pelos reinos espirituais e a obter insights valiosos. Os espíritos guias podem se manifestar de várias formas, incluindo animais, ancestrais e entidades divinas. Cada guia possui sua própria sabedoria e pode oferecer orientação específica para situações diferentes. A relação entre o xamã e seus espíritos guias é construída ao longo do tempo e baseada na confiança e no respeito mútuo.

A comunicação com os espíritos é facilitada por vários métodos, sendo um dos mais comuns a jornada xamânica. Durante essa jornada, o xamã pode usar o som rítmico de um tambor ou chocalho para induzir um estado alterado de consciência. Esse estado permite que o xamã viaje ao mundo espiritual e interaja diretamente com os espíritos guias. A jornada pode ser realizada com um propósito específico, como buscar cura para um paciente, obter respostas para uma questão ou simplesmente aprofundar a conexão espiritual.

Os elementos da natureza são constantemente integrados nas práticas xamânicas. A terra, o ar, a água e o fogo são considerados não apenas como componentes físicos do mundo, mas como manifestações das forças espirituais. Cada elemento possui características únicas e pode ser invocado durante os rituais para trazer equilíbrio e cura. Por exemplo, a terra pode ser usada para fornecer estabilidade e apoio, enquanto a água pode ser invocada para limpar e purificar. A invocação desses elementos ajuda a harmonizar a energia do ritual e a amplificar seus efeitos.

Os rituais xamânicos são realizados com grande reverência e respeito pela natureza e pelos espíritos. Antes de iniciar um ritual, o xamã pode fazer oferendas aos espíritos para honrá-los e pedir sua assistência. Essas oferendas podem incluir alimentos, flores, cristais e outros itens simbólicos. A intenção por trás das oferendas é demonstrar gratidão e criar um intercâmbio de energia, fortalecendo a conexão entre o xamã e o mundo espiritual.

A cura no xamanismo é vista como um processo integral que envolve todos os aspectos do ser. Os xamãs acreditam que muitas doenças têm suas raízes em desequilíbrios espirituais ou traumas emocionais e que a cura verdadeira só pode ser alcançada ao abordar essas causas subjacentes. Através de rituais de cura, o xamã trabalha para restaurar o equilíbrio energético do indivíduo, removendo bloqueios e promovendo o fluxo livre da energia vital. Esse processo pode incluir técnicas como a extração de energias negativas, a recuperação da alma e a canalização de energia de cura.

A prática diária do xamanismo também inclui a manutenção do equilíbrio e da harmonia através de rituais simples e práticas espirituais. Estas podem envolver meditações matinais, rituais de gratidão, e a prática da atenção plena na natureza. Integrar essas práticas na vida cotidiana ajuda a fortalecer a conexão espiritual e a manter o equilíbrio energético. Ao viver em harmonia com os princípios xamânicos, os indivíduos podem experimentar uma maior sensação de paz, propósito e conexão com o universo.

Ao embarcar na jornada do xamanismo, é importante lembrar que cada experiência é única e pessoal. O caminho do xamã é uma jornada contínua de aprendizado e crescimento espiritual. Aqueles que se dedicam a essa prática são convidados a explorar, experimentar e descobrir suas próprias verdades espirituais. O xamanismo oferece uma rica tapeçaria de sabedoria e práticas que podem enriquecer a vida de qualquer pessoa, proporcionando ferramentas para a cura, a transformação e a conexão com o sagrado.

A jornada xamânica é uma experiência profundamente transformadora que permite o acesso a dimensões espirituais e à sabedoria ancestral. Esta prática é mais do que um método de cura; é um caminho espiritual que leva ao autoconhecimento e à compreensão mais profunda da natureza da existência. Para aqueles que se dedicam ao xamanismo, cada ritual e cerimônia é uma oportunidade para crescer espiritualmente e fortalecer a conexão com o universo.

A importância da intenção no xamanismo não pode ser subestimada. A intenção é o coração de qualquer prática espiritual xamânica. Antes de iniciar um ritual, o xamã e os participantes estabelecem uma intenção clara, que serve como guia para a jornada espiritual. A intenção pode ser curar uma doença, obter respostas a uma pergunta importante ou simplesmente buscar paz e harmonia. Uma intenção bem definida ajuda a focar a energia e a direcionar os esforços espirituais de maneira eficaz.

A conexão com os ancestrais é outro aspecto fundamental do xamanismo. Os xamãs acreditam que os ancestrais, aqueles que viveram antes de nós, continuam a desempenhar um papel ativo em nossas vidas. Eles são vistos como guardiões e fontes de sabedoria, oferecendo orientação e apoio através das gerações. A comunicação com os ancestrais é uma parte vital dos rituais xamânicos, e as oferendas e cerimônias em sua honra são realizadas para manter essa conexão viva.

A prática xamânica envolve uma variedade de técnicas e ferramentas, cada uma com seu próprio propósito e significado. Por exemplo, a técnica da recuperação da alma é usada para recuperar partes da alma que podem ter sido perdidas devido a traumas ou experiências negativas. O xamã entra em um estado de transe e viaja ao mundo espiritual para encontrar e reintegrar essas partes perdidas, restaurando a plenitude e a vitalidade do indivíduo.

Outro exemplo é a extração de energias negativas, uma técnica usada para remover influências nocivas que podem estar causando doença ou desequilíbrio. O xamã identifica e extrai essas energias, utilizando ferramentas como cristais de cura, plumas ou outros objetos sagrados. Essa prática é seguida por rituais de purificação e proteção para garantir que as energias negativas não retornem.

A preparação do espaço sagrado é um passo crucial em qualquer ritual xamânico. O espaço onde o ritual será realizado é purificado e consagrado, criando um ambiente seguro e sagrado onde as energias espirituais podem ser invocadas e direcionadas. Isso pode envolver a criação de um círculo sagrado, o uso de símbolos e a invocação dos quatro elementos e dos espíritos guardiões. Um espaço bem preparado amplifica a eficácia do ritual e proporciona uma atmosfera de reverência e respeito.

O papel do xamã como curandeiro e guia espiritual é multifacetado. Além de realizar curas e conduzir rituais, o xamã oferece orientação e apoio espiritual contínuos para a comunidade. Eles ajudam as pessoas a interpretar sonhos, a entender mensagens espirituais e a tomar decisões importantes baseadas na sabedoria ancestral. O xamã é um conselheiro confiável que oferece insights profundos e soluções práticas para os desafios da vida.

A prática do xamanismo também promove a importância da reciprocidade e da gratidão. Os xamãs ensinam que tudo no universo está interconectado e que a energia que damos retorna a nós. Por isso, é essencial praticar a gratidão e fazer oferendas regulares à natureza e aos espíritos. A reciprocidade mantém o equilíbrio e fortalece a relação com o mundo espiritual, promovendo uma vida harmoniosa e abundante.

O xamanismo oferece uma perspectiva única sobre a vida e a cura, enfatizando a importância de viver em harmonia com a natureza e de honrar a conexão espiritual com todos os seres. É uma prática que pode transformar a maneira como vemos o mundo e nos relacionamos com ele, proporcionando ferramentas para a cura, a transformação pessoal e o crescimento espiritual.

Ao concluir esta introdução ao xamanismo, fica claro que esta prática é um caminho profundo e enriquecedor para aqueles que buscam uma compreensão mais ampla da vida e do universo. O xamanismo nos convida a explorar nossas próprias jornadas espirituais, a descobrir a sabedoria ancestral e a viver em harmonia com o mundo ao nosso redor. Com dedicação e intenção sincera, qualquer pessoa pode embarcar nesta jornada e experimentar a profunda transformação que o xamanismo pode proporcionar.

Capítulo 1
Ansiedade e Estresse

A ansiedade e o estresse são problemas comuns que afetam muitas pessoas em diversas etapas da vida. Esses estados emocionais podem manifestar-se de várias formas, desde preocupações constantes até ataques de pânico intensos. Entender a natureza desses problemas é o primeiro passo para abordá-los eficazmente através de práticas xamânicas.

A ansiedade é caracterizada por sentimentos de apreensão, medo ou preocupação, que podem ser contínuos ou surgir em resposta a situações específicas. Estes sentimentos muitas vezes vêm acompanhados de sintomas físicos, como palpitações, sudorese, tremores e tensão muscular. A ansiedade pode interferir na capacidade de uma pessoa de levar uma vida normal, afetando seu desempenho no trabalho, suas relações e sua saúde geral.

O estresse, por outro lado, é a resposta do corpo a demandas ou pressões. Embora uma certa quantidade de estresse possa ser benéfica, ajudando a motivar e energizar, o estresse crônico pode ter efeitos prejudiciais. O estresse prolongado pode levar a problemas de saúde, como hipertensão, problemas cardíacos, distúrbios do sono e problemas digestivos. Além disso, pode agravar a ansiedade, criando um ciclo vicioso que é difícil de quebrar.

As causas da ansiedade e do estresse são variadas e podem incluir fatores ambientais, como trabalho excessivo, responsabilidades familiares, e pressões sociais. Fatores pessoais, como traumas passados, predisposição genética, e problemas de saúde mental também desempenham um papel significativo.

Identificar as causas subjacentes é essencial para abordar esses problemas de maneira holística.

A cura xamânica oferece várias abordagens para tratar a ansiedade e o estresse, integrando métodos que equilibram o corpo, a mente e o espírito. Uma prática fundamental é a jornada xamânica, onde o xamã entra em um estado alterado de consciência para se conectar com os espíritos guias e obter insights sobre as causas e soluções para o problema.

A preparação para um ritual de cura para ansiedade e estresse começa com a criação de um espaço sagrado. Este espaço deve ser tranquilo e livre de distrações, permitindo uma conexão profunda com o mundo espiritual. A purificação do espaço pode ser feita com a queima de ervas sagradas, como sálvia ou palo santo, para limpar qualquer energia negativa. A intenção clara de curar a ansiedade e o estresse deve ser estabelecida, criando uma base forte para o ritual.

Os materiais necessários para o ritual podem incluir tambores ou chocalhos para facilitar a entrada em estados de transe, cristais de cura como ametista e quartzo rosa para promover a calma e a paz, e óleos essenciais de lavanda ou camomila para induzir o relaxamento. O xamã também pode preparar um altar com símbolos que representem os elementos da natureza, como conchas, pedras e penas, para invocar a presença dos espíritos guardiões.

O ritual começa com uma meditação guiada, onde o xamã leva o participante a um estado de relaxamento profundo. A respiração rítmica e controlada é fundamental, ajudando a acalmar a mente e a preparar o corpo para a jornada espiritual. Com o som rítmico do tambor, o xamã conduz o participante através de uma visualização, onde ele encontra seus espíritos guias em um lugar seguro e sagrado. Esses espíritos podem oferecer mensagens de conforto e orientação, ajudando a aliviar a ansiedade e a identificar as fontes de estresse.

Uma parte crucial do ritual é a invocação de energia de cura. O xamã canaliza essa energia através de suas mãos ou através de objetos sagrados, direcionando-a para áreas do corpo onde a tensão e o estresse são mais evidentes. Isso pode ser complementado com cânticos e mantras que reforçam a intenção de cura e promovem um estado de paz interior.

Ao finalizar o ritual, é importante ter um período de integração, onde o participante reflete sobre a experiência e anota quaisquer insights ou mensagens recebidas. Este tempo de reflexão ajuda a assimilar a cura e a trazer as mudanças necessárias para a vida diária. A prática regular de técnicas de relaxamento e a manutenção de um espaço sagrado em casa podem apoiar a continuidade dos efeitos benéficos do ritual.

A cura xamânica para ansiedade e estresse é uma prática poderosa que combina a sabedoria ancestral com técnicas modernas de relaxamento. Ao abordar esses problemas de maneira holística, é possível encontrar um caminho para a paz interior e o equilíbrio, vivendo uma vida mais harmoniosa e plena.

A identificação das causas subjacentes da ansiedade e do estresse é um passo fundamental no processo de cura xamânica. Muitas vezes, essas condições são resultado de uma combinação de fatores, incluindo experiências traumáticas, desafios diários e desequilíbrios espirituais. O xamã trabalha para desvendar esses fatores e entender como eles se manifestam no corpo e na mente do indivíduo.

Traumas passados são frequentemente uma causa significativa de ansiedade e estresse. Experiências dolorosas ou perturbadoras podem deixar cicatrizes profundas, tanto emocional quanto espiritualmente. Esses traumas podem se manifestar como medos irracionais, pesadelos recorrentes ou uma sensação constante de ameaça. O xamã utiliza a jornada espiritual para explorar esses traumas, buscando a origem do sofrimento e trabalhando para liberar a energia negativa associada a essas experiências.

Os desafios diários e as responsabilidades também contribuem para o acúmulo de estresse. Situações como demandas excessivas no trabalho, dificuldades financeiras ou conflitos familiares podem criar uma pressão constante que afeta a saúde mental e emocional. O xamã ajuda a identificar essas fontes de estresse e a desenvolver estratégias para lidar com elas de maneira mais eficaz, promovendo uma abordagem equilibrada para a vida.

Os desequilíbrios espirituais, embora menos óbvios, são igualmente importantes. Uma desconexão com o próprio propósito ou uma falta de alinhamento com os valores espirituais pode causar uma sensação de vazio e inquietação. O xamã trabalha para restaurar essa conexão, ajudando o indivíduo a encontrar um sentido mais profundo e a alinhar sua vida com suas crenças espirituais.

A preparação para o ritual de cura envolve não apenas a purificação do espaço físico, mas também a preparação mental e emocional do participante. A meditação e as práticas de mindfulness são úteis para acalmar a mente e focar a intenção. O xamã pode orientar o participante através de exercícios de respiração profunda e visualização, criando um estado de receptividade para a cura.

O ritual em si é uma experiência profundamente transformadora. O xamã pode começar com uma invocação aos espíritos guias e aos elementos da natureza, pedindo sua presença e assistência no processo de cura. O som rítmico do tambor ou do chocalho é usado para alterar o estado de consciência, permitindo que o xamã e o participante entrem em um estado meditativo profundo.

Durante a jornada espiritual, o xamã pode encontrar e interagir com espíritos animais ou guias ancestrais. Esses seres oferecem sabedoria e apoio, ajudando a identificar as causas da ansiedade e do estresse e a encontrar soluções espirituais para esses problemas. A comunicação com esses espíritos é uma parte vital do processo de cura, proporcionando insights que não são facilmente acessíveis no estado de consciência normal.

A energia de cura é canalizada através das mãos do xamã ou de objetos sagrados, como cristais e penas. O xamã pode direcionar essa energia para áreas específicas do corpo onde a tensão e o estresse são mais pronunciados, promovendo a liberação de bloqueios energéticos e restaurando o fluxo de energia vital. Esta prática é muitas vezes acompanhada de cânticos e mantras que reforçam a intenção de cura e criam uma atmosfera de paz e serenidade.

A integração é uma etapa essencial após o ritual. O participante é encorajado a refletir sobre a experiência e a anotar qualquer insight ou mensagem recebida durante a jornada. Esta reflexão ajuda a consolidar a cura e a aplicar as lições aprendidas na vida diária. O xamã pode oferecer orientações adicionais sobre como manter o equilíbrio e a harmonia, sugerindo práticas diárias de meditação, gratidão e conexão com a natureza.

A prática regular dessas técnicas pode ajudar a prevenir o retorno da ansiedade e do estresse, promovendo uma sensação contínua de bem-estar. A criação de um espaço sagrado em casa, onde rituais e meditações podem ser realizados regularmente, apoia a manutenção da paz interior e do equilíbrio energético.

A cura xamânica para ansiedade e estresse oferece um caminho holístico e integrado para o bem-estar. Ao abordar as causas subjacentes e promover a cura em todos os níveis do ser, o xamã ajuda o indivíduo a encontrar uma paz profunda e duradoura. Esta abordagem proporciona não apenas alívio dos sintomas, mas também uma transformação espiritual que enriquece todos os aspectos da vida.

O processo de cura xamânica para a ansiedade e o estresse não termina com o ritual inicial. A integração contínua e a aplicação prática das lições aprendidas durante o ritual são cruciais para garantir resultados duradouros. A criação de rotinas e práticas diárias que suportem a calma e o equilíbrio é essencial para manter a cura alcançada.

Uma prática diária recomendada é a meditação. A meditação não só ajuda a acalmar a mente, mas também fortalece a conexão espiritual. Reservar um tempo todos os dias para sentar em silêncio, concentrando-se na respiração e observando os pensamentos sem julgamento, pode reduzir significativamente a ansiedade e o estresse. Durante a meditação, a visualização de um lugar seguro ou de um espírito guia pode ajudar a reforçar o senso de proteção e orientação espiritual.

Além da meditação, a prática regular de gratidão pode ter um impacto profundo no bem-estar mental e emocional. Manter um diário de gratidão, onde se anota diariamente três coisas pelas quais se é grato, ajuda a reorientar a mente para aspectos positivos da vida, diminuindo a tendência de se concentrar em preocupações e estresses. Este simples ato pode transformar a perspectiva de vida, promovendo uma sensação mais profunda de contentamento e paz.

A conexão com a natureza é outra prática fundamental no xamanismo. Passar tempo ao ar livre, seja caminhando em um parque, sentando-se ao lado de um rio ou simplesmente observando o céu, pode ajudar a restaurar o equilíbrio energético. A natureza tem um poder curativo inerente, e o simples ato de estar presente em um ambiente natural pode recarregar a energia vital e promover a serenidade.

Os rituais de purificação regulares são igualmente importantes. A defumação com ervas sagradas, como a sálvia, pode ser realizada semanalmente ou conforme necessário para limpar energias negativas acumuladas. Esta prática ajuda a manter o espaço pessoal limpo e energeticamente equilibrado, criando um ambiente propício à calma e ao bem-estar. A criação de um altar com elementos da natureza e símbolos espirituais pode servir como um ponto focal para a prática espiritual diária.

O uso de mantras e cânticos também pode ser incorporado nas práticas diárias. Cantar mantras específicos, que ressoam com a intenção de paz e equilíbrio, pode ajudar a acalmar a mente e a promover a cura. O som tem um poder profundo de alterar estados de consciência e de realinhar a energia interna, tornando-o uma ferramenta valiosa no manejo da ansiedade e do estresse.

A prática de respiração consciente é outra técnica eficaz para lidar com a ansiedade e o estresse. Exercícios de respiração, como a respiração diafragmática ou a respiração alternada, ajudam a ativar o sistema nervoso parassimpático, promovendo um estado de relaxamento profundo. A respiração consciente pode ser feita a qualquer momento do dia, especialmente durante momentos de alta tensão, para restaurar a calma e o foco.

O apoio comunitário também desempenha um papel crucial no processo de cura. Participar de círculos de cura ou grupos de apoio xamânicos pode proporcionar um senso de pertença e apoio. Compartilhar experiências e práticas com outros que estão na mesma jornada pode oferecer novos insights e fortalecer a determinação de manter as práticas diárias.

Além dessas práticas, é importante adotar uma abordagem compassiva consigo mesmo. A ansiedade e o estresse podem ser desafios significativos, e é essencial reconhecer os próprios esforços e progressos ao longo do caminho. A autocompaixão envolve tratar-se com gentileza e compreensão, especialmente durante momentos difíceis, e isso pode ter um impacto profundo na cura emocional e espiritual.

Por fim, a prática de visualizar a intenção de cura e equilíbrio ao longo do dia pode ser uma ferramenta poderosa. Visualizar uma luz curativa ou uma energia protetora ao redor do corpo pode ajudar a manter um estado de calma e proteção contra influências negativas. Esta prática pode ser realizada em qualquer lugar e a qualquer momento, reforçando continuamente a intenção de viver em paz e harmonia.

A cura xamânica para ansiedade e estresse é um processo contínuo que envolve práticas diárias, autocuidado e uma profunda conexão espiritual. Ao integrar essas práticas na vida cotidiana, é possível manter a calma, o equilíbrio e a paz interior, enfrentando os desafios da vida com resiliência e serenidade.

Para aprofundar a prática da cura xamânica para ansiedade e estresse, é essencial entender a importância dos símbolos e dos rituais na criação de um espaço de cura. Esses elementos não são apenas decorativos; eles carregam significados profundos e energias que podem amplificar a eficácia do trabalho espiritual.

Os símbolos xamânicos, como mandalas, círculos sagrados e imagens de animais de poder, servem como pontos de foco durante a meditação e os rituais. Mandalas, por exemplo, são representações geométricas do universo e são usadas para concentrar a mente e entrar em estados meditativos profundos. Criar uma mandala pessoal pode ser uma atividade meditativa em si, ajudando a clarear a mente e a estabelecer uma intenção clara para a cura.

Os círculos sagrados são outro elemento poderoso nos rituais xamânicos. Representando a eternidade e a interconexão de todas as coisas, os círculos são frequentemente usados para definir o espaço ritual. Traçar um círculo no chão com sal, pedras ou flores pode criar um espaço sagrado onde a energia é contida e amplificada. Este espaço oferece proteção espiritual e facilita a conexão com os espíritos guias e os elementos da natureza.

Os animais de poder são uma parte essencial da prática xamânica. Cada animal possui características e sabedorias únicas que podem ser invocadas para orientação e cura. Por exemplo, o lobo é frequentemente associado à intuição e à proteção, enquanto a águia representa visão e liberdade. Descobrir seu animal de poder pode ser uma jornada em si, realizada através de meditações guiadas ou jornadas xamânicas. Uma vez identificado, o animal de poder pode ser invocado durante os rituais para fornecer força e apoio.

Os rituais de cura xamânica podem ser enriquecidos com a utilização de plantas sagradas. A defumação com ervas, como a sálvia, o cedro e o palo santo, é uma prática comum para limpar energias negativas e purificar o espaço. Essas plantas têm propriedades espirituais que ajudam a elevar a vibração do ambiente, tornando-o propício para a cura. Preparar um chá de ervas calmantes, como a camomila ou a valeriana, pode complementar a prática, proporcionando relaxamento e alívio do estresse.

Os cristais também desempenham um papel significativo nos rituais de cura. Cada cristal possui uma frequência vibracional única que pode ser usada para equilibrar e harmonizar a energia do corpo. A ametista, por exemplo, é conhecida por suas propriedades calmantes e protetoras, enquanto o quartzo rosa promove amor e paz interior. Colocar cristais em pontos estratégicos durante a meditação ou o ritual pode amplificar a energia de cura.

A música e o som são ferramentas poderosas na prática xamânica. O uso de tambores, chocalhos e flautas ajuda a induzir estados alterados de consciência, facilitando a jornada espiritual. O ritmo constante do tambor pode ser particularmente eficaz para acalmar a mente e promover a introspecção. Cânticos e mantras, repetidos ritmicamente, também ajudam a concentrar a mente e a elevar a vibração do ritual. Esses sons criam um ambiente sagrado e apoiam a cura.

Os rituais de cura para ansiedade e estresse podem incluir a criação de um altar pessoal. Este altar serve como um espaço dedicado à prática espiritual, onde símbolos, cristais, plantas sagradas e outros objetos significativos podem ser dispostos. Manter um altar em casa proporciona um ponto focal para a meditação diária e os rituais, lembrando continuamente a intenção de cura e conexão espiritual. Este espaço deve ser mantido limpo e energeticamente equilibrado, com oferendas regulares de flores, água ou incenso para honrar os espíritos e a energia do local.

A prática de visualização é uma técnica eficaz para complementar os rituais xamânicos. Visualizar uma luz curativa que envolve o corpo pode ajudar a proteger contra energias negativas e promover a cura interna. Essa prática pode ser integrada à meditação diária, reforçando a intenção de calma e equilíbrio. A visualização de um lugar seguro ou de um guia espiritual pode proporcionar conforto e apoio emocional, especialmente durante momentos de ansiedade.

A cura xamânica é um processo holístico que integra corpo, mente e espírito. Ao incorporar símbolos sagrados, plantas, cristais, música e visualizações, é possível criar rituais poderosos que promovem a cura profunda e duradoura. A prática regular dessas técnicas não só alivia a ansiedade e o estresse, mas também fortalece a conexão espiritual, proporcionando uma sensação contínua de paz e harmonia. Ao explorar e adotar essas práticas, cada indivíduo pode encontrar seu próprio caminho para a cura e o equilíbrio, vivendo uma vida mais plena e consciente.

Integrar as práticas xamânicas na vida diária é uma maneira eficaz de manter a paz interior e o equilíbrio emocional. Uma abordagem holística para lidar com a ansiedade e o estresse envolve não apenas a execução de rituais periódicos, mas também a adoção de hábitos e atitudes que sustentam o bem-estar contínuo.

Uma das maneiras mais diretas de aplicar os princípios xamânicos diariamente é por meio da prática da atenção plena. A atenção plena envolve estar totalmente presente no momento, observando pensamentos e sensações sem julgamento. Isso pode ser feito através de meditações curtas ao longo do dia ou simplesmente dedicando alguns minutos para respirar profundamente e se reconectar com o presente. A prática regular da atenção plena ajuda a reduzir a reatividade emocional e a criar um espaço de calma interior.

A conexão com a natureza é uma prática essencial no xamanismo e pode ser facilmente incorporada na rotina diária. Passar tempo ao ar livre, seja através de caminhadas, jardinagem ou simplesmente sentando-se em um parque, pode ter um efeito calmante profundo. A natureza é uma fonte de energia curativa e revitalizante, e a interação regular com ela pode ajudar a manter o equilíbrio energético e emocional. Levar momentos para observar os ciclos naturais, como o nascer e o pôr do sol, pode reforçar a sensação de estar em sintonia com o universo.

Outra prática valiosa é a manutenção de um diário de sonhos. Os sonhos são vistos como uma porta para o inconsciente e uma maneira pela qual os espíritos guias podem se comunicar. Anotar os sonhos todas as manhãs pode ajudar a identificar padrões, símbolos e mensagens que podem ser úteis para a cura e o crescimento pessoal. O xamã pode ajudar a interpretar esses sonhos, fornecendo insights sobre a vida cotidiana e os desafios emocionais.

A criação de rituais diários simples pode proporcionar estrutura e significado à vida cotidiana. Esses rituais podem incluir a acender uma vela e definir uma intenção para o dia, usar cristais específicos que promovam a calma e a proteção, ou realizar uma breve meditação matinal. Esses pequenos atos podem ajudar a começar o dia com uma sensação de propósito e alinhamento espiritual.

O uso de ervas e óleos essenciais é outra maneira de apoiar a saúde emocional e espiritual. Plantas como lavanda, camomila e valeriana têm propriedades calmantes e podem ser usadas em chás, banhos ou difusores. Os óleos essenciais dessas plantas podem ser aplicados nos pontos de pulsação ou usados em inaladores pessoais para proporcionar alívio imediato da ansiedade e do estresse. Incorporar essas práticas na rotina diária pode criar um ambiente de serenidade e bem-estar.

A prática de rituais de gratidão também é fundamental para manter um estado mental positivo. Reservar um momento todos os dias para expressar gratidão por coisas específicas na vida pode transformar a perspectiva e aumentar a resiliência emocional. Este ritual pode ser tão simples quanto verbalizar três coisas pelas quais se é grato antes de dormir, ou escrever uma carta de gratidão a alguém que tenha tido um impacto positivo. A gratidão ajuda a focar a mente no positivo e a criar uma atitude de abundância.

A integração de cânticos e mantras na vida diária é uma maneira eficaz de elevar a vibração energética e promover a calma. Repetir um mantra específico, como "Eu sou paz" ou "Eu sou equilíbrio", pode ajudar a reprogramar a mente para estados emocionais desejados. Cantar ou recitar mantras durante momentos de estresse pode criar uma sensação imediata de tranquilidade e centramento.

A prática da arte como um ritual espiritual também pode ser altamente benéfica. Atividades como desenhar, pintar, tocar música ou dançar permitem a expressão emocional e a liberação de tensões acumuladas. A arte como uma prática espiritual não se trata de criar algo perfeito, mas de permitir que a energia flua livremente e de se conectar com o eu interior. Esta expressão criativa pode ser uma forma poderosa de cura e autodescoberta.

Manter um estilo de vida equilibrado, que inclui uma dieta saudável, exercício físico regular e descanso adequado, é essencial para o bem-estar geral. O xamã pode oferecer orientação sobre quais alimentos são energeticamente favoráveis e quais atividades físicas ajudam a manter o fluxo de energia vital. Um corpo saudável é o alicerce para uma mente tranquila e um espírito equilibrado.

Finalmente, a busca contínua pelo conhecimento espiritual é uma prática que apoia o crescimento e a cura. Ler livros sobre xamanismo, participar de workshops e seminários, e buscar a orientação de mentores espirituais pode enriquecer a jornada pessoal. O aprendizado contínuo e a prática do xamanismo ajudam a aprofundar a conexão com os espíritos guias e a expandir a compreensão das práticas de cura.

A cura xamânica para ansiedade e estresse é um caminho contínuo que envolve a integração de práticas espirituais na vida diária. Ao cultivar hábitos que promovem a calma, a conexão com a natureza, a gratidão e a criatividade, é possível manter um estado de equilíbrio e bem-estar. Estas práticas não apenas aliviam a ansiedade e o estresse, mas também fortalecem a conexão espiritual, promovendo uma vida mais plena e harmoniosa.

Capítulo 2
Insônia

A insônia é um problema comum que afeta muitas pessoas, impactando negativamente a saúde física e mental. É caracterizada pela dificuldade em adormecer, manter o sono ou acordar cedo demais, resultando em sono não restaurador. A falta de sono adequado pode levar a uma série de problemas, incluindo fadiga, irritabilidade, dificuldade de concentração e uma diminuição geral da qualidade de vida.

Identificar os sintomas da insônia é o primeiro passo para abordar este problema. Pessoas com insônia frequentemente relatam estar cansadas, mas incapazes de dormir. Elas podem acordar várias vezes durante a noite ou muito cedo pela manhã, sem conseguir voltar a dormir. Esse ciclo de sono interrompido pode criar uma sensação de exaustão constante, afetando a capacidade de funcionar normalmente durante o dia.

As causas da insônia são variadas e podem incluir fatores psicológicos, como estresse e ansiedade, bem como fatores ambientais, como ruído excessivo, luz ou um ambiente de sono inadequado. Outros fatores comuns incluem hábitos de sono irregulares, consumo de cafeína ou álcool, e condições médicas subjacentes, como apneia do sono ou dor crônica. Identificar e entender essas causas é crucial para desenvolver uma abordagem de cura eficaz.

A abordagem xamânica para tratar a insônia envolve a criação de um ambiente propício ao sono, o uso de técnicas de relaxamento e a realização de rituais de cura para restaurar o equilíbrio energético. A preparação para o ritual de cura começa com a criação de um espaço sagrado no quarto. Este espaço deve ser tranquilo, escuro e livre de distrações, criando um ambiente que promova o relaxamento e o descanso.

A purificação do espaço pode ser feita com a queima de ervas sagradas, como sálvia ou lavanda, que têm propriedades calmantes. O uso de cristais, como a ametista e o quartzo rosa, pode ajudar a promover um ambiente de paz e serenidade. Colocar esses cristais perto da cama ou sob o travesseiro pode ajudar a induzir um sono profundo e reparador.

O xamã pode orientar o participante a realizar uma meditação guiada antes de dormir. Esta meditação pode incluir técnicas de respiração profunda e visualizações que induzem um estado de relaxamento profundo. Visualizar um lugar seguro e tranquilo, como uma floresta ou uma praia serena, pode ajudar a acalmar a mente e preparar o corpo para o sono. A repetição de mantras calmantes, como "eu estou em paz" ou "eu estou seguro", pode reforçar a sensação de tranquilidade.

Os rituais de cura xamânica também podem incluir o uso de infusões de ervas calmantes. Chá de camomila, valeriana ou passiflora pode ser tomado antes de dormir para relaxar o corpo e a mente. Essas ervas têm propriedades sedativas naturais que podem facilitar o início e a manutenção do sono. A preparação dessas infusões pode ser incorporada como um ritual noturno, sinalizando ao corpo que é hora de descansar.

Outra prática eficaz é o uso de música ou sons da natureza para induzir o sono. Sons suaves, como o murmúrio de um riacho ou o canto dos pássaros, podem criar um ambiente relaxante que ajuda a mente a se desligar das preocupações diárias. Existem gravações específicas de música xamânica ou sons da natureza que podem ser usadas durante a noite para promover um sono profundo e restaurador.

O alinhamento dos ritmos circadianos é crucial para uma boa qualidade de sono. Manter um horário regular para dormir e acordar ajuda a regular o relógio biológico interno. Evitar estimulantes, como cafeína e eletrônicos, nas horas que antecedem o sono, também é importante para preparar o corpo e a mente para descansar. O xamã pode sugerir práticas de rotina, como tomar um banho quente ou ler um livro calmante, para sinalizar ao corpo que é hora de dormir.

A prática de técnicas de relaxamento, como o alongamento suave ou o yoga, pode ser integrada na rotina noturna. Esses exercícios ajudam a liberar a tensão acumulada nos músculos e a acalmar a mente. Posturas específicas de yoga, como a postura da criança ou a postura da ponte, são particularmente eficazes para promover o relaxamento e preparar o corpo para o sono.

A cura xamânica para insônia envolve um conjunto de práticas holísticas que abordam tanto as causas subjacentes quanto os sintomas. Ao criar um ambiente propício ao sono, usar técnicas de relaxamento e realizar rituais de cura, é possível restaurar o equilíbrio energético e promover um sono profundo e reparador. Estas práticas não só aliviam a insônia, mas também melhoram a qualidade geral de vida, proporcionando um descanso renovador e uma saúde mental e física aprimorada.

Entender as causas subjacentes da insônia é crucial para abordá-la de maneira eficaz. Muitas vezes, a insônia é um sintoma de desequilíbrios mais profundos, seja no nível emocional, mental ou espiritual. O xamanismo oferece ferramentas poderosas para identificar e tratar esses desequilíbrios, promovendo um sono restaurador e uma saúde holística.

As causas emocionais da insônia podem incluir estresse crônico, ansiedade, e traumas não resolvidos. A mente pode estar sobrecarregada com preocupações e medos, dificultando o relaxamento necessário para adormecer. Para abordar essas causas, é importante criar um espaço seguro onde as emoções possam ser expressas e liberadas. O xamã pode guiar o participante em uma jornada xamânica para explorar e entender essas emoções, ajudando a identificar e liberar os bloqueios emocionais que impedem um sono tranquilo.

Os problemas mentais, como pensamentos obsessivos ou um ritmo mental acelerado, também podem contribuir para a insônia. A mente pode estar tão ativa que não consegue desligar-se na hora de dormir. Práticas de meditação e mindfulness são eficazes para acalmar a mente. A meditação guiada antes de dormir pode incluir visualizações de cenários tranquilos, como uma floresta ou uma praia, onde o participante pode se sentir seguro e relaxado. Técnicas de respiração profunda, como a respiração 4-7-8 (inspirar por 4 segundos, segurar por 7 segundos e expirar por 8 segundos), ajudam a desacelerar o ritmo mental e preparar o corpo para o sono.

As causas espirituais da insônia podem envolver uma desconexão com o propósito de vida ou com a própria espiritualidade. Sentir-se perdido ou sem direção pode criar uma inquietação profunda que se manifesta como insônia. O xamã pode ajudar o participante a reconectar-se com sua espiritualidade através de rituais e cerimônias que reforçam a conexão com os espíritos guias e a natureza. Criar um altar em casa, com símbolos que representam a espiritualidade pessoal, pode servir como um lembrete constante dessa conexão e ajudar a criar um ambiente propício ao sono.

O ambiente de sono é um fator crucial para combater a insônia. Um quarto que promove o relaxamento deve ser escuro, silencioso e confortável. Investir em cortinas blackout, tampões de ouvido e um colchão de qualidade pode fazer uma grande diferença na qualidade do sono. Manter o quarto em uma temperatura agradável e livre de eletrônicos também é importante. A presença de luz azul de dispositivos eletrônicos pode interferir na produção de melatonina, o hormônio que regula o sono. Desligar esses dispositivos pelo menos uma hora antes de dormir pode ajudar a preparar o corpo para o descanso.

A utilização de rituais noturnos pode sinalizar ao corpo que é hora de se preparar para o sono. Um banho quente antes de dormir pode ajudar a relaxar os músculos e acalmar a mente. Adicionar algumas gotas de óleo essencial de lavanda ao banho pode aumentar esse efeito, devido às suas propriedades calmantes. Após o banho, praticar uma rotina de cuidados pessoais, como escovar os dentes e aplicar loções ou óleos calmantes, pode criar uma sensação de rotina e previsibilidade, ajudando o corpo a se preparar para dormir.

A prática da gratidão antes de dormir é uma técnica poderosa para transformar a mentalidade e promover um sono tranquilo. Reservar alguns minutos para refletir sobre as coisas pelas quais se é grato pode mudar o foco da mente de preocupações para sentimentos positivos. Escrever três coisas pelas quais se é grato no final do dia pode criar um estado mental de contentamento e paz, facilitando o adormecimento.

A jornada xamânica pode ser usada especificamente para tratar a insônia. Durante a jornada, o xamã pode buscar orientação dos espíritos guias sobre as causas da insônia e os métodos de cura apropriados. Os espíritos guias podem oferecer insights valiosos e ajudar a restaurar o equilíbrio energético. Após a jornada, o xamã pode compartilhar essas mensagens com o participante e sugerir práticas específicas para integrar esses insights na rotina diária.

A recuperação do sono pode ser um processo gradual. É importante ter paciência e continuar a praticar as técnicas recomendadas, mesmo que os resultados não sejam imediatos. A consistência é a chave para estabelecer novos padrões de sono. Manter um diário do sono, onde se registra os hábitos de sono e as práticas noturnas, pode ajudar a identificar padrões e ajustar as práticas conforme necessário.

Uma vez identificadas as causas subjacentes da insônia e preparado o ambiente de sono, é essencial incorporar técnicas específicas de cura xamânica que ajudam a aliviar a insônia de maneira eficaz. Essas técnicas incluem a realização de rituais noturnos, o uso de plantas medicinais e a integração de práticas de visualização e meditação que promovem o relaxamento e a tranquilidade.

A preparação para o ritual de cura começa com a definição de uma intenção clara. A intenção é a base de qualquer prática espiritual e ajuda a direcionar a energia de cura de forma eficaz. Antes de iniciar o ritual, reserve um momento para refletir sobre a intenção de alcançar um sono profundo e reparador. Escrever essa intenção em um pedaço de papel e colocá-lo no altar pode ajudar a focar a mente e a energizar o espaço sagrado.

Os rituais de purificação são fundamentais para criar um ambiente limpo e energeticamente equilibrado. A defumação com ervas sagradas, como a sálvia ou o palo santo, pode ser realizada no quarto antes de dormir. A fumaça dessas ervas ajuda a limpar energias negativas e a preparar o espaço para o descanso. Ao realizar a defumação, mova-se lentamente pelo quarto, concentrando-se em áreas específicas que podem acumular energia estagnada, como cantos ou debaixo da cama.

A criação de um altar pessoal pode servir como um ponto focal para os rituais noturnos. Este altar pode incluir cristais de cura, velas, e símbolos que representam a intenção de um sono reparador. Cristais como a ametista, conhecida por suas propriedades calmantes, e o quartzo rosa, que promove paz interior, podem ser colocados no altar ou sob o travesseiro. A iluminação suave de velas também ajuda a criar um ambiente tranquilo e relaxante.

O uso de plantas medicinais é uma prática tradicional no xamanismo e pode ser especialmente eficaz no tratamento da insônia. Chás de ervas como camomila, valeriana e passiflora são conhecidos por suas propriedades sedativas naturais. Beber uma xícara de chá de camomila antes de dormir pode ajudar a acalmar a mente e relaxar o corpo. Preparar e consumir esse chá pode ser parte de um ritual noturno que sinaliza ao corpo que é hora de descansar.

A prática de visualização é uma técnica poderosa para induzir o sono. Ao deitar-se, feche os olhos e imagine um lugar seguro e tranquilo. Pode ser uma floresta serena, uma praia isolada ou qualquer lugar onde você se sinta em paz. Visualize-se caminhando por esse lugar, sentindo a brisa suave e ouvindo os sons da natureza. Essa prática ajuda a desviar a mente das preocupações diárias e a criar um estado de relaxamento profundo.

Meditações guiadas são outra ferramenta eficaz para combater a insônia. Existem muitas gravações de meditações guiadas disponíveis projetadas especificamente para adormecer. Essas meditações geralmente incluem instruções de respiração, visualizações e afirmações calmantes. Escolha uma meditação que ressoe com você e ouça-a enquanto se prepara para dormir. A repetição regular dessa prática pode ajudar a treinar a mente e o corpo a relaxar e adormecer mais facilmente.

Os mantras e cânticos xamânicos também podem ser incorporados na rotina noturna. Repetir um mantra calmante, como "Eu sou paz" ou "Eu estou seguro", pode ajudar a acalmar a mente e a induzir um estado de tranquilidade. Cânticos suaves podem ser entoados enquanto se prepara para dormir, ajudando a estabelecer um ambiente de paz e serenidade. Esses sons vibracionais ajudam a alinhar a energia do corpo e a preparar a mente para o descanso.

A prática de respiração consciente é crucial para aliviar a insônia. Técnicas de respiração, como a respiração diafragmática ou a técnica 4-7-8, ajudam a acalmar o sistema nervoso e a preparar o corpo para o sono. A respiração diafragmática envolve respirar profundamente pelo nariz, expandindo o abdômen, e expirar lentamente pela boca. A técnica 4-7-8 consiste em inspirar por 4 segundos, segurar a respiração por 7 segundos e expirar lentamente por 8 segundos. Essas práticas podem ser feitas enquanto se está deitado na cama, ajudando a induzir um estado de relaxamento profundo.

A integração de práticas de autocompaixão e aceitação é essencial. Reconhecer que a insônia pode ser um desafio e tratar-se com gentileza e compreensão pode aliviar a pressão de tentar dormir. Aceitar que algumas noites podem ser mais difíceis do que outras e praticar a paciência consigo mesmo é uma parte importante da jornada de cura.

A cura xamânica para insônia envolve a integração de técnicas e práticas holísticas que promovem o relaxamento e o equilíbrio energético. Ao criar um ambiente propício ao sono, realizar rituais de purificação, utilizar plantas medicinais e incorporar práticas de visualização e meditação, é possível combater a insônia de maneira eficaz. Essas práticas não apenas ajudam a melhorar a qualidade do sono, mas também promovem um bem-estar geral, proporcionando uma vida mais equilibrada e harmoniosa.

Para complementar as práticas noturnas e os rituais de cura, é essencial incorporar atividades e hábitos diurnos que apoiem um sono saudável. A integração de práticas diárias que promovam o equilíbrio e a redução do estresse pode ajudar a preparar o corpo e a mente para um sono reparador à noite.

Um aspecto fundamental da cura xamânica é a conexão contínua com a natureza. Passar tempo ao ar livre, especialmente durante o dia, pode ter um impacto significativo na qualidade do sono. A exposição à luz solar natural ajuda a regular o ritmo circadiano, o ciclo biológico de sono e vigília do corpo. Dedicar pelo menos 20 a 30 minutos por dia à luz solar, preferencialmente pela manhã, pode ajudar a sincronizar o relógio biológico e melhorar a produção de melatonina à noite.

A prática de exercícios físicos regulares também desempenha um papel crucial na promoção de um sono saudável. Atividades como caminhar, correr, praticar yoga ou tai chi não só ajudam a reduzir o estresse e a ansiedade, mas também preparam o corpo para um descanso mais profundo. No entanto, é importante evitar exercícios intensos nas horas que antecedem o sono, pois isso pode aumentar os níveis de adrenalina e dificultar o adormecimento.

A alimentação também influencia a qualidade do sono. Uma dieta equilibrada, rica em nutrientes e pobre em cafeína e açúcares refinados, pode promover um sono mais tranquilo. Alimentos ricos em triptofano, como bananas, nozes e sementes, ajudam a aumentar a produção de serotonina, um precursor da melatonina. Evitar refeições pesadas e estimulantes, como café e chocolate, nas horas que antecedem o sono, pode ajudar a preparar o corpo para descansar.

Os rituais de gratidão são práticas diurnas poderosas que podem influenciar positivamente o sono. Reservar um momento ao longo do dia para refletir sobre as coisas pelas quais se é grato pode ajudar a reorientar a mente para aspectos positivos da vida, reduzindo o estresse e promovendo uma sensação de contentamento. Manter um diário de gratidão, onde se anota diariamente três coisas pelas quais se é grato, pode criar um estado mental mais relaxado e receptivo ao sono.

A conexão espiritual é outra prática essencial para promover um sono saudável. Participar de cerimônias xamânicas regulares, seja em grupo ou individualmente, pode ajudar a manter a harmonia espiritual e emocional. Esses rituais proporcionam uma oportunidade de liberar energias negativas acumuladas e de reforçar a conexão com os espíritos guias. A prática da meditação e da oração ao longo do dia pode fortalecer essa conexão e preparar a mente para um descanso tranquilo.

O uso de cristais de cura durante o dia também pode apoiar a qualidade do sono à noite. Cristais como a ametista e a sodalita podem ser carregados no bolso ou usados como joias para promover a calma e a clareza mental. Colocar esses cristais sob o travesseiro ou ao lado da cama pode ajudar a criar um ambiente energético que favorece o sono reparador.

A prática de respiração consciente ao longo do dia pode ajudar a reduzir a tensão e a ansiedade, preparando o corpo para um sono tranquilo. Exercícios simples de respiração, como inspirar profundamente pelo nariz e expirar lentamente pela boca, podem ser feitos a qualquer momento para acalmar o sistema nervoso. A técnica de respiração 4-7-8 é particularmente eficaz para induzir o relaxamento e pode ser praticada antes de dormir ou durante momentos de estresse.

A arte de criar uma rotina diária que suporte um sono saudável envolve a integração de várias práticas e hábitos que promovem o bem-estar geral. Manter horários regulares para dormir e acordar, mesmo nos fins de semana, ajuda a regular o ritmo circadiano. Estabelecer uma rotina noturna relaxante, que inclui atividades como leitura de um livro calmante, tomar um banho quente ou praticar yoga suave, sinaliza ao corpo que é hora de se preparar para dormir.

A prática de visualizações positivas durante o dia também pode influenciar a qualidade do sono. Visualizar cenários tranquilos e agradáveis, como uma caminhada em uma floresta ou um dia na praia, pode ajudar a reduzir o estresse e a ansiedade, preparando a mente para um descanso mais profundo à noite. Essas visualizações podem ser integradas na prática de meditação ou realizadas enquanto se está deitado na cama, esperando para adormecer.

Finalmente, é importante cultivar uma atitude de aceitação e paciência consigo mesmo ao lidar com a insônia. Reconhecer que a jornada para melhorar o sono pode levar tempo e que cada passo, por menor que seja, é um progresso em direção a um bem-estar melhor. Tratar-se com gentileza e compaixão, e celebrar pequenas vitórias, pode aliviar a pressão e promover uma mentalidade mais relaxada e positiva.

A cura xamânica para insônia é um processo holístico que envolve a integração de práticas diurnas e noturnas que promovem o equilíbrio e a harmonia. Ao adotar hábitos saudáveis, práticas espirituais e técnicas de relaxamento, é possível criar um ambiente propício ao sono e melhorar significativamente a qualidade do descanso. Essas práticas não só ajudam a combater a insônia, mas também promovem um bem-estar geral, proporcionando uma vida mais plena e harmoniosa.

A jornada para a cura da insônia através do xamanismo é um processo contínuo que envolve a integração de diversas práticas holísticas em sua vida diária. Além das técnicas mencionadas anteriormente, é essencial incorporar estratégias que promovam a continuidade da cura e a manutenção de um sono saudável. Essas estratégias incluem a criação de um diário do sono, a prática de rituais de lua cheia e nova, e a utilização de visualizações de proteção durante a noite.

Manter um diário do sono pode ser uma ferramenta poderosa para identificar padrões e melhorar a qualidade do sono. Este diário deve incluir anotações sobre os horários de dormir e acordar, a qualidade do sono, os sonhos, e qualquer evento ou pensamento que possa ter impactado o sono. Revisar essas anotações regularmente pode ajudar a identificar fatores que contribuem para a insônia e a desenvolver estratégias para abordá-los. O diário do sono também pode servir como um registro dos progressos e das práticas que funcionam melhor, proporcionando uma visão clara do caminho para a cura.

A prática de rituais de lua cheia e nova é uma tradição xamânica que pode ser particularmente eficaz para promover o sono e a renovação energética. A lua cheia é um momento de liberar o que não serve mais, enquanto a lua nova é um momento de plantar novas intenções e começar de novo. Durante a lua cheia, o xamã pode guiar o participante em um ritual de liberação, onde se escreve em um pedaço de papel todas as preocupações, medos e energias negativas que precisam ser deixadas para trás. Queimar esse papel em uma fogueira ou com uma vela pode simbolizar a liberação dessas energias. Durante a lua nova, o xamã pode orientar a definição de novas intenções para o sono e o bem-estar, escrevendo-as e mantendo-as no altar pessoal.

A utilização de visualizações de proteção pode ajudar a criar um ambiente seguro e tranquilo para o sono. Antes de dormir, o participante pode visualizar uma luz protetora ao redor de seu corpo e de seu quarto, formando uma barreira contra energias negativas. Essa luz pode ser visualizada como uma cor específica, como o branco ou o dourado, que simboliza proteção e paz. Reforçar essa visualização com a repetição de mantras de proteção, como "Estou seguro e protegido", pode fortalecer a sensação de segurança e promover um sono mais tranquilo.

A prática de rituais de gratidão ao despertar pode também influenciar positivamente a qualidade do sono. Começar o dia com um momento de gratidão ajuda a definir um tom positivo e a cultivar uma mentalidade de abundância. Essa prática pode incluir agradecer por um sono reparador, pela oportunidade de um novo dia e por qualquer outro aspecto positivo da vida. Manter um diário de gratidão onde se registra esses pensamentos pode servir como uma lembrança constante do positivo, reduzindo o estresse e a ansiedade que podem afetar o sono.

A integração de práticas de autocuidado durante o dia pode suportar a qualidade do sono à noite. Isso inclui dedicar tempo para atividades que promovem o relaxamento e a felicidade, como hobbies, exercícios físicos leves, e tempo de qualidade com entes queridos. A prática de autocuidado ajuda a equilibrar as emoções e a reduzir o estresse, criando uma base sólida para um sono reparador.

Além disso, é importante estar atento ao consumo de substâncias que podem interferir no sono, como cafeína, álcool e alimentos pesados perto da hora de dormir. Optar por uma dieta equilibrada e evitar esses estimulantes nas horas que antecedem o sono pode melhorar significativamente a qualidade do descanso. Incluir alimentos ricos em magnésio e triptofano, como nozes, sementes e bananas, pode ajudar a promover o relaxamento muscular e a induzir o sono.

A prática de exercícios de grounding (ou aterramento) também pode ser benéfica. Isso envolve conectar-se diretamente com a terra, seja andando descalço na grama, sentando-se na terra ou meditando ao ar livre. O aterramento ajuda a equilibrar a energia do corpo e a reduzir o estresse, promovendo uma sensação de calma e estabilidade que pode facilitar o sono.

A jornada xamânica para a cura da insônia é um processo contínuo que requer paciência, dedicação e a integração de diversas práticas holísticas. Ao criar um ambiente propício ao sono, praticar rituais de liberação e intenção, e adotar hábitos diários que promovem o bem-estar, é possível combater a insônia de maneira eficaz e duradoura. Essas práticas não apenas ajudam a melhorar a qualidade do sono, mas também promovem uma saúde holística, proporcionando uma vida mais equilibrada e harmoniosa. Ao continuar a explorar e integrar essas práticas, cada indivíduo pode encontrar seu próprio caminho para a cura e o descanso reparador.

Capítulo 3
Depressão

A depressão é uma condição de saúde mental que afeta milhões de pessoas em todo o mundo, impactando profundamente a qualidade de vida e o bem-estar. Caracteriza-se por sentimentos persistentes de tristeza, desesperança e desinteresse ou prazer nas atividades diárias. Entender a natureza da depressão e suas causas é o primeiro passo para abordar essa condição de maneira eficaz através das práticas xamânicas.

Os sintomas da depressão variam de pessoa para pessoa, mas frequentemente incluem sentimentos de tristeza intensa, perda de interesse em atividades anteriormente prazerosas, mudanças no apetite e no sono, fadiga, dificuldade de concentração, sentimentos de culpa ou inutilidade e pensamentos de morte ou suicídio. Esses sintomas podem ser debilitantes, afetando a capacidade de uma pessoa de funcionar no dia a dia e de manter relacionamentos saudáveis.

As causas da depressão são complexas e podem envolver uma combinação de fatores biológicos, psicológicos e sociais. Desequilíbrios químicos no cérebro, traumas passados, estresse crônico, perda de um ente querido, conflitos interpessoais e problemas de saúde física podem contribuir para o desenvolvimento da depressão. O xamanismo oferece uma abordagem holística para a cura, que considera todos esses aspectos e busca restaurar o equilíbrio e a harmonia no indivíduo.

A preparação para o tratamento xamânico da depressão começa com a criação de um espaço seguro e sagrado onde o processo de cura pode ocorrer. Este espaço deve ser tranquilo e livre de distrações, permitindo uma conexão profunda com o mundo espiritual. A purificação do espaço pode ser feita com a queima de ervas sagradas, como sálvia ou cedro, para limpar energias negativas e preparar o ambiente para a cura.

A criação de um altar pessoal é um passo importante. Este altar pode incluir elementos que simbolizam a intenção de cura, como cristais, velas, plantas e símbolos espirituais. Cristais como a ametista, que promove a calma e a paz, e a citrino, que ajuda a elevar o humor e a energia, podem ser usados no altar. A iluminação suave de velas pode ajudar a criar uma atmosfera de serenidade e introspecção.

A jornada xamânica é uma técnica poderosa para tratar a depressão. Durante a jornada, o xamã entra em um estado alterado de consciência para se conectar com os espíritos guias e obter insights sobre as causas da depressão e os métodos de cura apropriados. A jornada pode ser guiada pelo som rítmico do tambor ou do chocalho, que ajuda a induzir um estado meditativo profundo. O xamã pode encontrar e interagir com espíritos animais ou guias ancestrais, que oferecem sabedoria e apoio.

Os rituais de cura xamânica para a depressão podem incluir a recuperação de partes da alma. A depressão muitas vezes resulta de traumas passados que fragmentam a alma, deixando a pessoa se sentindo incompleta ou desconectada. O xamã trabalha para recuperar essas partes perdidas da alma, reintegrando-as no indivíduo e restaurando a plenitude e a vitalidade. Este processo pode ser acompanhado de cânticos e mantras que reforçam a intenção de cura e reconexão.

A utilização de plantas medicinais é uma prática tradicional no xamanismo e pode ser particularmente eficaz no tratamento da depressão. Ervas como a erva de São João, a lavanda e a camomila têm propriedades que ajudam a aliviar os sintomas da depressão e a promover a calma e o relaxamento. Chás dessas ervas podem ser consumidos diariamente como parte do ritual de cura.

A meditação e a visualização são ferramentas essenciais para combater a depressão. Meditações guiadas que focam na visualização de luz e cura podem ajudar a transformar a energia negativa e a promover um estado de paz interior. Visualizar uma luz dourada ou branca entrando no corpo e preenchendo cada célula com cura e amor pode ser uma prática poderosa para elevar o humor e restaurar a esperança.

Os exercícios de respiração consciente também são eficazes para aliviar os sintomas da depressão. A prática de respiração profunda e controlada pode ajudar a acalmar o sistema nervoso e a reduzir a ansiedade associada à depressão. Técnicas como a respiração 4-7-8 (inspirar por 4 segundos, segurar por 7 segundos e expirar lentamente por 8 segundos) podem ser realizadas várias vezes ao dia para promover a calma e o equilíbrio.

O apoio da comunidade é um aspecto crucial no processo de cura da depressão. Participar de círculos de cura ou grupos de apoio xamânicos pode proporcionar um senso de pertencimento e apoio emocional. Compartilhar experiências e práticas com outros que estão na mesma jornada pode oferecer novos insights e fortalecer a determinação de seguir em frente.

Além dessas práticas, é importante cultivar uma atitude de autocompaixão e aceitação. Reconhecer que a depressão é uma condição médica que requer cuidado e tratamento, e tratar-se com gentileza e compreensão, é fundamental para a cura. A prática regular de autocompaixão pode ajudar a aliviar o sentimento de culpa ou inutilidade e a promover uma sensação de autoaceitação e amor-próprio.

A cura xamânica para a depressão envolve uma abordagem holística que considera todos os aspectos do ser - físico, emocional, mental e espiritual. Ao criar um ambiente propício à cura, realizar jornadas xamânicas, utilizar plantas medicinais, e incorporar práticas de meditação e respiração, é possível tratar a depressão de maneira eficaz e duradoura. Essas práticas não apenas ajudam a aliviar os sintomas da depressão, mas também promovem uma saúde holística, proporcionando uma vida mais equilibrada e harmoniosa.

Traumas emocionais são uma das principais causas da depressão. Experiências dolorosas do passado, como perda de entes queridos, abusos ou rejeições, podem deixar cicatrizes profundas. Essas experiências traumáticas podem fragmentar a alma, criando um sentimento de vazio e desconexão. A prática de recuperação da alma é uma técnica xamânica poderosa que visa reintegrar partes perdidas da alma, promovendo a cura e a sensação de completude. Durante a jornada xamânica, o xamã busca essas partes fragmentadas da alma nos reinos espirituais e as traz de volta ao indivíduo, restaurando a integridade e a vitalidade.

Conflitos internos, como sentimentos de culpa, vergonha e baixa autoestima, também podem contribuir para a depressão. Esses conflitos muitas vezes resultam de crenças negativas sobre si, muitas vezes internalizadas ao longo do tempo. O xamã pode trabalhar com o indivíduo para identificar essas crenças limitantes e transformá-las. Utilizando técnicas de visualização e afirmação, é possível substituir pensamentos negativos por positivos, promovendo a autoaceitação e o amor-próprio.

A desconexão espiritual é outro fator significativo que pode levar à depressão. Sentir-se desconectado do propósito de vida ou de uma força maior pode criar uma sensação de vazio e desesperança. A prática xamânica envolve a reconexão com o mundo espiritual e a natureza, ajudando o indivíduo a encontrar um sentido e propósito. A realização de rituais de gratidão e conexão com os elementos da natureza pode ajudar a restaurar essa conexão. Passar tempo ao ar livre, meditar em lugares naturais e realizar oferendas à terra são práticas que podem fortalecer a ligação espiritual e promover a cura.

O uso de plantas medicinais continua a ser uma prática fundamental no tratamento xamânico da depressão. Ervas como a erva de São João, conhecida por suas propriedades antidepressivas, e a lavanda, que promove a calma, podem ser integradas na rotina diária. Beber chás dessas ervas ou usar óleos essenciais em difusores pode ajudar a aliviar os sintomas da depressão. Além disso, a criação de um jardim de ervas medicinais pode ser uma atividade terapêutica que conecta o indivíduo à terra e promove o bem-estar.

A criação de um ambiente sagrado em casa é crucial para apoiar o processo de cura. Manter um espaço dedicado à prática espiritual, como um altar, pode servir como um ponto focal para meditação e rituais diários. Este espaço deve ser mantido limpo e energeticamente equilibrado, com a queima regular de ervas sagradas para purificação. Incluir elementos da natureza, como pedras, conchas e plantas, pode ajudar a criar uma atmosfera de serenidade e conexão.

A prática da meditação e da visualização é essencial para tratar a depressão. Meditações guiadas que envolvem visualizações de luz e cura podem ajudar a transformar energias negativas e promover um estado de paz interior. Visualizar uma luz dourada ou branca entrando no corpo e preenchendo cada célula com cura e amor pode ser uma prática poderosa para elevar o humor e restaurar a esperança. Essa prática pode ser realizada diariamente, ao acordar ou antes de dormir, para reforçar a intenção de cura.

Os exercícios de respiração consciente são igualmente importantes. A prática regular de respiração profunda e controlada pode ajudar a acalmar o sistema nervoso e a reduzir a ansiedade associada à depressão. Técnicas como a respiração diafragmática ou a respiração alternada podem ser realizadas várias vezes ao dia para promover a calma e o equilíbrio. Essas práticas podem ser incorporadas na rotina diária, durante momentos de estresse ou como parte de um ritual matinal ou noturno.

A participação em círculos de cura ou grupos de apoio xamânicos pode proporcionar um senso de comunidade e apoio emocional. Esses grupos oferecem um espaço seguro para compartilhar experiências e práticas, e para receber apoio de outros que estão na mesma jornada de cura. A troca de sabedoria e técnicas de cura pode oferecer novos insights e fortalecer a determinação de seguir em frente. A sensação de pertencimento e conexão com outros pode ser um poderoso antídoto contra a sensação de isolamento que muitas vezes acompanha a depressão.

A cura xamânica para a depressão envolve uma abordagem holística que considera todos os aspectos do ser - físico, emocional, mental e espiritual. Ao criar um ambiente propício à cura, realizar jornadas xamânicas, utilizar plantas medicinais, e incorporar práticas de meditação e respiração, é possível tratar a depressão de maneira eficaz e duradoura. Essas práticas não apenas ajudam a aliviar os sintomas da depressão, mas também promovem uma saúde holística, proporcionando uma vida mais equilibrada e harmoniosa.

Uma abordagem holística para a cura da depressão envolve a integração de práticas xamânicas na rotina diária, complementadas por rituais e técnicas que promovem o equilíbrio emocional e espiritual. Continuando a partir das práticas previamente mencionadas, aprofundar-se em técnicas de cura específicas pode oferecer suporte contínuo para aqueles que lutam contra a depressão.

Os rituais de cura xamânica para a depressão incluem a utilização de cânticos e mantras específicos que promovem a elevação do espírito e a renovação da energia. Cânticos tradicionais xamânicos, que são transmitidos de geração em geração, carregam vibrações que podem ajudar a liberar energias negativas e trazer paz interior. Repetir mantras como "Eu sou luz" ou "Eu sou amor" pode reforçar sentimentos positivos e afastar pensamentos negativos. Esses cânticos e mantras podem ser entoados diariamente, especialmente ao amanhecer e ao anoitecer, para estabelecer um tom positivo para o dia e para a noite.

A prática de arte-terapia é outra técnica eficaz no tratamento da depressão. Atividades artísticas, como desenhar, pintar, ou criar mandalas, permitem a expressão emocional e a liberação de tensões internas. O processo criativo pode ser uma forma de meditação, onde a mente se acalma e se concentra no momento presente. A criação de arte inspirada em temas de cura e transformação pode ajudar a canalizar emoções difíceis e a promover um senso de realização e propósito.

Os banhos rituais são uma prática tradicional no xamanismo que pode ser utilizada para purificação e renovação energética. Preparar um banho com ervas sagradas, como lavanda, alecrim e camomila, pode ajudar a relaxar o corpo e a mente. Adicionar algumas gotas de óleo essencial de lavanda ou eucalipto pode aumentar o efeito calmante. Durante o banho, visualizar a água limpando todas as energias negativas e trazendo uma sensação de renovação e paz pode ser uma prática poderosa. Esse ritual pode ser realizado semanalmente ou conforme necessário, especialmente durante momentos de intenso estresse ou tristeza.

A prática de exercícios de grounding, ou aterramento, é essencial para aqueles que sofrem de depressão. O aterramento envolve conectar-se diretamente com a terra, seja andando descalço na grama, sentando-se na terra ou meditando ao ar livre. Essa prática ajuda a equilibrar a energia do corpo e a reduzir o estresse, promovendo uma sensação de calma e estabilidade. O contato direto com a natureza pode reenergizar e revitalizar, ajudando a aliviar a depressão e a restaurar o equilíbrio emocional.

A criação de um diário de cura é uma ferramenta valiosa para acompanhar o progresso e refletir sobre a jornada de cura. Este diário pode incluir anotações diárias sobre os sentimentos e pensamentos, bem como registros de sonhos e insights recebidos durante meditações ou jornadas xamânicas. Manter um registro dos rituais realizados, das ervas e cristais utilizados, e das experiências com cânticos e mantras pode ajudar a identificar padrões e a ajustar práticas conforme necessário. O diário de cura serve como um espaço seguro para expressar emoções e documentar o caminho para a recuperação.

A prática de yoga e alongamentos suaves pode complementar as técnicas xamânicas, ajudando a liberar tensões físicas e emocionais. Posturas específicas de yoga, como a postura da criança e a postura do guerreiro, promovem o relaxamento e a força interior. A prática regular de yoga pode ajudar a equilibrar os chakras, os centros de energia do corpo, e a promover uma sensação geral de bem-estar. A incorporação de técnicas de respiração e meditação durante a prática de yoga pode intensificar os efeitos de cura.

Os rituais de gratidão continuam a ser uma prática fundamental para combater a depressão. Reservar um momento ao longo do dia para refletir sobre as coisas pelas quais se é grato pode ajudar a reorientar a mente para aspectos positivos da vida, reduzindo o estresse e promovendo uma sensação de contentamento. Manter um diário de gratidão, onde se anota diariamente três coisas pelas quais se é grato, pode criar um estado mental mais relaxado e receptivo ao bem-estar. Este simples ato pode transformar a perspectiva de vida e promover um senso mais profundo de paz e harmonia.

A participação em círculos de cura ou grupos de apoio xamânicos continua a ser um aspecto crucial no processo de cura. Esses grupos oferecem um espaço seguro para compartilhar experiências e práticas, e para receber apoio de outros que estão na mesma jornada. A troca de sabedoria e técnicas de cura pode oferecer novos insights e fortalecer a determinação de seguir em frente. A sensação de pertencimento e conexão com outros pode ser um poderoso antídoto contra a sensação de isolamento que muitas vezes acompanha a depressão.

A cura xamânica para a depressão envolve uma abordagem holística que considera todos os aspectos do ser - físico, emocional, mental e espiritual. Ao criar um ambiente propício à cura, realizar jornadas xamânicas, utilizar plantas medicinais, e incorporar práticas de meditação e respiração, é possível tratar a depressão de maneira eficaz e duradoura. Essas práticas não apenas ajudam a aliviar os sintomas da depressão, mas também promovem uma saúde holística, proporcionando uma vida mais equilibrada e harmoniosa.

A abordagem xamânica para a cura da depressão também inclui a integração de práticas de mindfulness e atenção plena, que podem ser incorporadas na rotina diária para promover o equilíbrio emocional e mental. Além disso, a realização de rituais de conexão espiritual e o uso de técnicas de autocuidado são fundamentais para sustentar o processo de cura.

A prática de mindfulness envolve estar totalmente presente no momento, observando pensamentos e emoções sem julgamento. Isso pode ser particularmente útil para pessoas que lutam contra a depressão, ajudando-as a quebrar o ciclo de ruminação e a focar no aqui e agora. Meditações diárias de mindfulness podem incluir a observação da respiração, a escuta dos sons ao redor ou a atenção plena às sensações corporais. Estas práticas podem ser feitas em sessões curtas ao longo do dia, ajudando a criar um estado contínuo de consciência e presença.

Os rituais de conexão espiritual são uma parte central do xamanismo e podem ser usados para fortalecer a ligação com o divino e com o propósito de vida. Uma prática poderosa é a invocação dos espíritos guardiões e dos ancestrais para pedir orientação e proteção. Isso pode ser feito através de orações, cânticos ou simples intenções ditas em voz alta. Criar um espaço sagrado onde essas invocações possam ser feitas regularmente ajuda a estabelecer uma rotina espiritual e a promover um senso de conexão e suporte espiritual.

A integração de práticas de autocuidado é essencial para a manutenção do bem-estar emocional e mental. Isso pode incluir atividades que tragam alegria e satisfação, como hobbies, exercício físico leve, tempo de qualidade com entes queridos e momentos de descanso e relaxamento. O autocuidado também envolve a atenção à saúde física, com uma dieta equilibrada e adequada, hidratação e sono suficiente. Práticas como a automassagem com óleos essenciais, banhos relaxantes e a criação de um ambiente confortável e acolhedor em casa podem fazer uma grande diferença no bem-estar geral.

Os rituais de cura xamânica para a depressão também podem incluir a prática de gratidão e a celebração das pequenas vitórias diárias. A gratidão ajuda a mudar o foco da mente de aspectos negativos para aspectos positivos da vida. Reservar um momento todas as noites para refletir sobre três coisas pelas quais se é grato pode transformar a perspectiva e promover uma mentalidade mais positiva. Este ritual pode ser realizado como parte da rotina noturna, ajudando a preparar a mente para um sono mais tranquilo e reparador.

Outra técnica eficaz é a criação de mandalas, que são símbolos espirituais usados para meditação e cura. Desenhar ou pintar mandalas pode ser uma prática meditativa que ajuda a acalmar a mente e a promover a introspecção. As mandalas podem ser criadas com a intenção de cura e transformação, utilizando cores e formas que ressoem com a energia desejada. Este processo criativo pode ajudar a liberar emoções reprimidas e a encontrar um senso de equilíbrio e harmonia.

A prática de visualizações guiadas é uma técnica poderosa para combater a depressão. Visualizações que envolvem cenários de cura e luz podem ajudar a transformar energias negativas e promover um estado de paz interior. Visualizar uma luz dourada ou branca entrando no corpo e preenchendo cada célula com cura e amor pode ser uma prática diária poderosa. Essa visualização pode ser realizada durante a meditação, antes de dormir ou em momentos de necessidade durante o dia.

Os exercícios de respiração consciente são igualmente importantes para promover a calma e reduzir a ansiedade associada à depressão. Técnicas como a respiração diafragmática ou a respiração alternada podem ser praticadas regularmente para acalmar o sistema nervoso e a promover a sensação de relaxamento. Estas práticas podem ser integradas na rotina diária, ajudando a criar uma base de tranquilidade e equilíbrio.

Participar de círculos de cura ou grupos de apoio xamânicos continua a ser um aspecto crucial no processo de cura. Esses grupos oferecem um espaço seguro para compartilhar experiências e práticas, e para receber apoio de outros que estão na mesma jornada. A troca de sabedoria e técnicas de cura pode oferecer novos insights e fortalecer a determinação de seguir em frente. A sensação de pertencimento e conexão com outros pode ser um poderoso antídoto contra a sensação de isolamento que muitas vezes acompanha a depressão.

A integração de técnicas de cura vibracional, como o uso de tigelas tibetanas e sinos, pode complementar outras práticas xamânicas. O som dessas ferramentas pode ajudar a equilibrar a energia do corpo e a promover um estado de calma e serenidade. Utilizar esses instrumentos durante meditações ou rituais de cura pode intensificar os efeitos de cura e promover um bem-estar geral.

A cura xamânica para a depressão envolve uma abordagem holística que considera todos os aspectos do ser - físico, emocional, mental e espiritual. Ao criar um ambiente propício à cura, realizar jornadas xamânicas, utilizar plantas medicinais, e incorporar práticas de meditação e respiração, é possível tratar a depressão de maneira eficaz e duradoura. Essas práticas não apenas ajudam a aliviar os sintomas da depressão, mas também promovem uma saúde holística, proporcionando uma vida mais equilibrada e harmoniosa.

A prática xamânica oferece uma abordagem abrangente para a cura da depressão, integrando técnicas espirituais, emocionais e físicas que promovem o bem-estar holístico. Além das práticas já discutidas, existem várias outras técnicas e rituais que podem ser incorporados na rotina diária para apoiar a cura contínua e fortalecer a resiliência emocional.

A prática da gratidão é uma técnica poderosa que pode transformar a perspectiva de vida e promover sentimentos de bem-estar e contentamento. Reservar um momento todos os dias para refletir sobre as coisas pelas quais se é grato ajuda a reorientar a mente para aspectos positivos da vida, reduzindo o estresse e promovendo uma sensação de abundância. Manter um diário de gratidão, onde se anota diariamente três coisas pelas quais se é grato, pode criar um estado mental mais relaxado e receptivo ao bem-estar. Esse simples ato pode transformar a perspectiva de vida e promover um senso mais profundo de paz e harmonia.

A prática de exercícios de grounding (ou aterramento) é essencial para aqueles que sofrem de depressão. O aterramento envolve conectar-se diretamente com a terra, seja andando descalço na grama, sentando-se na terra ou meditando ao ar livre. Essa prática ajuda a equilibrar a energia do corpo e a reduzir o estresse, promovendo uma sensação de calma e estabilidade. O contato direto com a natureza pode reenergizar e revitalizar, ajudando a aliviar a depressão e a restaurar o equilíbrio emocional.

O uso de cristais de cura é uma prática tradicional no xamanismo e pode ser particularmente eficaz no tratamento da depressão. Cristais como a ametista, conhecida por suas propriedades calmantes, e a citrino, que ajuda a elevar o humor e a energia, podem ser usados no altar ou carregados no bolso durante o dia. Colocar esses cristais sob o travesseiro ou ao lado da cama pode ajudar a criar um ambiente energético que favorece o sono reparador e a cura emocional.

Os rituais de cura xamânica também podem incluir a prática de visualizações positivas. Visualizar cenários tranquilos e agradáveis, como uma caminhada em uma floresta ou um dia na praia, pode ajudar a reduzir o estresse e a ansiedade, preparando a mente para um descanso mais profundo à noite. Essas visualizações podem ser integradas na prática de meditação ou realizadas enquanto se está deitado na cama, esperando para adormecer. A prática regular de visualizações pode ajudar a criar uma sensação de paz e serenidade, promovendo uma mentalidade mais positiva.

A prática de exercícios físicos regulares é crucial para a promoção de um sono saudável e para a redução dos sintomas de depressão. Atividades como caminhar, correr, praticar yoga ou tai chi não só ajudam a reduzir o estresse e a ansiedade, mas também preparam o corpo para um descanso mais profundo. No entanto, é importante evitar exercícios intensos nas horas que antecedem o sono, pois isso pode aumentar os níveis de adrenalina e dificultar o adormecimento. A prática de yoga e alongamentos suaves pode complementar as técnicas xamânicas, ajudando a liberar tensões físicas e emocionais. Posturas específicas de yoga, como a postura da criança e a postura do guerreiro, promovem o relaxamento e a força interior.

A prática da arte como uma forma de terapia também pode ser altamente benéfica para combater a depressão. Atividades como desenhar, pintar ou esculpir permitem a expressão emocional e a liberação de tensões internas. O processo criativo pode ser uma forma de meditação, onde a mente se acalma e se concentra no momento presente. A criação de arte inspirada em temas de cura e transformação pode ajudar a canalizar emoções difíceis e a encontrar um senso de realização e propósito.

 A participação em círculos de cura ou grupos de apoio xamânicos continua a ser um aspecto crucial no processo de cura. Esses grupos oferecem um espaço seguro para compartilhar experiências e práticas, e para receber apoio de outros que estão na mesma jornada. A troca de sabedoria e técnicas de cura pode oferecer novos insights e fortalecer a determinação de seguir em frente. A sensação de pertencimento e conexão com outros pode ser um poderoso antídoto contra a sensação de isolamento que muitas vezes acompanha a depressão.

A prática de meditações guiadas que envolvem visualizações de luz e cura pode ajudar a transformar energias negativas e promover um estado de paz interior. Visualizar uma luz dourada ou branca entrando no corpo e preenchendo cada célula com cura e amor pode ser uma prática diária poderosa.

 Essa visualização pode ser realizada durante a meditação, antes de dormir ou em momentos de necessidade durante o dia. Os exercícios de respiração consciente são igualmente importantes para promover a calma e reduzir a ansiedade associada à depressão. Técnicas como a respiração diafragmática ou a respiração alternada podem ser praticadas regularmente para acalmar o sistema nervoso e a promover a sensação de relaxamento.

 Finalmente, é importante adotar uma atitude de autocompaixão e paciência durante o processo de cura. Reconhecer que a depressão é uma condição complexa que requer tempo e cuidado para ser tratada é fundamental. Tratar-se com gentileza e compreensão, e celebrar pequenos progressos, pode aliviar a pressão e promover uma mentalidade mais positiva. A prática regular de autocompaixão pode ajudar a aliviar sentimentos de culpa ou inutilidade e a promover uma sensação de autoaceitação e amor-próprio.

    A cura xamânica para a depressão envolve uma abordagem holística que considera todos os aspectos do ser - físico, emocional, mental e espiritual. Ao criar um ambiente propício à cura, realizar jornadas xamânicas, utilizar plantas medicinais, e incorporar práticas de meditação e respiração, é possível tratar a depressão de maneira eficaz e duradoura. Essas práticas não apenas ajudam a aliviar os sintomas da depressão, mas também promovem uma saúde holística, proporcionando uma vida mais equilibrada e harmoniosa.

Capítulo 4
Bloqueios Emocionais

Bloqueios emocionais são barreiras internas que impedem o fluxo natural das emoções e podem ter um impacto significativo na vida de uma pessoa. Estes bloqueios podem resultar de traumas passados, experiências dolorosas, ou simplesmente da supressão prolongada de sentimentos. Eles podem manifestar-se como dificuldades em expressar emoções, sentir empatia, ou conectar-se com outros em um nível profundo. A abordagem xamânica oferece várias técnicas para identificar e liberar esses bloqueios, promovendo uma vida emocionalmente equilibrada e saudável.

Os sintomas de bloqueios emocionais podem variar, mas frequentemente incluem uma sensação de entorpecimento emocional, dificuldades em formar e manter relacionamentos, sentimentos de isolamento, e respostas emocionais desproporcionais a situações cotidianas. Esses bloqueios podem interferir na capacidade de uma pessoa de experimentar alegria, amor e compaixão, afetando negativamente sua qualidade de vida e bem-estar geral.

A identificação das causas subjacentes dos bloqueios emocionais é o primeiro passo para abordá-los. Muitas vezes, esses bloqueios têm raízes em traumas emocionais não resolvidos, como abusos, perdas, rejeições ou experiências de vergonha. O xamã trabalha para explorar e compreender essas causas, utilizando técnicas como a jornada xamânica para acessar memórias e emoções reprimidas. Durante a jornada, o xamã entra em um estado alterado de consciência para se conectar com os espíritos guias e obter insights sobre as origens dos bloqueios emocionais.

A criação de um espaço sagrado é fundamental para o processo de cura. Este espaço deve ser tranquilo e livre de distrações, permitindo uma conexão profunda com o mundo espiritual. A purificação do espaço pode ser feita com a queima de ervas sagradas, como sálvia ou cedro, para limpar energias negativas e preparar o ambiente para a cura. A criação de um altar pessoal, com elementos que simbolizam a intenção de cura emocional, como cristais, velas e plantas, pode ajudar a concentrar a energia e a intenção.

Os cristais de cura são ferramentas poderosas na prática xamânica e podem ser utilizados para liberar bloqueios emocionais. Cristais como o quartzo rosa, conhecido por promover o amor e a compaixão, e a ametista, que ajuda a acalmar a mente e a aliviar o estresse, podem ser usados durante meditações e rituais de cura. Colocar esses cristais no altar ou carregá-los consigo durante o dia pode ajudar a manter o foco na cura emocional.

Os rituais de cura xamânica para os bloqueios emocionais podem incluir a utilização de cânticos e mantras específicos que promovem a liberação de emoções reprimidas e a reconexão com sentimentos de amor e compaixão. Cânticos tradicionais xamânicos, que são transmitidos de geração em geração, carregam vibrações que podem ajudar a liberar energias negativas e a trazer paz interior. Repetir mantras como "Eu sou amor" ou "Eu libero e perdoo" pode reforçar sentimentos positivos e ajudar a dissolver os bloqueios emocionais.

A prática de arteterapia é outra técnica eficaz no tratamento de bloqueios emocionais. Atividades artísticas, como desenhar, pintar ou criar mandalas, permitem a expressão emocional e a liberação de tensões internas. O processo criativo pode ser uma forma de meditação, onde a mente se acalma e se concentra no momento presente. A criação de arte inspirada em temas de cura e transformação pode ajudar a canalizar emoções difíceis e a encontrar um senso de realização e propósito.

Os exercícios de respiração consciente são igualmente importantes para promover a calma e reduzir a ansiedade associada aos bloqueios emocionais. A prática regular de respiração profunda e controlada pode ajudar a acalmar o sistema nervoso e a promover a sensação de relaxamento. Técnicas como a respiração diafragmática ou a respiração alternada podem ser realizadas várias vezes ao dia para liberar tensões emocionais e a promover a calma.

A integração de práticas de mindfulness e atenção plena na rotina diária pode ajudar a promover a consciência emocional e a evitar a supressão de sentimentos. Mindfulness envolve estar totalmente presente no momento, observando pensamentos e emoções sem julgamento. Esta prática pode ajudar a quebrar o ciclo de ruminação e a criar um espaço para a expressão emocional saudável. Meditações diárias de mindfulness podem incluir a observação da respiração, a escuta dos sons ao redor ou a atenção plena às sensações corporais.

A participação em círculos de cura ou grupos de apoio xamânicos pode proporcionar um senso de comunidade e apoio emocional. Esses grupos oferecem um espaço seguro para compartilhar experiências e práticas, e para receber apoio de outros que estão na mesma jornada de cura. A troca de sabedoria e técnicas de cura pode oferecer novos insights e fortalecer a determinação de seguir em frente. A sensação de pertencimento e conexão com outros pode ser um poderoso antídoto contra a sensação de isolamento que muitas vezes acompanha os bloqueios emocionais.

A cura xamânica para bloqueios emocionais envolve uma abordagem holística que considera todos os aspectos do ser - físico, emocional, mental e espiritual. Ao criar um ambiente propício à cura, realizar jornadas xamânicas, utilizar cristais de cura e incorporar práticas de meditação e respiração, é possível tratar os bloqueios emocionais de maneira eficaz e duradoura. Essas práticas não apenas ajudam a aliviar os sintomas dos bloqueios emocionais, mas também promovem uma saúde holística, proporcionando uma vida mais equilibrada e harmoniosa.

Para aprofundar a cura dos bloqueios emocionais, é essencial entender que a liberação dessas barreiras internas muitas vezes requer um trabalho contínuo e multifacetado. Além das práticas xamânicas descritas anteriormente, há várias técnicas e rituais adicionais que podem ser integrados à rotina diária para promover a cura emocional de forma mais eficaz e sustentada.

A prática de rituais de lua é uma técnica xamânica poderosa para trabalhar com os ciclos naturais de liberação e renovação. A lua cheia é um momento ideal para rituais de liberação, onde se pode focar na eliminação de bloqueios emocionais e energias negativas acumuladas. Durante a lua cheia, o xamã pode guiar o participante em um ritual de liberação, onde se escreve em um pedaço de papel todas as emoções e traumas que precisam ser liberados. Queimar esse papel em uma fogueira ou com uma vela pode simbolizar a liberação dessas energias. Por outro lado, a lua nova é um momento de plantar novas intenções e começar de novo. Durante a lua nova, o xamã pode orientar a definição de novas intenções para a cura emocional e o crescimento pessoal, escrevendo-as e mantendo-as no altar pessoal.

A criação de um espaço sagrado continua a ser um aspecto fundamental do processo de cura. Este espaço deve ser mantido limpo e energeticamente equilibrado, com a queima regular de ervas sagradas para purificação. Incluir elementos da natureza, como pedras, conchas e plantas, pode ajudar a criar uma atmosfera de serenidade e conexão. A manutenção de um altar pessoal com cristais de cura, velas e símbolos espirituais pode servir como um ponto focal para a prática espiritual diária.

Os rituais de autocuidado são essenciais para sustentar o processo de cura emocional. Isso pode incluir atividades que promovem a alegria e a satisfação, como hobbies, exercício físico leve, tempo de qualidade com entes queridos e momentos de descanso e relaxamento. O autocuidado também envolve a atenção à saúde física, com uma dieta equilibrada e adequada, hidratação e sono suficiente. Práticas como a automassagem com óleos essenciais, banhos relaxantes e a criação de um ambiente confortável e acolhedor em casa podem fazer uma grande diferença no bem-estar geral.

A prática de visualizações guiadas é uma técnica poderosa para liberar bloqueios emocionais. Visualizações que envolvem cenários de cura e luz podem ajudar a transformar energias negativas e promover um estado de paz interior. Visualizar uma luz dourada ou branca entrando no corpo e preenchendo cada célula com cura e amor pode ser uma prática diária poderosa. Essa visualização pode ser realizada durante a meditação, antes de dormir ou em momentos de necessidade durante o dia.

A integração de práticas de respiração consciente é igualmente importante. A prática regular de respiração profunda e controlada pode ajudar a acalmar o sistema nervoso e a promover a sensação de relaxamento. Técnicas como a respiração diafragmática ou a respiração alternada podem ser realizadas várias vezes ao dia para liberar tensões emocionais e a promover a calma. Estas práticas podem ser integradas na rotina diária, durante momentos de estresse ou como parte de um ritual matinal ou noturno.

A arteterapia continua a ser uma técnica eficaz para a liberação emocional. Atividades artísticas, como desenhar, pintar ou criar mandalas, permitem a expressão emocional e a liberação de tensões internas. O processo criativo pode ser uma forma de meditação, onde a mente se acalma e se concentra no momento presente. A criação de arte inspirada em temas de cura e transformação pode ajudar a canalizar emoções difíceis e a encontrar um senso de realização e propósito.

Participar de círculos de cura ou grupos de apoio xamânicos continua a ser um aspecto crucial no processo de cura. Esses grupos oferecem um espaço seguro para compartilhar experiências e práticas, e para receber apoio de outros que estão na mesma jornada. A troca de sabedoria e técnicas de cura pode oferecer novos insights e fortalecer a determinação de seguir em frente. A sensação de pertencimento e conexão com outros pode ser um poderoso antídoto contra a sensação de isolamento que muitas vezes acompanha os bloqueios emocionais.

Os rituais de gratidão também são fundamentais para promover o bem-estar emocional. Reservar um momento ao longo do dia para refletir sobre as coisas pelas quais se é grato pode ajudar a reorientar a mente para aspectos positivos da vida, reduzindo o estresse e promovendo uma sensação de contentamento. Manter um diário de gratidão, onde se anota diariamente três coisas pelas quais se é grato, pode criar um estado mental mais relaxado e receptivo ao bem-estar. Este simples ato pode transformar a perspectiva de vida e promover um senso mais profundo de paz e harmonia.

A prática de yoga e alongamentos suaves pode complementar as técnicas xamânicas, ajudando a liberar tensões físicas e emocionais. Posturas específicas de yoga, como a postura da criança e a postura do guerreiro, promovem o relaxamento e a força interior. A prática regular de yoga pode ajudar a equilibrar os chakras, os centros de energia do corpo, e a promover uma sensação geral de bem-estar. A incorporação de técnicas de respiração e meditação durante a prática de yoga pode intensificar os efeitos de cura.

A cura xamânica para bloqueios emocionais envolve uma abordagem holística que considera todos os aspectos do ser - físico, emocional, mental e espiritual. Ao criar um ambiente propício à cura, realizar jornadas xamânicas, utilizar cristais de cura e incorporar práticas de meditação e respiração, é possível tratar os bloqueios emocionais de maneira eficaz e duradoura. Essas práticas não apenas ajudam a aliviar os sintomas dos bloqueios emocionais, mas também promovem uma saúde holística, proporcionando uma vida mais equilibrada e harmoniosa.

A cura dos bloqueios emocionais através de práticas xamânicas é um processo contínuo que envolve a integração de várias técnicas e rituais na vida diária. Essas práticas ajudam a liberar as emoções reprimidas, restaurar o fluxo natural de energia e promover uma saúde emocional equilibrada. Além das técnicas já mencionadas, há outras abordagens que podem ser implementadas para aprofundar a cura e fortalecer o bem-estar emocional.

A utilização de tambores xamânicos é uma técnica tradicional que pode ajudar a liberar bloqueios emocionais e a promover um estado de transe curativo. O som rítmico e repetitivo do tambor ajuda a induzir um estado alterado de consciência, permitindo ao xamã acessar reinos espirituais e trabalhar com energias sutis. O tambor pode ser utilizado durante meditações, jornadas xamânicas ou rituais de cura para liberar tensões emocionais e promover a cura profunda. O participante pode também utilizar o tambor em casa, criando um ritmo próprio para meditações diárias ou momentos de reflexão.

A prática de danças xamânicas é outra técnica poderosa para a liberação emocional. A dança permite que o corpo se mova de maneira intuitiva e expressiva, ajudando a liberar emoções reprimidas e a restaurar o fluxo natural de energia. A dança xamânica pode ser feita ao som de tambores, músicas tradicionais ou até mesmo em silêncio, permitindo que o participante se conecte profundamente com suas emoções e as libere através do movimento. Esta prática pode ser incorporada na rotina diária ou realizada durante rituais específicos de cura.

A terapia de som com tigelas tibetanas e sinos é uma prática vibracional que pode ajudar a equilibrar as energias do corpo e a promover a liberação emocional. O som das tigelas tibetanas cria vibrações que ressoam com os chakras e ajudam a dissolver bloqueios energéticos. Durante uma sessão de terapia de som, o xamã ou terapeuta pode tocar as tigelas ao redor do corpo do participante, permitindo que as vibrações penetrem profundamente e promovam a cura. Essa prática pode ser realizada regularmente como parte de uma rotina de autocuidado.

Os banhos de floresta, ou shinrin-yoku, são uma prática que envolve passar tempo na natureza, especialmente em florestas, para promover a cura e o bem-estar. A conexão com a natureza tem um efeito calmante e restaurador, ajudando a reduzir o estresse e a liberar tensões emocionais. Durante um banho de floresta, o participante é encorajado a caminhar lentamente, observar os detalhes ao redor e se conectar com a energia das árvores e plantas. Esta prática pode ser feita regularmente para manter o equilíbrio emocional e promover a conexão com a natureza.

A prática de journaling ou escrita terapêutica é uma técnica eficaz para a liberação emocional. Manter um diário onde se registra pensamentos, emoções e experiências diárias pode ajudar a processar sentimentos e a identificar padrões que precisam ser trabalhados. A escrita terapêutica pode incluir exercícios específicos, como escrever cartas não enviadas a pessoas que causaram dor emocional, ou anotar intenções de cura e reflexões sobre o progresso pessoal. Este diário pode servir como uma ferramenta de autodescoberta e autocompaixão.

Os rituais de lua cheia e nova continuam a ser uma prática poderosa para a liberação emocional e a definição de intenções. Durante a lua cheia, o participante pode realizar rituais de liberação, escrevendo em um papel as emoções e traumas que deseja liberar e queimando-o em um fogo sagrado. Durante a lua nova, é um momento de plantar novas intenções de cura e crescimento pessoal, escrevendo-as e mantendo-as no altar pessoal. Esses rituais ajudam a alinhar o trabalho de cura com os ciclos naturais e a promover um senso de renovação e transformação.

A prática de técnicas de respiração consciente é fundamental para a cura emocional. Exercícios de respiração, como a respiração 4-7-8 (inspirar por 4 segundos, segurar por 7 segundos e expirar lentamente por 8 segundos) podem ajudar a acalmar o sistema nervoso e a promover a liberação de tensões emocionais. A respiração consciente pode ser integrada na rotina diária, ajudando a criar uma base de calma e equilíbrio.

A prática de visualizações de proteção pode ajudar a criar um ambiente seguro e tranquilo para a cura emocional. Antes de dormir, o participante pode visualizar uma luz protetora ao redor de seu corpo e de seu quarto, formando uma barreira contra energias negativas. Essa luz pode ser visualizada como uma cor específica, como o branco ou o dourado, que simboliza proteção e paz. Reforçar essa visualização com a repetição de mantras de proteção, como "Estou seguro e protegido", pode fortalecer a sensação de segurança e promover um sono mais tranquilo.

A integração de práticas de mindfulness e atenção plena na rotina diária continua a ser essencial para a cura emocional. Mindfulness envolve estar totalmente presente no momento, observando pensamentos e emoções sem julgamento. Esta prática pode ajudar a quebrar o ciclo de ruminação e a criar um espaço para a expressão emocional saudável. Meditações diárias de mindfulness podem incluir a observação da respiração, a escuta dos sons ao redor ou a atenção plena às sensações corporais.

Adotar uma atitude de autocompaixão e paciência durante o processo de cura é essencial. Reconhecer que a liberação de bloqueios emocionais é um processo que requer tempo e cuidado é fundamental. Tratar-se com gentileza e compreensão, e celebrar pequenos progressos, pode aliviar a pressão e promover uma mentalidade mais positiva. A prática regular de autocompaixão pode ajudar a aliviar sentimentos de culpa ou vergonha e a promover uma sensação de autoaceitação e amor-próprio.

A cura xamânica para bloqueios emocionais envolve uma abordagem holística que considera todos os aspectos do ser - físico, emocional, mental e espiritual. Ao criar um ambiente propício à cura, realizar jornadas xamânicas, utilizar cristais de cura e incorporar práticas de meditação e respiração, é possível tratar os bloqueios emocionais de maneira eficaz e duradoura. Essas práticas não apenas ajudam a aliviar os sintomas dos bloqueios emocionais, mas também promovem uma saúde holística, proporcionando uma vida mais equilibrada e harmoniosa.

Os bloqueios emocionais podem se manifestar de várias maneiras, incluindo dificuldade em formar conexões profundas, respostas emocionais desproporcionais e uma sensação de estagnação emocional. Para abordar essas questões de maneira eficaz, é essencial integrar práticas contínuas de autocuidado e cura emocional na vida diária. A abordagem xamânica oferece várias técnicas e rituais para apoiar essa jornada.

A prática de criar mandalas é uma técnica poderosa para promover a cura emocional e a introspecção. Mandalas são representações simbólicas do universo e podem ser utilizadas como ferramentas de meditação e expressão artística. Criar mandalas permite que as emoções sejam expressas de maneira não verbal, ajudando a liberar tensões internas e a promover um estado de equilíbrio. O processo de desenhar ou colorir mandalas pode ser profundamente meditativo, ajudando a acalmar a mente e a focar a energia na cura.

A utilização de plantas medicinais e chás de ervas é outra prática tradicional no xamanismo que pode ajudar a liberar bloqueios emocionais. Plantas como a camomila, a valeriana e a passiflora têm propriedades calmantes e podem ser usadas para fazer chás que ajudam a relaxar o corpo e a mente. Beber um chá calmante antes de dormir pode ajudar a preparar o corpo para um sono reparador e a promover a cura emocional durante a noite. Além disso, a preparação e o consumo de chás podem ser incorporados como rituais diários que sinalizam ao corpo e à mente que é hora de relaxar e liberar tensões.

A prática de journaling ou escrita terapêutica continua a ser uma ferramenta valiosa para processar e liberar emoções. Escrever sobre experiências, sentimentos e pensamentos pode ajudar a trazer clareza e compreensão, permitindo que as emoções sejam expressas de maneira segura e controlada. A escrita terapêutica pode incluir exercícios específicos, como escrever cartas não enviadas a pessoas que causaram dor emocional, ou anotar intenções de cura e reflexões sobre o progresso pessoal. Manter um diário regular pode servir como um espaço seguro para a autodescoberta e a cura emocional.

Os rituais de purificação são fundamentais para manter um ambiente energético limpo e equilibrado. A queima de ervas sagradas, como sálvia, cedro ou palo santo, pode ajudar a limpar energias negativas acumuladas e a preparar o espaço para a cura. Esses rituais podem ser realizados semanalmente ou conforme necessário, especialmente após eventos estressantes ou emocionalmente intensos. A purificação do espaço pessoal, como a casa ou o local de trabalho, pode criar um ambiente de paz e serenidade, promovendo a cura emocional.

A prática de meditações guiadas que envolvem visualizações de luz e cura pode ajudar a transformar energias negativas e promover um estado de paz interior. Visualizar uma luz dourada ou branca entrando no corpo e preenchendo cada célula com cura e amor pode ser uma prática diária poderosa. Essa visualização pode ser realizada durante a meditação, antes de dormir ou em momentos de necessidade durante o dia. Além disso, a utilização de sons da natureza ou músicas calmantes durante as meditações pode intensificar os efeitos de cura e promover um estado de relaxamento profundo.

A participação em círculos de cura ou grupos de apoio xamânicos continua a ser um aspecto crucial no processo de cura. Esses grupos oferecem um espaço seguro para compartilhar experiências e práticas, e para receber apoio de outros que estão na mesma jornada. A troca de sabedoria e técnicas de cura pode oferecer novos insights e fortalecer a determinação de seguir em frente. A sensação de pertencimento e conexão com outros pode ser um poderoso antídoto contra a sensação de isolamento que muitas vezes acompanha os bloqueios emocionais.

A prática de yoga e alongamentos suaves pode complementar as técnicas xamânicas, ajudando a liberar tensões físicas e emocionais. Posturas específicas de yoga, como a postura da criança e a postura do guerreiro, promovem o relaxamento e a força interior. A prática regular de yoga pode ajudar a equilibrar os chakras, os centros de energia do corpo, e a promover uma sensação geral de bem-estar. A incorporação de técnicas de respiração e meditação durante a prática de yoga pode intensificar os efeitos de cura.

A utilização de técnicas de respiração consciente é fundamental para a cura emocional. Exercícios de respiração, como a respiração diafragmática ou a respiração alternada, podem ajudar a acalmar o sistema nervoso e a promover a liberação de tensões emocionais. A respiração consciente pode ser integrada na rotina diária, ajudando a criar uma base de calma e equilíbrio. Além disso, a prática de respiração consciente pode ser particularmente útil durante momentos de estresse ou ansiedade, ajudando a restaurar a calma e o foco.

Adotar uma atitude de autocompaixão e paciência durante o processo de cura é essencial. Reconhecer que a liberação de bloqueios emocionais é um processo que requer tempo e cuidado é fundamental. Tratar-se com gentileza e compreensão, e celebrar pequenos progressos, pode aliviar a pressão e promover uma mentalidade mais positiva. A prática regular de autocompaixão pode ajudar a aliviar sentimentos de culpa ou vergonha e a promover uma sensação de autoaceitação e amor-próprio.

A cura xamânica para bloqueios emocionais envolve uma abordagem holística que considera todos os aspectos do ser - físico, emocional, mental e espiritual. Ao criar um ambiente propício à cura, realizar jornadas xamânicas, utilizar cristais de cura e incorporar práticas de meditação e respiração, é possível tratar os bloqueios emocionais de maneira eficaz e duradoura. Essas práticas não apenas ajudam a aliviar os sintomas dos bloqueios emocionais, mas também promovem uma saúde holística, proporcionando uma vida mais equilibrada e harmoniosa.

Para garantir a liberação eficaz dos bloqueios emocionais, é fundamental continuar a integrar práticas de autocuidado e cura emocional que promovam um bem-estar sustentável. Além das técnicas discutidas anteriormente, existem outras abordagens complementares que podem ser implementadas para manter o progresso e fortalecer a resiliência emocional.

A prática de rituais de cura com a ajuda de animais de poder é uma técnica xamânica eficaz para trabalhar com bloqueios emocionais. Animais de poder são espíritos guardiões que oferecem orientação, proteção e cura. Durante uma jornada xamânica, o xamã pode encontrar um animal de poder que ressoe com o participante e suas necessidades emocionais. Este animal de poder pode oferecer insights e apoio, ajudando a liberar bloqueios e a restaurar o equilíbrio emocional. Manter uma representação do animal de poder, como uma imagem ou um objeto simbólico, no altar pessoal pode fortalecer essa conexão e proporcionar um senso contínuo de proteção e orientação.

A prática de rituais de gratidão continua a ser uma técnica poderosa para promover a cura emocional. Reservar um momento todos os dias para refletir sobre as coisas pelas quais se é grato ajuda a reorientar a mente para aspectos positivos da vida, reduzindo o estresse e promovendo uma sensação de contentamento. Manter um diário de gratidão, onde se anota diariamente três coisas pelas quais se é grato, pode criar um estado mental mais relaxado e receptivo ao bem-estar. Este simples ato pode transformar a perspectiva de vida e promover um senso mais profundo de paz e harmonia.

A terapia de som, utilizando instrumentos como tigelas tibetanas, gongos e sinos, é uma prática vibracional que pode ajudar a equilibrar as energias do corpo e a promover a liberação emocional. O som dessas ferramentas pode ajudar a dissolver bloqueios energéticos e a restaurar o fluxo natural de energia. Durante uma sessão de terapia de som, o xamã ou terapeuta pode tocar os instrumentos ao redor do corpo do participante, permitindo que as vibrações penetrem profundamente e promovam a cura. Essa prática pode ser realizada regularmente como parte de uma rotina de autocuidado.

Os banhos rituais continuam a ser uma prática tradicional no xamanismo que pode ser utilizada para purificação e renovação energética. Preparar um banho com ervas sagradas, como lavanda, alecrim e camomila, pode ajudar a relaxar o corpo e a mente. Adicionar algumas gotas de óleo essencial de lavanda ou eucalipto pode aumentar o efeito calmante. Durante o banho, visualizar a água limpando todas as energias negativas e trazendo uma sensação de renovação e paz pode ser uma prática poderosa. Este ritual pode ser realizado semanalmente ou conforme necessário, especialmente durante momentos de intenso estresse ou tristeza.

A prática de visualizações de proteção pode ajudar a criar um ambiente seguro e tranquilo para a cura emocional. Antes de dormir, o participante pode visualizar uma luz protetora ao redor de seu corpo e de seu quarto, formando uma barreira contra energias negativas. Essa luz pode ser visualizada como uma cor específica, como o branco ou o dourado, que simboliza proteção e paz. Reforçar essa visualização com a repetição de mantras de proteção, como "Estou seguro e protegido", pode fortalecer a sensação de segurança e promover um sono mais tranquilo.

A prática de respiração consciente é fundamental para a cura emocional. Exercícios de respiração, como a respiração 4-7-8 (inspirar por 4 segundos, segurar por 7 segundos e expirar lentamente por 8 segundos), podem ajudar a acalmar o sistema nervoso e a promover a liberação de tensões emocionais. A respiração consciente pode ser integrada na rotina diária, ajudando a criar uma base de calma e equilíbrio. Além disso, a prática de respiração consciente pode ser particularmente útil durante momentos de estresse ou ansiedade, ajudando a restaurar a calma e o foco.

A prática de mindfulness e atenção plena continua a ser essencial para a cura emocional. Mindfulness envolve estar totalmente presente no momento, observando pensamentos e emoções sem julgamento. Esta prática pode ajudar a quebrar o ciclo de ruminação e a criar um espaço para a expressão emocional saudável. Meditações diárias de mindfulness podem incluir a observação da respiração, a escuta dos sons ao redor ou a atenção plena às sensações corporais.

A integração de arte-terapia continua a ser uma técnica eficaz para a liberação emocional. Atividades artísticas, como desenhar, pintar ou criar mandalas, permitem a expressão emocional e a liberação de tensões internas. O processo criativo pode ser uma forma de meditação, onde a mente se acalma e se concentra no momento presente. A criação de arte inspirada em temas de cura e transformação pode ajudar a canalizar emoções difíceis e a encontrar um senso de realização e propósito.

A participação em círculos de cura ou grupos de apoio xamânicos continua a ser um aspecto crucial no processo de cura. Esses grupos oferecem um espaço seguro para compartilhar experiências e práticas, e para receber apoio de outros que estão na mesma jornada. A troca de sabedoria e técnicas de cura pode oferecer novos insights e fortalecer a determinação de seguir em frente. A sensação de pertencimento e conexão com outros pode ser um poderoso antídoto contra a sensação de isolamento que muitas vezes acompanha os bloqueios emocionais.

Finalmente, adotar uma atitude de autocompaixão e paciência durante o processo de cura é essencial. Reconhecer que a liberação de bloqueios emocionais é um processo que requer tempo e cuidado é fundamental. Tratar-se com gentileza e compreensão, e celebrar pequenos progressos, pode aliviar a pressão e promover uma mentalidade mais positiva. A prática regular de autocompaixão pode ajudar a aliviar sentimentos de culpa ou vergonha e a promover uma sensação de autoaceitação e amor-próprio.

A cura xamânica para bloqueios emocionais envolve uma abordagem holística que considera todos os aspectos do ser - físico, emocional, mental e espiritual. Ao criar um ambiente propício à cura, realizar jornadas xamânicas, utilizar cristais de cura e incorporar práticas de meditação e respiração, é possível tratar os bloqueios emocionais de maneira eficaz e duradoura. Essas práticas não apenas ajudam a aliviar os sintomas dos bloqueios emocionais, mas também promovem uma saúde holística, proporcionando uma vida mais equilibrada e harmoniosa.

Capítulo 5
Fadiga Crônica

A fadiga crônica é uma condição debilitante que afeta a capacidade de uma pessoa realizar atividades diárias com eficiência. Essa condição não é apenas física, mas também pode impactar o bem-estar mental e emocional. Entender a natureza da fadiga crônica e suas causas subjacentes, é essencial para abordá-la de maneira eficaz através das práticas xamânicas.

A fadiga crônica é caracterizada por uma sensação persistente de cansaço que não melhora com o descanso e pode ser exacerbada por atividade física ou mental. Os sintomas podem incluir fraqueza muscular, dores articulares, problemas de memória e concentração, e uma sensação geral de mal-estar. Este estado contínuo de exaustão pode levar a uma diminuição significativa na qualidade de vida, impactando negativamente tanto o desempenho no trabalho quanto nas atividades sociais.

Identificar os sintomas é o primeiro passo crucial para abordar a fadiga crônica. Pessoas que sofrem dessa condição frequentemente relatam dificuldades em completar tarefas diárias, uma sensação constante de exaustão, e a necessidade de repouso prolongado sem se sentir renovadas. Além disso, podem experimentar distúrbios do sono, como insônia ou sono não restaurador, o que agrava ainda mais a sensação de cansaço. A identificação desses sintomas permite um diagnóstico mais preciso e a escolha das práticas de cura apropriadas.

As causas da fadiga crônica são variadas e podem incluir uma combinação de fatores físicos, emocionais e ambientais. Estresse e sobrecarga são causas comuns, onde o corpo e a mente são levados ao limite sem tempo suficiente para recuperação.

Condições médicas subjacentes, como doenças autoimunes ou infecções virais crônicas, também podem contribuir significativamente. Além disso, a alimentação inadequada e hábitos de vida sedentários podem exacerbar os sintomas, criando um ciclo vicioso de fadiga e inatividade.

Para abordar a fadiga crônica através das práticas xamânicas, é fundamental adotar uma abordagem holística que considere todos os aspectos do ser - físico, emocional, mental e espiritual. A criação de um ambiente propício à cura é um dos primeiros passos. Este ambiente deve ser tranquilo e livre de distrações, permitindo uma conexão profunda com o mundo espiritual. A purificação do espaço pode ser feita com a queima de ervas sagradas, como sálvia ou palo santo, para limpar qualquer energia negativa presente.

O próximo passo é preparar o corpo e a mente para o ritual de cura. Isso pode incluir técnicas de relaxamento, como a meditação e a respiração profunda, que ajudam a acalmar o sistema nervoso e a focar a mente na intenção de cura. Práticas de visualização também são úteis, onde se pode imaginar uma luz curativa envolvendo o corpo, restaurando a energia vital e eliminando a exaustão.

A integração de cristais de cura é uma prática comum no xamanismo. Cristais como o quartzo rosa e a ametista são conhecidos por suas propriedades calmantes e energizantes. Colocar esses cristais em pontos estratégicos durante a meditação ou o ritual pode amplificar a energia de cura, ajudando a restaurar o equilíbrio energético do corpo. Além disso, o uso de óleos essenciais, como lavanda e eucalipto, pode complementar a prática, proporcionando um ambiente relaxante e revigorante.

A prática regular de técnicas de cura xamânica pode não apenas aliviar os sintomas da fadiga crônica, mas também promover uma saúde holística, proporcionando uma vida mais equilibrada e harmoniosa. Essas técnicas incluem a manutenção de um diário de autocuidado, onde se pode registrar sentimentos e progresso, ajudando a identificar padrões e a fazer ajustes conforme necessário. A abordagem xamânica é uma jornada contínua de autodescoberta e cura, onde cada prática contribui para o bem-estar geral.

A jornada para entender e curar a fadiga crônica começa com uma exploração profunda das causas subjacentes. Além dos fatores físicos, a dimensão emocional desempenha um papel significativo. Emoções reprimidas, traumas não resolvidos e estresse constante podem drenar a energia vital, contribuindo para a sensação persistente de exaustão. Reconhecer e abordar essas emoções é crucial para o processo de cura.

Uma das técnicas eficazes para liberar emoções reprimidas é a jornada xamânica. Durante a jornada, o xamã entra em um estado alterado de consciência, facilitado pelo som rítmico de tambores ou chocalhos, permitindo acessar reinos espirituais onde reside a sabedoria ancestral. Nessas jornadas, o xamã pode encontrar e comunicar-se com espíritos guias que oferecem insights sobre as causas emocionais da fadiga crônica e orientações sobre como liberar essas energias estagnadas.

A prática da meditação diária é uma ferramenta poderosa para equilibrar as emoções e restaurar a energia. Meditações focadas na respiração consciente e visualizações de luz curativa podem ajudar a acalmar a mente e a recarregar o corpo. Visualizar uma luz dourada ou branca entrando pelo topo da cabeça e preenchendo todo o corpo com energia vital pode ser especialmente revitalizante. Essa prática não apenas alivia o cansaço, mas também promove uma sensação de paz e bem-estar.

Além das práticas meditativas, o uso de plantas medicinais é uma tradição antiga no xamanismo que pode ser altamente benéfica para a fadiga crônica. Ervas como a ashwagandha e o ginseng são conhecidas por suas propriedades adaptogênicas, ajudando o corpo a adaptar-se ao estresse e a restaurar o equilíbrio energético. Beber chás dessas ervas regularmente pode proporcionar um suporte contínuo ao sistema energético. A preparação desses chás pode ser incorporada em rituais diários, criando uma rotina que sinaliza ao corpo que é hora de relaxar e se revitalizar.

A alimentação também desempenha um papel crucial na gestão da fadiga crônica. Alimentos ricos em nutrientes, como frutas frescas, vegetais, grãos integrais e proteínas magras, fornecem a energia necessária para o corpo funcionar de maneira eficiente. Evitar alimentos processados e ricos em açúcar pode prevenir picos e quedas de energia, mantendo um nível constante de vitalidade ao longo do dia. Além disso, a hidratação adequada é essencial para a manutenção da energia e da função celular.

A conexão com a natureza é outra prática xamânica fundamental que pode ajudar a restaurar a energia vital. Passar tempo ao ar livre, caminhar descalço na terra ou praticar exercícios leves em um ambiente natural pode ter um efeito profundamente revitalizante. A natureza possui uma energia curativa inerente, e a simples interação com o ambiente natural pode ajudar a reequilibrar o corpo e a mente. Essa prática, conhecida como "earthing" ou aterramento, permite que o corpo absorva a energia da terra, promovendo uma sensação de bem-estar e renovação.

Os rituais de purificação são igualmente importantes no tratamento da fadiga crônica. A queima de ervas sagradas, como a sálvia ou o cedro, pode limpar as energias negativas acumuladas, criando um ambiente mais leve e propício à cura. Realizar esses rituais regularmente, especialmente em momentos de transição, como ao acordar ou antes de dormir, pode ajudar a manter o espaço energético limpo e equilibrado. Além disso, banhos de purificação com sal grosso e ervas podem ser uma prática relaxante e revigorante, ajudando a liberar a tensão e a restaurar a vitalidade.

A participação em círculos de cura ou grupos de apoio pode proporcionar um senso de comunidade e de apoio emocional. Compartilhar experiências e práticas com outros que estão na mesma jornada pode oferecer novos insights e fortalecer a determinação de seguir em frente. A sensação de pertencimento e de ser compreendido pode ser um poderoso antídoto contra a exaustão emocional e mental.

A abordagem xamânica para a cura da fadiga crônica é um processo contínuo que integra práticas espirituais, emocionais e físicas. Ao adotar uma rotina que inclua meditação, uso de plantas medicinais, alimentação saudável, conexão com a natureza e rituais de purificação, é possível restaurar a energia vital e viver uma vida mais equilibrada e harmoniosa.

Para aprofundar a compreensão e o tratamento da fadiga crônica, é essencial explorar a conexão entre a mente e o corpo. A fadiga crônica resulta frequentemente de um ciclo de pensamentos negativos e emoções estressantes que esgotam a energia vital. Quebrar esse ciclo exige uma abordagem que incorpore práticas de autocuidado e técnicas de cura emocional.

A prática de mindfulness é uma ferramenta poderosa para interromper o ciclo de pensamentos negativos. Mindfulness envolve a atenção plena ao momento presente, observando pensamentos e sensações sem julgamento. Dedicar alguns minutos diários à meditação mindfulness pode ajudar a acalmar a mente e reduzir o estresse. Durante a meditação, focar na respiração e permitir que os pensamentos passem sem se prender a eles pode criar um estado de paz interior, essencial para restaurar a energia.

Outra técnica eficaz é a prática da gratidão. Manter um diário de gratidão, onde se anota diariamente três coisas pelas quais se é grato, pode reorientar a mente para aspectos positivos da vida. Essa prática simples pode transformar a perspectiva mental, reduzindo o estresse e promovendo uma sensação de bem-estar. A gratidão ajuda a liberar hormônios do bem-estar, como a serotonina, que contribuem para uma maior sensação de energia e vitalidade.

A integração de práticas de respiração consciente é fundamental para o manejo da fadiga crônica. Técnicas como a respiração diafragmática, onde se respira profundamente pelo nariz, expandindo o abdômen, e expira-se lentamente pela boca, podem ajudar a acalmar o sistema nervoso e a recarregar a energia. Realizar exercícios de respiração várias vezes ao dia, especialmente durante momentos de estresse, pode promover um estado de relaxamento profundo e renovar a vitalidade.

A cura xamânica também envolve a utilização de rituais de conexão espiritual para restaurar a energia. Os rituais de lua cheia e nova são momentos poderosos para trabalhar a energia de renovação e liberação. Durante a lua cheia, realizar um ritual de liberação, onde se escreve em um papel as energias e emoções que precisam ser liberadas, e depois queimar o papel, pode simbolizar a libertação dessas cargas. Na lua nova, definir intenções claras para o próximo ciclo e plantá-las simbolicamente em um altar ou jardim pode ajudar a cultivar a energia renovada.

Os instrumentos xamânicos, como tambores e chocalhos, são ferramentas valiosas para alterar estados de consciência e promover a cura. O som rítmico do tambor pode induzir um estado meditativo profundo, facilitando a jornada espiritual. Durante essas jornadas, o xamã pode encontrar espíritos guias que oferecem insights e orientações sobre como restaurar a energia vital. Integrar sessões regulares de tambor xamânico pode ajudar a manter o equilíbrio energético e promover a cura contínua.

A terapia com som é outra prática eficaz para tratar a fadiga crônica. Sons específicos, como frequências binaurais e música relaxante, podem ajudar a equilibrar as ondas cerebrais e promover um estado de relaxamento profundo. Ouvir essas frequências durante a meditação ou antes de dormir pode ajudar a acalmar a mente e restaurar a energia. A criação de um ambiente sonoro relaxante com música suave e sons da natureza pode transformar o espaço de cura, tornando-o mais propício ao descanso e à revitalização.

A conexão com animais de poder é uma prática xamânica que pode oferecer força e orientação. Cada animal de poder possui características e sabedorias únicas que podem ser invocadas para apoiar a jornada de cura. Por exemplo, o urso é frequentemente associado à força e à introspecção, enquanto a águia simboliza a visão e a liberdade. Meditar sobre o animal de poder e invocar suas qualidades durante momentos de cansaço pode proporcionar um senso de apoio e renovação.

A prática de exercícios físicos leves é crucial para manter a energia e a vitalidade. Atividades como caminhadas, yoga ou tai chi não só ajudam a fortalecer o corpo, mas também promovem a circulação da energia vital. A prática regular de exercícios pode ajudar a liberar endorfinas, os hormônios do bem-estar, que combatem a sensação de fadiga. É importante escolher atividades que sejam prazerosas e que respeitem os limites do corpo, evitando a sobrecarga.

A importância da nutrição adequada não pode ser subestimada. Uma dieta rica em alimentos integrais, vegetais frescos, frutas, proteínas magras e gorduras saudáveis fornece os nutrientes necessários para manter a energia. Suplementos vitamínicos e minerais, como vitamina D, complexo B e magnésio, também podem ser benéficos para combater a fadiga crônica. Evitar alimentos processados, açúcar refinado e cafeína em excesso pode prevenir picos de energia seguidos por quedas bruscas, mantendo um nível constante de vitalidade.

Continuando a explorar as práticas xamânicas para tratar a fadiga crônica, a importância do equilíbrio energético é um aspecto fundamental. A fadiga crônica muitas vezes resulta de desequilíbrios energéticos que podem ser restaurados através de práticas específicas de cura energética e espiritual.

A técnica de imposição de mãos, também conhecida como cura energética, é uma prática tradicional no xamanismo que pode ajudar a restaurar o equilíbrio energético. O xamã ou praticante coloca as mãos sobre ou perto do corpo do paciente, canalizando energia curativa para áreas específicas onde a energia está bloqueada ou esgotada. Essa técnica pode ser especialmente eficaz para aliviar tensões musculares e promover uma sensação de relaxamento profundo. Durante a sessão, o paciente pode sentir calor, formigamento ou outras sensações à medida que a energia flui, ajudando a restaurar o equilíbrio e a vitalidade.

A prática de grounding, ou aterramento, é outra técnica importante para restaurar a energia. O aterramento envolve conectar-se diretamente com a terra, seja caminhando descalço na grama, sentando-se no solo ou meditando ao ar livre. Essa conexão direta com a terra ajuda a liberar o excesso de energia estática e a absorver a energia vital da natureza. O aterramento regular pode promover uma sensação de estabilidade e renovação, ajudando a combater a fadiga crônica.

A utilização de banhos de purificação é uma prática xamânica que pode ser integrada na rotina diária ou semanal. Banhos de ervas com sal grosso, lavanda, alecrim ou eucalipto podem ajudar a limpar as energias negativas acumuladas no corpo e a revitalizar a energia. Adicionar cristais de cura, como a ametista ou o quartzo rosa, à água do banho pode amplificar os efeitos curativos. Esses banhos devem ser tomados em um ambiente tranquilo, com iluminação suave e música relaxante, para criar uma experiência profundamente restauradora.

A terapia com cristais é uma prática complementar que pode ser usada para equilibrar os chakras e restaurar a energia vital. Cada cristal possui propriedades específicas que podem ajudar a equilibrar diferentes aspectos da energia do corpo. Por exemplo, a ametista é conhecida por suas propriedades calmantes e protetoras, enquanto o citrino é usado para aumentar a energia e a vitalidade. Colocar cristais em pontos estratégicos do corpo ou ao redor do espaço de cura pode ajudar a harmonizar a energia e a promover um estado de equilíbrio.

A prática de exercícios físicos suaves, como yoga ou tai chi, também é essencial para manter a energia e a vitalidade. Esses exercícios não só fortalecem o corpo, mas também promovem a circulação da energia vital, conhecida como "chi" ou "prana". Posturas específicas de yoga, como a postura da criança ou a postura do guerreiro, podem ajudar a liberar a tensão acumulada e a revitalizar o corpo. Praticar esses exercícios em um ambiente natural pode aumentar os benefícios, permitindo que o corpo absorva a energia curativa da natureza.

A alimentação desempenha um papel crucial na manutenção da energia. Uma dieta equilibrada, rica em alimentos integrais, vegetais frescos, frutas, proteínas magras e gorduras saudáveis, fornece os nutrientes necessários para o corpo funcionar de maneira eficiente. Evitar alimentos processados e ricos em açúcar pode prevenir picos e quedas de energia, mantendo um nível constante de vitalidade. Beber muita água e evitar a desidratação também é essencial para manter a energia ao longo do dia.

A prática de rituais diários de gratidão e intenção pode ajudar a reorientar a mente e a energia para aspectos positivos da vida. Começar e terminar o dia com um momento de reflexão e gratidão pode criar um estado mental de contentamento e paz. Manter um diário de gratidão, onde se anota diariamente as coisas pelas quais se é grato, pode ajudar a focar a mente no positivo e a promover uma sensação de bem-estar.

Os rituais de liberação, especialmente durante a lua cheia, são momentos poderosos para liberar energias e emoções que não servem mais. Escrever em um papel os sentimentos, pensamentos e energias que precisam ser liberados e depois queimar esse papel em uma fogueira ou com uma vela pode simbolizar a libertação dessas cargas. Esse ritual ajuda a criar espaço para novas energias e intenções, promovendo a renovação e a vitalidade.

A abordagem xamânica para a cura da fadiga crônica é uma jornada contínua que integra práticas espirituais, emocionais e físicas. Ao adotar uma rotina que inclua técnicas de imposição de mãos, aterramento, banhos de purificação, terapia com cristais, exercícios físicos suaves, alimentação equilibrada e rituais diários, é possível restaurar a energia vital e viver uma vida mais equilibrada e harmoniosa. Cada prática contribui para o bem-estar geral, oferecendo um caminho para a renovação e a vitalidade duradoura.

Para concluir a abordagem xamânica no tratamento da fadiga crônica, é essencial integrar práticas que promovam um equilíbrio duradouro e que possam ser mantidas a longo prazo. A continuidade dessas práticas é fundamental para garantir que a energia vital seja constantemente renovada e que o bem-estar físico, mental e espiritual seja sustentado.

Uma das práticas centrais é a manutenção de um diário de autocuidado. Este diário deve incluir registros diários das práticas realizadas, dos níveis de energia, das emoções e dos pensamentos.

Anotar os progressos, os desafios e as reflexões ajudam a monitorar a eficácia das práticas de cura e a identificar padrões. Esse registro contínuo permite ajustes necessários nas rotinas de autocuidado e proporciona uma visão clara da jornada de cura.

A prática de técnicas de visualização e meditação deve ser uma parte integrante da rotina diária. Visualizar um fluxo constante de energia curativa entrando no corpo e irradiando luz e vitalidade por todo o ser pode ajudar a manter a energia renovada. Esta prática pode ser realizada de manhã para começar o dia com energia e à noite para liberar tensões acumuladas. Meditações guiadas que focam na cura e na revitalização também podem ser usadas para promover um estado de paz interior e renovação.

Os rituais de purificação periódicos são cruciais para manter o espaço energético limpo. Além dos banhos de purificação e da queima de ervas sagradas, a limpeza energética do ambiente de vida deve ser realizada regularmente. Isso pode incluir a utilização de óleos essenciais em difusores, a colocação de cristais de cura em pontos estratégicos da casa e a prática de defumação em todos os cômodos. Manter o ambiente livre de energias estagnadas ajuda a criar um espaço propício ao descanso e à recuperação.

A conexão contínua com a natureza deve ser uma prioridade. Passar tempo ao ar livre, praticar caminhadas em ambientes naturais e meditar em espaços verdes pode ter um efeito profundamente revitalizante. A natureza oferece uma fonte constante de energia curativa que pode ser absorvida pelo corpo. Atividades como jardinagem, onde se trabalha diretamente com a terra, também podem promover um senso de conexão e renovação energética.

Os ciclos lunares oferecem oportunidades únicas para trabalhar com a energia de renovação e liberação. Realizar rituais durante a lua cheia para liberar energias e emoções que não servem mais, e durante a lua nova para definir novas intenções e objetivos, pode ajudar a manter o equilíbrio energético. Esses rituais devem ser acompanhados de meditações e visualizações específicas para cada fase lunar, aproveitando ao máximo as energias disponíveis.

A integração de práticas de respiração consciente é fundamental para manter a calma e a energia ao longo do dia. Técnicas como a respiração diafragmática e a técnica 4-7-8 podem ser usadas regularmente para reduzir o estresse e promover a clareza mental. Realizar essas práticas durante momentos de transição, como ao acordar, antes das refeições e antes de dormir, pode ajudar a manter um estado constante de relaxamento e vitalidade.

A prática de rituais de gratidão e intenção deve ser mantida para cultivar uma mentalidade positiva. Começar e terminar o dia com momentos de reflexão sobre as coisas pelas quais se é grato pode ajudar a criar um estado mental de contentamento e paz. Manter um diário de gratidão pode reforçar essa prática, ajudando a focar a mente em aspectos positivos da vida e promovendo uma sensação contínua de bem-estar.

A terapia com som, incluindo o uso de tambores xamânicos e música relaxante, deve ser integrada na rotina de autocuidado. O som rítmico do tambor pode ser usado para induzir estados meditativos profundos, facilitando a cura e a renovação energética. Ouvir música relaxante e sons da natureza, especialmente durante a meditação e antes de dormir, pode ajudar a acalmar a mente e promover um sono reparador.

Finalmente, é essencial cultivar uma atitude de autocompaixão e aceitação ao longo da jornada de cura. Reconhecer que a fadiga crônica é uma condição complexa que requer tempo e paciência para ser tratada é fundamental para manter a motivação e a resiliência. Tratar-se com gentileza, celebrar pequenos progressos e ser paciente consigo mesmo durante os momentos de desafio pode promover uma mentalidade positiva e sustentadora.

A abordagem xamânica para a cura da fadiga crônica é um caminho contínuo que integra práticas espirituais, emocionais e físicas. Ao adotar uma rotina que inclua técnicas de visualização, meditação, rituais de purificação, conexão com a natureza, práticas de respiração consciente e rituais de gratidão, é possível manter a energia vital e viver uma vida equilibrada e harmoniosa. Essa abordagem holística não só alivia os sintomas da fadiga crônica, mas também promove um bem-estar geral, oferecendo um caminho para a renovação e a vitalidade duradoura.

Capítulo 6
Dores Crônicas

As dores crônicas são uma condição debilitante que afeta a qualidade de vida de muitas pessoas. Diferente das dores agudas, que são temporárias e geralmente resultado de uma lesão ou inflamação, as dores crônicas persistem por longos períodos, muitas vezes sem uma causa clara ou resolução completa. A abordagem xamânica oferece métodos holísticos para identificar, compreender e tratar as dores crônicas, promovendo alívio e bem-estar duradouro.

A identificação do problema é o primeiro passo no tratamento das dores crônicas. Este tipo de dor pode surgir de diversas condições, incluindo doenças como artrite, fibromialgia, lesões antigas, ou mesmo problemas de coluna. É importante compreender a natureza da dor, sua localização e intensidade, e como ela afeta a vida diária do indivíduo. A dor crônica não só impacta o bem-estar físico, mas também pode levar a problemas emocionais como ansiedade e depressão, criando um ciclo vicioso de sofrimento.

Os sintomas das dores crônicas variam amplamente. Podem incluir dor constante ou intermitente, sensação de queimação, dor latejante, rigidez e sensibilidade nas áreas afetadas. Além disso, as dores crônicas podem causar fadiga, insônia, e dificuldade em realizar atividades diárias. Estes sintomas podem levar a um isolamento social, perda de produtividade e uma diminuição geral na qualidade de vida. Reconhecer esses sintomas é crucial para o desenvolvimento de uma estratégia de cura eficaz.

As causas comuns das dores crônicas são variadas. Lesões e doenças são causas frequentes; por exemplo, uma lesão desportiva antiga que nunca se curou completamente ou doenças como a artrite que causam inflamação contínua nas articulações. O estilo de vida sedentário também é uma causa significativa, pois a falta de movimento pode levar à rigidez e dor muscular. Além disso, fatores emocionais como estresse e traumas podem contribuir para a manifestação e perpetuação das dores crônicas, uma vez que o corpo e a mente estão intrinsecamente conectados.

A preparação para um ritual de cura xamânica começa com a criação de um espaço sagrado. Este espaço deve ser tranquilo, livre de distrações e energeticamente limpo. A purificação do espaço pode ser realizada com a queima de ervas sagradas como sálvia ou cedro, que ajudam a eliminar energias negativas e preparar o ambiente para a cura. A criação de um altar com itens significativos, como cristais de cura, velas e plantas, pode ajudar a focar a intenção do ritual e criar uma atmosfera propícia à cura.

Os materiais necessários para o ritual podem incluir tambores ou chocalhos para facilitar a entrada em estados de transe, cristais de cura específicos para aliviar a dor, como ametista e quartzo claro, e óleos essenciais de lavanda ou eucalipto, que têm propriedades anti-inflamatórias e analgésicas. O xamã também pode utilizar objetos pessoais do indivíduo em tratamento para fortalecer a conexão energética e espiritual durante o ritual.

A jornada xamânica é uma técnica poderosa utilizada no tratamento das dores crônicas. Durante a jornada, o xamã entra em um estado alterado de consciência, geralmente induzido pelo som rítmico do tambor ou do chocalho. Este estado permite que o xamã acesse os reinos espirituais em busca de orientação e cura. A jornada pode revelar as causas subjacentes das dores crônicas, que muitas vezes estão relacionadas a desequilíbrios energéticos ou traumas passados.

No início da jornada, o xamã se concentra na intenção de cura, invocando os espíritos guias e os elementos da natureza para auxiliar no processo. A respiração profunda e ritmada ajuda a estabilizar o corpo e a mente, facilitando a transição para o estado alterado de consciência. Durante a jornada, o xamã pode encontrar e interagir com animais de poder ou espíritos ancestrais, que oferecem sabedoria e insights sobre a origem da dor e os métodos de cura mais adequados.

Uma prática comum durante a jornada é a visualização de luzes curativas. O xamã visualiza uma luz brilhante e curativa entrando no corpo do indivíduo, concentrando-se nas áreas afetadas pela dor. Esta luz pode ser de várias cores, cada uma com suas propriedades curativas específicas. Por exemplo, a luz verde é frequentemente associada à cura física, enquanto a luz azul pode trazer calma e alívio da dor. O xamã direciona essa luz para as áreas de dor, promovendo a liberação de bloqueios energéticos e restaurando o fluxo de energia vital.

A extração de energias negativas é outra técnica utilizada durante a jornada. O xamã identifica e remove quaisquer energias ou entidades negativas que possam estar contribuindo para a dor crônica. Esta prática pode envolver o uso de cristais, penas ou outros objetos sagrados para extrair e transmutar essas energias, devolvendo o equilíbrio ao corpo e ao espírito. Após a extração, o xamã pode preencher o espaço vazio com energia positiva e curativa, reforçando o processo de cura.

Os cânticos e mantras são ferramentas essenciais na jornada xamânica. O som possui uma frequência vibracional que pode ajudar a realinhar a energia do corpo e promover a cura. O xamã utiliza cânticos tradicionais, passados de geração em geração, conhecidos por suas propriedades curativas. Estes cânticos criam uma ressonância que ajuda a dissolver bloqueios energéticos e a aliviar a dor. Além disso, o uso de mantras repetitivos pode ajudar a focar a mente e a intensificar a intenção de cura.

Após a jornada, é crucial ter um período de integração, onde o xamã e o indivíduo em tratamento refletem sobre as experiências e insights obtidos. Esta reflexão ajuda a consolidar as mudanças energéticas e a aplicar as lições aprendidas na vida cotidiana. O xamã pode oferecer orientações adicionais sobre práticas diárias que podem apoiar a continuidade do processo de cura, como meditações, exercícios de respiração e o uso de ervas medicinais.

A prática regular de técnicas de relaxamento é fundamental para o manejo das dores crônicas. A meditação, a yoga e os exercícios de alongamento podem ajudar a aliviar a tensão muscular e a reduzir a percepção da dor. A respiração consciente, onde se inspira profundamente pelo nariz e expira lentamente pela boca, pode ser particularmente eficaz para acalmar o sistema nervoso e promover o relaxamento. Estas práticas não só ajudam a gerenciar a dor, mas também a melhorar a qualidade de vida geral.

A cura xamânica das dores crônicas é um processo holístico que integra corpo, mente e espírito. Ao abordar as causas subjacentes da dor e promover a cura energética, é possível encontrar alívio e restaurar o equilíbrio. A combinação de jornadas xamânicas, técnicas de extração de energias negativas, e práticas de relaxamento diárias proporciona uma abordagem abrangente para o tratamento das dores crônicas, oferecendo esperança e alívio para aqueles que sofrem com essa condição debilitante.

Além das técnicas de jornada e extração, o xamanismo oferece outras práticas terapêuticas que podem ser incorporadas no tratamento das dores crônicas. A utilização de plantas medicinais é uma dessas práticas, que combina a sabedoria ancestral com os benefícios terapêuticos naturais. Certas plantas possuem propriedades analgésicas e anti-inflamatórias que podem ajudar a aliviar a dor e promover a cura.

As ervas como a arnica, o gengibre e a cúrcuma são amplamente utilizadas na medicina xamânica para tratar dores crônicas. A arnica, por exemplo, é conhecida por suas propriedades anti-inflamatórias e pode ser aplicada topicamente para reduzir a dor e o inchaço. O gengibre, por sua vez, possui compostos que bloqueiam a produção de substâncias químicas que causam inflamação no corpo. A cúrcuma, rica em curcumina, também é um potente anti-inflamatório natural. Estas plantas podem ser consumidas como chás, infusões ou aplicadas como compressas nas áreas doloridas.

A terapia de calor e frio é outra técnica utilizada para aliviar a dor crônica. Aplicar calor nas áreas afetadas pode ajudar a relaxar os músculos tensos e aumentar o fluxo sanguíneo, promovendo a cura. O uso de bolsas de água quente ou compressas mornas é eficaz para este propósito. Por outro lado, a aplicação de frio pode ajudar a reduzir a inflamação e o inchaço. Compressas frias ou pacotes de gelo podem ser usados para aliviar a dor aguda e controlar a inflamação. Alternar entre calor e frio pode proporcionar um alívio significativo e promover a recuperação.

A massagem terapêutica é uma prática comum na cura xamânica. Através de técnicas de massagem, é possível liberar a tensão acumulada nos músculos e melhorar a circulação sanguínea. O toque terapêutico do xamã, combinado com o uso de óleos essenciais como o óleo de lavanda, que possui propriedades relaxantes, pode ajudar a aliviar a dor e promover um estado de relaxamento profundo. A massagem pode ser adaptada às necessidades específicas de cada indivíduo, focando nas áreas que mais necessitam de alívio.

A acupressão, uma técnica que envolve a aplicação de pressão em pontos específicos do corpo, também pode ser eficaz no tratamento das dores crônicas. Esta prática baseia-se na medicina tradicional chinesa e é utilizada para liberar bloqueios de energia e restaurar o fluxo de energia vital. Os pontos de acupressão são estimulados com os dedos, promovendo o alívio da dor e o equilíbrio energético. Esta técnica pode ser combinada com outras práticas xamânicas para potencializar os efeitos curativos.

A terapia de som, através do uso de tambores, sinos tibetanos e outros instrumentos de percussão, é outra abordagem terapêutica no tratamento das dores crônicas. O som possui uma frequência vibracional que pode ajudar a realinhar a energia do corpo e promover a cura. O xamã utiliza ritmos específicos para induzir estados de relaxamento e meditação, ajudando a aliviar a dor e a restaurar o equilíbrio. A terapia de som pode ser realizada durante sessões de cura ou como parte de uma prática diária de bem-estar.

A conexão com a natureza é um aspecto fundamental na prática xamânica e pode ter um impacto profundo na gestão da dor crônica. Passar tempo ao ar livre, seja caminhando em florestas, sentando-se junto a um rio ou praticando jardinagem, pode ajudar a reduzir o estresse e a promover a cura. A natureza tem um efeito calmante e revitalizante, e a interação regular com o ambiente natural pode melhorar o bem-estar físico e emocional. O xamã pode orientar o indivíduo a realizar rituais de gratidão e oferendas à terra, fortalecendo a conexão com os elementos naturais e promovendo a harmonia.

Além das práticas físicas e energéticas, a abordagem xamânica para a cura das dores crônicas também envolve a transformação de crenças limitantes e padrões de pensamento negativos. A dor crônica pode ser exacerbada por uma mentalidade pessimista ou sentimentos de desesperança. O xamã trabalha com o indivíduo para identificar e transformar esses padrões, promovendo uma mentalidade positiva e empoderada. A prática de afirmações diárias e visualizações positivas pode ajudar a reprogramar a mente para focar na cura e no bem-estar.

A cura xamânica das dores crônicas é um processo contínuo e integrado que envolve corpo, mente e espírito. Ao combinar práticas terapêuticas tradicionais com abordagens modernas de bem-estar, é possível encontrar alívio e promover uma qualidade de vida melhor. Através da utilização de plantas medicinais, terapias de calor e frio, massagem, acupressão, terapia de som e a conexão com a natureza, o xamã oferece uma abordagem abrangente e holística para o tratamento das dores crônicas, ajudando os indivíduos a encontrar equilíbrio e alívio duradouro.

A integração de práticas espirituais é um componente vital na abordagem xamânica para o tratamento das dores crônicas. A cura espiritual envolve a conexão profunda com o eu interior, os espíritos guias e os elementos da natureza. Esta conexão pode proporcionar alívio significativo da dor e promover um senso de bem-estar e equilíbrio.

Uma das práticas espirituais mais poderosas é a meditação guiada. Durante a meditação, o indivíduo é guiado a visualizar a entrada de energia curativa no corpo. Esta energia pode ser visualizada como uma luz brilhante que permeia cada célula, removendo bloqueios e restaurando o fluxo de energia vital. A meditação guiada ajuda a acalmar a mente e a focar a intenção de cura, promovendo um estado de relaxamento profundo e alívio da dor.

A prática da gratidão é outro aspecto importante na cura espiritual. Reservar um tempo diário para refletir sobre as coisas pelas quais se é grato pode transformar a percepção da dor e promover uma mentalidade positiva. Manter um diário de gratidão, onde se registra diariamente três coisas pelas quais se é grato, pode ajudar a reorientar a mente para aspectos positivos da vida, diminuindo o impacto da dor crônica. A gratidão cria uma ressonância de energia positiva que pode melhorar o bem-estar geral.

Os rituais de purificação são essenciais para a cura espiritual. A defumação com ervas sagradas como sálvia, cedro ou palo santo ajuda a limpar energias negativas e a preparar o ambiente para a cura. A fumaça dessas ervas é considerada uma oferenda aos espíritos, estabelecendo uma conexão entre o mundo físico e espiritual. Realizar esses rituais regularmente pode ajudar a manter o equilíbrio energético e a promover a saúde espiritual.

A criação de um altar pessoal é uma prática espiritual que pode suportar o processo de cura. Este altar pode incluir itens que simbolizem a intenção de cura, como cristais, velas, plantas e objetos pessoais significativos. O altar serve como um ponto focal para a meditação e os rituais diários, ajudando a concentrar a energia e a intenção. Manter o altar limpo e energeticamente equilibrado é crucial para o sucesso das práticas espirituais.

A música e o som desempenham um papel crucial na cura espiritual. Cânticos, mantras e instrumentos de percussão como tambores e sinos tibetanos têm o poder de alterar estados de consciência e promover a cura. O som cria uma frequência vibracional que pode ajudar a dissolver bloqueios energéticos e a aliviar a dor. A prática de entoar cânticos ou ouvir gravações de música xamânica pode ser incorporada na rotina diária para promover o bem-estar espiritual.

O trabalho com cristais é uma prática comum na cura xamânica. Cada cristal possui uma frequência vibracional única que pode ser usada para equilibrar a energia do corpo. Cristais como ametista, quartzo claro e quartzo rosa são particularmente eficazes no alívio da dor e na promoção da cura. Esses cristais podem ser colocados nas áreas afetadas do corpo, carregados no bolso ou usados como joias. A prática regular de meditação com cristais pode intensificar os efeitos curativos.

A prática de visualizações de proteção pode ajudar a criar um ambiente seguro e tranquilo, essencial para o processo de cura. Antes de dormir ou durante momentos de meditação, o indivíduo pode visualizar uma luz protetora ao redor de seu corpo, formando uma barreira contra energias negativas. Esta luz pode ser visualizada como uma cor específica, como o branco ou o dourado, que simboliza proteção e paz. Reforçar essa visualização com a repetição de mantras de proteção pode fortalecer a sensação de segurança e promover um sono mais tranquilo.

A importância da comunidade e do apoio social não pode ser subestimada na cura das dores crônicas. Participar de círculos de cura ou grupos de apoio pode proporcionar um senso de pertencimento e apoio emocional. Compartilhar experiências e práticas com outros que estão na mesma jornada pode oferecer novos insights e fortalecer a determinação de seguir em frente. A comunidade oferece um espaço seguro para a expressão e a cura, promovendo um senso de conexão e apoio mútuo.

A transformação de crenças limitantes e padrões de pensamento negativos é essencial para a cura espiritual. A dor crônica pode ser exacerbada por uma mentalidade pessimista ou sentimentos de desesperança. O xamã trabalha com o indivíduo para identificar e transformar esses padrões, promovendo uma mentalidade positiva e empoderada. A prática de afirmações diárias e visualizações positivas pode ajudar a reprogramar a mente para focar na cura e no bem-estar.

A cura espiritual das dores crônicas é um processo holístico que envolve corpo, mente e espírito. Ao integrar práticas espirituais como a meditação, a gratidão, os rituais de purificação, o trabalho com cristais e a participação na comunidade, é possível encontrar alívio e promover uma qualidade de vida melhor. A combinação dessas práticas oferece uma abordagem abrangente e holística para o tratamento das dores crônicas, ajudando os indivíduos a encontrar equilíbrio e alívio duradouro.

A cura das dores crônicas através do xamanismo não é apenas uma abordagem reativa, mas também preventiva. É fundamental incorporar práticas diárias que sustentem o equilíbrio energético e previnam o retorno da dor. Estas práticas ajudam a fortalecer o corpo e a mente, promovendo um estado contínuo de bem-estar.

A prática diária da atenção plena é uma ferramenta poderosa para o manejo da dor crônica. A atenção plena envolve estar presente no momento, observando pensamentos e sensações sem julgamento. Esta prática pode ser realizada através de meditações curtas ao longo do dia ou simplesmente dedicando alguns minutos para respirar profundamente e se reconectar com o presente. A atenção plena ajuda a reduzir a reatividade emocional e a criar um espaço de calma interior, diminuindo a percepção da dor.

Manter uma rotina de exercícios físicos leves é essencial para a saúde geral e o manejo da dor. Atividades como caminhadas, yoga e tai chi não só ajudam a reduzir a dor muscular e a rigidez, mas também promovem a liberação de endorfinas, que são os analgésicos naturais do corpo. O movimento regular melhora a circulação sanguínea, aumenta a flexibilidade e fortalece os músculos, contribuindo para a redução da dor crônica.

A alimentação equilibrada desempenha um papel crucial na prevenção e manejo da dor crônica. Uma dieta rica em nutrientes, anti-inflamatórios naturais, e pobre em açúcares refinados e alimentos processados pode ajudar a reduzir a inflamação e a dor. Alimentos como frutas, vegetais, nozes, sementes, peixes ricos em ômega-3 e especiarias como a cúrcuma e o gengibre são conhecidos por suas propriedades anti-inflamatórias. Manter-se hidratado também é fundamental para o funcionamento saudável do corpo e a redução da dor.

A prática de rituais de gratidão ao despertar e antes de dormir pode influenciar positivamente a percepção da dor. Começar e terminar o dia com um momento de gratidão ajuda a definir um tom positivo e a cultivar uma mentalidade de abundância. Este ritual pode incluir agradecer pelo corpo, pela saúde, pelas pequenas vitórias diárias e por qualquer outro aspecto positivo da vida. Manter um diário de gratidão onde se registra esses pensamentos pode servir como uma lembrança constante do positivo, reduzindo o estresse e a ansiedade que podem agravar a dor.

A criação de um espaço sagrado em casa, onde rituais e meditações podem ser realizados regularmente, apoia a manutenção da paz interior e do equilíbrio energético. Este espaço pode incluir um altar com cristais, velas, plantas e outros objetos significativos. Manter este espaço limpo e energeticamente equilibrado com a queima regular de ervas sagradas como sálvia ou palo santo é crucial para a continuidade das práticas espirituais.

A prática de técnicas de respiração consciente ao longo do dia pode ajudar a reduzir a tensão e a ansiedade, preparando o corpo para um estado de relaxamento profundo. Exercícios simples de respiração, como inspirar profundamente pelo nariz e expirar lentamente pela boca, podem ser feitos a qualquer momento para acalmar o sistema nervoso. A técnica de respiração 4-7-8 é particularmente eficaz para induzir o relaxamento e pode ser praticada durante momentos de estresse ou como parte de um ritual matinal ou noturno.

O uso de visualizações positivas durante o dia também pode influenciar a percepção da dor. Visualizar cenários tranquilos e agradáveis, como uma caminhada em uma floresta ou um dia na praia, pode ajudar a reduzir o estresse e a ansiedade, preparando a mente para um estado de bem-estar. Estas visualizações podem ser integradas na prática de meditação ou realizadas enquanto se está deitado na cama, esperando para adormecer.

A importância da autocompaixão e da paciência consigo mesmo ao lidar com a dor crônica não pode ser subestimada. Reconhecer que a jornada para melhorar a qualidade de vida pode levar tempo e que cada passo, por menor que seja, é um progresso em direção ao bem-estar. Tratar-se com gentileza e compreensão, celebrar pequenas vitórias e ser paciente consigo mesmo são componentes essenciais para a cura.

A conexão com a comunidade e o apoio social são fundamentais no manejo da dor crônica. Participar de círculos de cura ou grupos de apoio pode proporcionar um senso de pertencimento e apoio emocional. Compartilhar experiências e práticas com outros que estão na mesma jornada pode oferecer novos insights e fortalecer a determinação de seguir em frente. A comunidade oferece um espaço seguro para a expressão e a cura, promovendo um senso de conexão e apoio mútuo.

A cura das dores crônicas através do xamanismo é um processo contínuo que envolve a integração de diversas práticas holísticas na vida diária. Ao criar um ambiente propício à cura, praticar a atenção plena, manter uma dieta equilibrada, realizar exercícios físicos leves e participar da comunidade, é possível encontrar alívio e promover uma qualidade de vida melhor. Estas práticas não só ajudam a reduzir a dor, mas também promovem um bem-estar geral, proporcionando uma vida mais equilibrada e harmoniosa.

Capítulo 7
Problemas Digestivos

Problemas digestivos são condições comuns que podem afetar pessoas de todas as idades. Essas condições incluem uma ampla gama de sintomas, como dor abdominal, inchaço, gases, constipação, diarreia, azia e indigestão. A digestão é um processo complexo que envolve várias partes do corpo, incluindo o estômago, intestinos, fígado, pâncreas e vesícula biliar. Qualquer disfunção em uma dessas áreas pode resultar em problemas digestivos.

Identificar os sintomas de problemas digestivos é crucial para o tratamento eficaz. A dor abdominal pode variar de um leve desconforto a uma dor intensa, dependendo da causa subjacente. O inchaço é frequentemente descrito como uma sensação de plenitude ou pressão no abdômen. Gases podem causar desconforto e dor, e podem ser acompanhados por eructações ou flatulência excessivas. A constipação é caracterizada por movimentos intestinais infrequentes ou difíceis, enquanto a diarreia envolve evacuações frequentes e aquosas. A azia é uma sensação de queimação no peito, geralmente causada pelo refluxo ácido, e a indigestão pode incluir uma sensação de desconforto ou queimação no estômago após comer.

Além dos sintomas físicos, problemas digestivos podem impactar significativamente a saúde mental e emocional de uma pessoa. A dor crônica e o desconforto podem levar ao estresse, ansiedade e depressão. Isso cria um ciclo vicioso, onde o estresse e a ansiedade podem, por sua vez, exacerbar os problemas digestivos.

A abordagem xamânica para tratar problemas digestivos envolve entender não apenas os sintomas físicos, mas também as causas subjacentes e os aspectos emocionais e espirituais que podem contribuir para essas condições. No xamanismo, acredita-se que o corpo, a mente e o espírito estão interconectados, e que desequilíbrios em qualquer uma dessas áreas pode manifestar-se como doenças físicas.

Os problemas digestivos podem ter diversas causas, incluindo má alimentação, estresse e ansiedade, infecções, uso de certos medicamentos, e condições médicas como síndrome do intestino irritável (SII), doença inflamatória intestinal (DII) e doença celíaca. Identificar a causa específica é o primeiro passo para desenvolver um plano de tratamento eficaz.

A má alimentação é uma causa comum de problemas digestivos. Dietas ricas em alimentos processados, gorduras saturadas, açúcares refinados e pobre em fibras podem levar a distúrbios digestivos. Além disso, comer muito rápido, não mastigar bem os alimentos e comer em horários irregulares também podem contribuir para problemas digestivos. Uma dieta equilibrada, rica em fibras, frutas, vegetais e água, pode ajudar a promover a saúde digestiva.

O estresse e a ansiedade são fatores significativos que podem agravar os problemas digestivos. O sistema digestivo é altamente sensível às emoções, e o estresse pode causar ou exacerbar sintomas como dor abdominal, inchaço, constipação e diarreia. Técnicas de manejo do estresse, como meditação, respiração profunda e ioga, podem ser úteis para aliviar esses sintomas.

Infecções bacterianas e virais também podem causar problemas digestivos. A infecção por Helicobacter pylori, por exemplo, é uma causa comum de úlceras gástricas e gastrite. Outras infecções, como gastroenterite viral, podem causar diarreia e vômitos. O tratamento dessas infecções envolve geralmente o uso de antibióticos ou medicamentos antivirais, além de cuidados de suporte como hidratação e repouso.

O uso de certos medicamentos, como anti-inflamatórios não esteroides (AINEs), antibióticos e medicamentos para a pressão arterial, pode causar efeitos colaterais digestivos. Esses medicamentos podem irritar o revestimento do estômago, alterar a flora intestinal ou afetar o movimento intestinal. É importante discutir quaisquer sintomas digestivos com um profissional de saúde para ajustar a medicação conforme necessário.

Por fim, condições médicas subjacentes, como síndrome do intestino irritável (SII), doença inflamatória intestinal (DII) e doença celíaca, podem causar problemas digestivos crônicos. Essas condições requerem um diagnóstico adequado e um plano de tratamento individualizado para controlar os sintomas e melhorar a qualidade de vida.

A abordagem xamânica para tratar problemas digestivos combina práticas tradicionais de cura com uma compreensão holística do indivíduo. Isso inclui rituais de purificação, uso de plantas medicinais, meditação, e técnicas de relaxamento para restaurar o equilíbrio e promover a cura. A integração dessas práticas pode ajudar a aliviar os sintomas digestivos, melhorar a saúde geral e promover uma sensação de bem-estar.

A purificação é uma prática central no xamanismo, especialmente quando se trata de problemas digestivos. Os rituais de purificação ajudam a limpar energias negativas e a preparar o corpo e o espírito para a cura. Esses rituais podem incluir a defumação com ervas sagradas, banhos de ervas e a criação de espaços sagrados.

A defumação é uma técnica amplamente utilizada para purificar o ambiente e o corpo. Ervas como sálvia, alecrim e erva-doce são queimadas para gerar uma fumaça que limpa as energias negativas. Durante a defumação, é importante manter uma intenção clara de cura e purificação. Passar a fumaça ao redor do corpo, especialmente na área abdominal, pode ajudar a aliviar o desconforto digestivo. Além disso, defumar o ambiente onde se passa a maior parte do tempo pode criar um espaço mais harmonioso e propício à cura.

Os banhos de ervas são outra prática eficaz para a purificação e alívio dos problemas digestivos. Ervas como camomila, hortelã-pimenta e gengibre têm propriedades calmantes e anti-inflamatórias que podem ajudar a aliviar a dor e a inflamação no sistema digestivo. Preparar um banho com essas ervas e imergir-se nele pode ajudar a relaxar o corpo e a mente, promovendo uma sensação de bem-estar geral. Além disso, esses banhos podem ser combinados com meditação e respiração profunda para potencializar seus efeitos curativos.

A criação de um espaço sagrado é fundamental para qualquer prática de cura xamânica. Esse espaço deve ser tranquilo e livre de distrações, permitindo uma conexão profunda com o mundo espiritual. Pode-se criar um altar com elementos da natureza, como pedras, conchas e plantas, que simbolizem a intenção de cura. Manter esse espaço limpo e energeticamente equilibrado, realizando rituais de purificação regularmente, é essencial para manter um ambiente propício à cura.

O uso de plantas medicinais é uma parte integral da abordagem xamânica para tratar problemas digestivos. As plantas possuem propriedades curativas que podem ajudar a aliviar os sintomas e a tratar as causas subjacentes dos problemas digestivos. Aqui estão algumas plantas comumente usadas:

Camomila: Conhecida por suas propriedades calmantes, a camomila pode ajudar a aliviar a inflamação e a dor no sistema digestivo. Beber chá de camomila regularmente pode ajudar a reduzir o inchaço e a melhorar a digestão.

Hortelã-pimenta: A hortelã-pimenta é eficaz no alívio de sintomas como dor abdominal, inchaço e gases. O óleo essencial de hortelã-pimenta pode ser usado topicamente na área abdominal ou inalado para aliviar os sintomas.

Gengibre: O gengibre tem propriedades anti-inflamatórias e é particularmente útil no tratamento de náuseas e indigestão. Pode ser consumido em forma de chá, cápsulas ou adicionado aos alimentos.

Aloe Vera: Conhecida por suas propriedades curativas, o aloe vera pode ajudar a aliviar a inflamação e a irritação no trato digestivo. Beber suco de aloe vera pode ajudar a promover a cura e a melhorar a digestão.

Erva-doce: A erva-doce é eficaz no alívio de gases e cólicas. Beber chá de erva-doce após as refeições pode ajudar a melhorar a digestão e a aliviar o desconforto abdominal.

Além do uso de plantas medicinais, a meditação e as técnicas de relaxamento são componentes importantes do tratamento xamânico para problemas digestivos. A meditação ajuda a acalmar a mente e o corpo, reduzindo o estresse e a ansiedade que podem exacerbar os sintomas digestivos. Praticar meditação regularmente pode ajudar a promover um estado de equilíbrio e bem-estar.

Técnicas de respiração profunda também são eficazes para aliviar o desconforto digestivo. Respirar profundamente pelo nariz, expandindo o abdômen, e expirar lentamente pela boca pode ajudar a relaxar os músculos abdominais e a promover a circulação sanguínea na área. Essa prática pode ser realizada várias vezes ao dia, especialmente durante momentos de estresse ou desconforto.

A integração dessas práticas de purificação, uso de plantas medicinais, meditação e técnicas de relaxamento pode ajudar a aliviar os sintomas digestivos e a promover uma saúde geral melhorada. O xamanismo oferece uma abordagem holística que considera o indivíduo como um todo, tratando não apenas os sintomas físicos, mas também os aspectos emocionais e espirituais que podem contribuir para os problemas digestivos.

A meditação é uma prática essencial no tratamento xamânico de problemas digestivos. Ela ajuda a acalmar a mente, reduzir o estresse e criar um estado de relaxamento profundo, crucial para o funcionamento adequado do sistema digestivo. A prática regular de meditação pode melhorar significativamente a saúde digestiva, aliviando sintomas como dor abdominal, inchaço e indigestão.

Existem várias técnicas de meditação que podem ser utilizadas para promover a saúde digestiva. Uma das mais eficazes é a meditação guiada. Essa técnica envolve seguir as instruções de um guia que conduz a mente através de uma série de imagens e pensamentos relaxantes. Durante a meditação guiada, o praticante é incentivado a visualizar um lugar tranquilo, como uma floresta ou uma praia, onde se sente seguro e em paz. Essa visualização ajuda a reduzir a tensão e a promover um estado de calma, o que pode aliviar o desconforto digestivo.

Outra técnica eficaz é a meditação focada na respiração. Essa prática envolve concentrar-se na respiração, observando cada inspiração e expiração. A respiração profunda e consciente ajuda a relaxar os músculos abdominais e a melhorar a circulação sanguínea na área digestiva. Para praticar essa técnica, sente-se confortavelmente, feche os olhos e respire profundamente pelo nariz, expandindo o abdômen. Segure a respiração por alguns segundos e depois expire lentamente pela boca. Repita esse processo várias vezes, permitindo que cada respiração traga uma sensação de relaxamento e bem-estar.

A meditação mindfulness é outra prática que pode beneficiar a saúde digestiva. Mindfulness envolve prestar atenção ao momento presente, observando os pensamentos e sensações sem julgamento. Essa prática ajuda a reduzir o estresse e a ansiedade, que podem exacerbar os problemas digestivos. Para praticar mindfulness, encontre um lugar tranquilo, sente-se confortavelmente e concentre-se nas sensações do corpo. Observe qualquer tensão ou desconforto na área abdominal e permita que essas sensações se dissipem gradualmente. Concentre-se na respiração e permita que a mente se acalme.

Além da meditação, as técnicas de relaxamento são fundamentais para a saúde digestiva. O relaxamento progressivo é uma técnica que envolve a tensão e o relaxamento de diferentes grupos musculares do corpo. Essa prática ajuda a liberar a tensão acumulada nos músculos, promovendo um estado de relaxamento profundo. Para praticar o relaxamento progressivo, deite-se confortavelmente e comece a tensionar e relaxar os músculos dos pés, subindo gradualmente pelo corpo até chegar à cabeça. Concentre-se na sensação de relaxamento que se segue à liberação da tensão.

A ioga é outra prática de relaxamento que pode melhorar a saúde digestiva. Certas posturas de ioga são especialmente eficazes para aliviar sintomas digestivos e promover a digestão saudável. A postura da criança, por exemplo, ajuda a relaxar os músculos abdominais e a reduzir o inchaço. Para praticar essa postura, ajoelhe-se no chão, sente-se sobre os calcanhares e incline-se para frente, estendendo os braços à frente e apoiando a testa no chão. Mantenha essa posição por alguns minutos, respirando profundamente e permitindo que o corpo relaxe.

Outra postura eficaz é a postura da torção espinhal. Essa postura ajuda a estimular a digestão e a aliviar a constipação. Para praticar a torção espinhal, sente-se no chão com as pernas estendidas à frente. Dobre o joelho direito e coloque o pé direito no chão ao lado do joelho esquerdo. Gire o tronco para a direita, colocando a mão esquerda no joelho direito e a mão direita no chão atrás de você. Mantenha essa posição por alguns minutos, respirando profundamente e permitindo que a torção massageie os órgãos digestivos.

A prática regular de ioga e meditação pode ajudar a criar um estado de equilíbrio e harmonia no corpo, promovendo a saúde digestiva e aliviando os sintomas de desconforto abdominal. Além dessas práticas, é importante manter uma alimentação saudável e equilibrada, rica em fibras, frutas e vegetais, e evitar alimentos processados e gordurosos que podem agravar os problemas digestivos.

A abordagem xamânica para tratar problemas digestivos combina essas práticas de meditação e relaxamento com uma compreensão holística do indivíduo. Ao tratar o corpo, a mente e o espírito como uma unidade interconectada, o xamanismo oferece uma abordagem abrangente para a cura e o bem-estar. Integrar essas práticas na rotina diária pode ajudar a aliviar os sintomas digestivos, melhorar a saúde geral e promover uma sensação de paz e equilíbrio.

As práticas de respiração são fundamentais para a saúde digestiva, pois ajudam a regular o sistema nervoso e a promover o relaxamento. A respiração consciente pode aliviar sintomas como dor abdominal, inchaço e indigestão. Além disso, a conexão com a natureza é uma parte integral do xamanismo, proporcionando um ambiente de cura e equilíbrio que pode beneficiar significativamente o sistema digestivo.

Uma técnica eficaz de respiração é a respiração diafragmática, também conhecida como respiração abdominal. Esta prática envolve respirar profundamente pelo nariz, permitindo que o abdômen se expanda, e depois expirar lentamente pela boca. A respiração diafragmática ajuda a aumentar a oxigenação do sangue e a promover a circulação, o que pode aliviar a tensão nos músculos abdominais e melhorar a digestão. Para praticar, sente-se ou deite-se confortavelmente, coloque uma mão no abdômen e a outra no peito. Inspire profundamente pelo nariz, sentindo o abdômen se expandir, e depois expire lentamente pela boca, sentindo o abdômen voltar à sua posição original. Repita essa prática por alguns minutos, concentrando-se na sensação de relaxamento que acompanha cada respiração.

Outra técnica de respiração útil é a respiração alternada, que ajuda a equilibrar os hemisférios direito e esquerdo do cérebro e a reduzir o estresse. Para praticar a respiração alternada, sente-se confortavelmente e use o polegar direito para fechar a narina direita. Inspire profundamente pela narina esquerda, depois feche a narina esquerda com o dedo anular e solte o polegar direito para expirar pela narina direita. Inspire pela narina direita, feche-a novamente com o polegar e expire pela narina esquerda. Continue alternando as narinas por alguns minutos, mantendo um ritmo respiratório constante e suave.

A respiração 4-7-8 é outra técnica eficaz para promover o relaxamento e aliviar a tensão digestiva. Esta prática envolve inspirar por quatro segundos, segurar a respiração por sete segundos e expirar lentamente por oito segundos. A respiração 4-7-8 ajuda a acalmar o sistema nervoso e a criar um estado de tranquilidade, benéfico para a digestão. Para praticar, sente-se confortavelmente, feche os olhos e siga o ritmo 4-7-8 por várias rodadas, permitindo que cada ciclo de respiração traga uma sensação de calma e equilíbrio.

Além das práticas de respiração, a conexão com a natureza é uma componente vital do xamanismo e pode ter um impacto profundo na saúde digestiva. Passar tempo ao ar livre, cercado pela natureza, ajuda a reduzir o estresse e a promover um estado de bem-estar geral. A natureza oferece um ambiente curativo que pode ajudar a equilibrar a mente, o corpo e o espírito.

Caminhar na natureza é uma prática simples, mas poderosa, que pode beneficiar a saúde digestiva. Caminhar em um parque, floresta ou praia permite que o corpo se mova naturalmente, ajudando a estimular o sistema digestivo e a aliviar a constipação. Além disso, a exposição à luz solar natural ajuda a regular o ritmo circadiano, melhorando a qualidade do sono, o que é crucial para a saúde digestiva. Durante a caminhada, pratique a atenção plena, observando as vistas, sons e cheiros ao seu redor, e permita que a natureza acalme sua mente e corpo.

A prática do grounding, ou aterramento, é outra maneira eficaz de se conectar com a natureza e promover a saúde digestiva. O grounding envolve estar em contato direto com a terra, seja caminhando descalço na grama, sentando-se no chão ou tocando uma árvore. Essa prática ajuda a equilibrar a energia do corpo e a reduzir a inflamação, o que pode beneficiar a digestão. Para praticar o grounding, encontre um local tranquilo na natureza, tire os sapatos e coloque os pés diretamente na terra. Sente-se ou deite-se confortavelmente e concentre-se na sensação de estar conectado à terra, permitindo que essa conexão traga uma sensação de calma e equilíbrio.

A meditação na natureza é outra prática poderosa para a saúde digestiva. Meditar ao ar livre, cercado pela beleza natural, pode ajudar a aprofundar a conexão espiritual e a promover a cura. Encontre um local tranquilo na natureza, sente-se confortavelmente e feche os olhos. Concentre-se na respiração, permitindo que cada inspiração e expiração se alinhem com os ritmos da natureza ao seu redor. Visualize a energia curativa da terra, do céu e dos elementos fluindo através de seu corpo, trazendo equilíbrio e bem-estar ao sistema digestivo.

A integração dessas práticas de respiração e conexão com a natureza na rotina diária pode ajudar a aliviar os sintomas digestivos e a promover uma saúde geral melhorada. A abordagem xamânica para a cura considera o indivíduo como um todo, tratando não apenas os sintomas físicos, mas também os aspectos emocionais e espirituais que podem contribuir para os problemas digestivos. Ao adotar essas práticas, é possível criar um estado de equilíbrio e harmonia que beneficia a saúde digestiva e o bem-estar geral.

Integrar as práticas xamânicas na vida diária é crucial para manter a saúde digestiva e promover o bem-estar geral. As técnicas de purificação, uso de plantas medicinais, meditação, respiração e conexão com a natureza podem ser incorporadas em uma rotina diária para criar um estado contínuo de equilíbrio e harmonia. Aqui estão algumas maneiras práticas de integrar essas práticas no dia a dia.

Comece o dia com um ritual de purificação. A defumação com ervas sagradas, como sálvia ou alecrim, pode ajudar a limpar energias negativas e preparar a mente e o corpo para o dia que se inicia. Ao acender as ervas, mantenha uma intenção clara de purificação e cura, permitindo que a fumaça limpe seu espaço e sua energia pessoal. Esse ritual pode ser realizado em poucos minutos e pode estabelecer um tom positivo para o dia.

Incorpore plantas medicinais em sua dieta diária. Beber chás de ervas como camomila, hortelã-pimenta ou gengibre pode ajudar a manter a saúde digestiva. Esses chás podem ser consumidos ao longo do dia, especialmente após as refeições, para ajudar na digestão e aliviar qualquer desconforto abdominal. Além disso, considere adicionar ervas frescas às suas refeições. Ervas como manjericão, coentro e erva-doce não apenas adicionam sabor aos alimentos, mas também possuem propriedades digestivas que podem melhorar a saúde gastrointestinal.

Pratique meditação e técnicas de respiração diariamente. Reservar um tempo para meditar e respirar profundamente pode ajudar a reduzir o estresse e a ansiedade, que são fatores significativos para problemas digestivos. Mesmo que seja apenas por alguns minutos, encontrar um momento de tranquilidade para se concentrar na respiração e na meditação pode trazer benefícios significativos para a saúde digestiva. Considere estabelecer uma rotina matinal ou noturna de meditação, onde você pode se sentar em silêncio, respirar profundamente e visualizar a energia curativa fluindo através de seu corpo.

A prática regular de ioga também pode ser benéfica. Incorporar posturas de ioga que promovam a digestão e aliviem a tensão abdominal pode ajudar a manter a saúde digestiva. Posturas como a torção espinhal, a postura da criança e a postura do gato-vaca são particularmente eficazes. Reserve alguns minutos pela manhã ou à noite para praticar essas posturas, permitindo que seu corpo se mova e se alongue, aliviando a tensão e promovendo a circulação.

Conecte-se com a natureza sempre que possível. Passar tempo ao ar livre, seja caminhando em um parque, fazendo jardinagem ou simplesmente sentando-se ao sol, pode ter um impacto profundo na saúde digestiva e no bem-estar geral. A natureza oferece um ambiente de cura que ajuda a equilibrar a mente, o corpo e o espírito. Tente incluir atividades ao ar livre em sua rotina diária, permitindo-se aproveitar os benefícios curativos da natureza.

Pratique a gratidão e a atenção plena ao longo do dia. Reservar momentos para refletir sobre as coisas pelas quais você é grato pode ajudar a reorientar a mente para o positivo e reduzir o estresse. Manter um diário de gratidão, onde você anota três coisas pelas quais é grato a cada dia, pode ser uma prática poderosa. Além disso, praticar a atenção plena, estando presente no momento e observando seus pensamentos e sensações sem julgamento, pode ajudar a reduzir a ansiedade e a promover um estado de calma.

Estabeleça uma rotina noturna relaxante. Preparar-se para o sono com práticas que promovam o relaxamento pode ajudar a melhorar a qualidade do sono e, por sua vez, a saúde digestiva. Considere tomar um banho quente com óleos essenciais de lavanda ou camomila, beber uma xícara de chá de ervas e praticar algumas técnicas de respiração ou meditação antes de dormir. Criar um ambiente tranquilo e livre de distrações eletrônicas no quarto também pode ajudar a promover um sono reparador.

A prática de autocompaixão e autocuidado é fundamental. Tratar-se com gentileza e compreensão, especialmente durante momentos de desconforto digestivo, pode ajudar a aliviar o estresse e a ansiedade. Reconhecer que a jornada para a cura é contínua e que cada passo, por menor que seja, é um progresso em direção ao bem-estar, é essencial. Permita-se tempo para descansar e recarregar, e busque apoio quando necessário, seja de amigos, familiares ou profissionais de saúde.

Integrar essas práticas xamânicas na vida diária pode criar um estado contínuo de equilíbrio e harmonia, promovendo a saúde digestiva e o bem-estar geral. Ao adotar uma abordagem holística que considera o corpo, a mente e o espírito como interconectados, é possível alcançar uma cura profunda e duradoura. A jornada de cura xamânica é pessoal e única, e cada prática adotada pode contribuir para um estado de saúde mais pleno e uma vida mais equilibrada e harmoniosa. A cura das dores crônicas através do xamanismo é um processo contínuo que envolve a integração de diversas práticas holísticas na vida diária. Ao criar um ambiente propício à cura, praticar a atenção plena, manter uma dieta equilibrada, realizar exercícios físicos leves e participar da comunidade, é possível encontrar alívio e promover uma qualidade de vida melhor. Estas práticas não só ajudam a reduzir a dor, mas também promovem um bem-estar geral, proporcionando uma vida mais equilibrada e harmoniosa.

Capítulo 8
Problemas Respiratórios

Problemas respiratórios são condições que afetam a capacidade de respirar de maneira eficaz, impactando a qualidade de vida de muitas pessoas. Esses problemas podem variar desde condições agudas, como resfriados e infecções respiratórias, até condições crônicas, como asma e doença pulmonar obstrutiva crônica (DPOC). Entender a natureza e os sintomas desses problemas é crucial para abordá-los de forma eficaz através das práticas xamânicas.

Os sintomas de problemas respiratórios podem variar dependendo da condição específica, mas frequentemente incluem dificuldade para respirar, falta de ar, tosse persistente, chiado no peito, e sensação de aperto no peito. Em casos mais graves, podem ocorrer episódios de dispneia intensa, cianose (coloração azulada da pele devido à falta de oxigênio), e fadiga extrema. A identificação precoce desses sintomas é essencial para iniciar um tratamento adequado e prevenir complicações mais sérias.

Os problemas respiratórios podem ter diversas causas. Fatores ambientais, como a exposição a poluentes, alérgenos, e fumaça de cigarro, são causas comuns. Infecções respiratórias, como gripes e pneumonias, também contribuem significativamente para esses problemas. Além disso, condições crônicas, como asma e DPOC, podem ser desencadeadas ou agravadas por fatores genéticos, estilos de vida sedentários e alimentação inadequada. Identificar e compreender essas causas é fundamental para desenvolver uma abordagem de cura que considere todas as dimensões do problema.

A abordagem xamânica para tratar problemas respiratórios envolve a criação de um ambiente propício à cura, o uso de técnicas de relaxamento e respiração, e a realização de rituais de cura para restaurar o equilíbrio energético. A preparação para o ritual de cura começa com a criação de um espaço sagrado no local onde a pessoa passa a maior parte do tempo. Este espaço deve ser limpo, tranquilo e livre de distrações, promovendo um ambiente que favoreça o relaxamento e a recuperação.

A purificação do espaço pode ser feita com a queima de ervas sagradas, como sálvia e alecrim, que possuem propriedades purificadoras e antibacterianas. A fumaça dessas ervas ajuda a limpar energias negativas e a preparar o ambiente para a cura. Além disso, a utilização de cristais de cura, como quartzo rosa e ametista, pode ajudar a aliviar os sintomas respiratórios e a promover uma sensação de paz e bem-estar.

A prática regular de técnicas de respiração consciente é uma parte crucial do tratamento xamânico para problemas respiratórios. Exercícios de respiração profunda e controlada podem ajudar a abrir as vias respiratórias, melhorar a oxigenação do sangue e reduzir a ansiedade associada à dificuldade respiratória. Técnicas como a respiração diafragmática, onde se concentra a respiração na expansão do abdômen, podem ser particularmente eficazes para aliviar a tensão nos músculos respiratórios e promover um estado de relaxamento.

Além das técnicas de respiração, a meditação guiada pode ser uma ferramenta poderosa para tratar problemas respiratórios. Visualizações de luz curativa entrando nos pulmões e preenchendo cada célula com energia revitalizante podem ajudar a transformar energias negativas e promover a cura. A meditação pode ser realizada diariamente, ao acordar ou antes de dormir, para reforçar a intenção de cura e fortalecer a conexão espiritual.

Ao integrar essas práticas na rotina diária, é possível criar um estado contínuo de equilíbrio e harmonia, promovendo a saúde respiratória e o bem-estar geral. A abordagem xamânica considera o corpo, a mente e o espírito como interconectados, permitindo uma cura profunda e duradoura. Cada prática adotada pode contribuir para um estado de saúde mais pleno e uma vida mais equilibrada e harmoniosa, facilitando a recuperação e a manutenção da saúde respiratória.

A abordagem xamânica para problemas respiratórios envolve uma série de técnicas e práticas que visam aliviar os sintomas e promover a cura. Uma dessas técnicas é o uso de plantas medicinais e ervas sagradas. Ervas como o eucalipto, a menta e o tomilho possuem propriedades expectorantes e anti-inflamatórias que podem ajudar a limpar as vias respiratórias e reduzir a inflamação. O eucalipto, em particular, é conhecido por sua capacidade de aliviar a congestão nasal e melhorar a respiração.

A inalação de vapor é uma prática tradicional que pode ser integrada à cura xamânica. Adicionar folhas de eucalipto ou gotas de óleo essencial de menta a uma tigela de água quente e inalar o vapor pode ajudar a desobstruir as vias respiratórias e aliviar a tosse. Este ritual pode ser realizado diariamente ou conforme necessário, especialmente durante crises de asma ou episódios de resfriado.

A utilização de infusões de ervas também é eficaz. Chás de tomilho, hortelã e gengibre podem ser consumidos para aliviar a tosse e reduzir a inflamação. O gengibre, além de suas propriedades anti-inflamatórias, também ajuda a fortalecer o sistema imunológico, prevenindo infecções respiratórias recorrentes. Preparar e consumir esses chás pode ser parte de um ritual diário que fortalece a conexão com a natureza e promove a cura.

Os rituais de cura xamânica envolvem frequentemente a utilização de cânticos e mantras. Cânticos específicos que invocam a energia de cura e a proteção dos espíritos da natureza podem ser entoados durante as práticas de respiração e meditação. A vibração dos cânticos ajuda a harmonizar a energia do corpo, promovendo um estado de paz e equilíbrio. Mantras como "Eu respiro com facilidade" ou "Meu corpo está em harmonia" podem ser repetidos durante a meditação para reforçar a intenção de cura.

A jornada xamânica é uma técnica poderosa que pode ser usada para identificar as causas subjacentes dos problemas respiratórios. Durante a jornada, o xamã entra em um estado alterado de consciência para se conectar com os espíritos guias e obter insights sobre a condição do paciente. Os espíritos guias podem oferecer orientações sobre práticas específicas de cura, ervas a serem usadas e técnicas de respiração que podem ser particularmente eficazes para o indivíduo.

Os cristais de cura são outra ferramenta importante no tratamento xamânico de problemas respiratórios. A ametista, por exemplo, é conhecida por suas propriedades calmantes e de purificação, ajudando a aliviar o estresse e a ansiedade que podem agravar os problemas respiratórios. O quartzo verde, por sua vez, é utilizado para promover a cura dos pulmões e melhorar a capacidade respiratória. Colocar esses cristais no ambiente de descanso ou usá-los durante a meditação pode potencializar os efeitos curativos.

A prática de movimentos físicos suaves e conscientes, como o tai chi e o qigong, pode complementar as técnicas de cura xamânica. Esses movimentos ajudam a melhorar a circulação, fortalecer os músculos respiratórios e promover a flexibilidade do tórax, facilitando a respiração. Integrar essas práticas na rotina diária pode não apenas aliviar os sintomas respiratórios, mas também promover a saúde geral e o bem-estar.

Os banhos de ervas são outra prática benéfica. Adicionar infusões de eucalipto, alecrim e lavanda à água do banho pode ajudar a relaxar os músculos, aliviar a tensão e promover a respiração profunda. A combinação de vapor e propriedades medicinais das ervas cria um ambiente de cura que é tanto físico quanto espiritual. Este ritual pode ser especialmente útil antes de dormir, ajudando a garantir uma noite de sono reparador.

A importância do apoio emocional e comunitário não deve ser subestimada. Participar de círculos de cura, onde se compartilham experiências e práticas, pode proporcionar um sentido de pertencimento e apoio. Esses encontros permitem a troca de sabedoria e fortalecem a determinação de seguir com as práticas de cura. O apoio de uma comunidade que entende e valida a jornada de cura pode ser um poderoso catalisador para a recuperação.

A cura xamânica enfatiza a importância da conexão com a natureza e os espíritos guardiões na promoção da saúde respiratória. A crença de que todas as formas de vida estão interconectadas e possuem uma energia vital é central na prática xamânica. Integrar práticas espirituais que reforçam essa conexão pode ser uma ferramenta poderosa na cura de problemas respiratórios.

Uma dessas práticas é a criação de um altar ao ar livre. Escolher um local na natureza, como um jardim ou uma área tranquila em um parque, para montar um altar pode proporcionar um espaço sagrado para meditação e rituais de cura. O altar pode incluir elementos da natureza, como pedras, conchas, penas, e plantas medicinais que simbolizam a intenção de cura. Realizar rituais nesse espaço pode fortalecer a conexão com os espíritos da natureza e amplificar o poder curativo das práticas xamânicas.

Os passeios na natureza são outra prática recomendada. Caminhar em florestas, montanhas, ou ao longo de rios não só melhora a saúde física, mas também promove a paz mental e espiritual. Respirar o ar fresco e observar a beleza natural ao redor pode ajudar a liberar tensões e promover uma sensação de bem-estar. Durante esses passeios, pode-se praticar a atenção plena, focando na respiração e nos sons da natureza, o que ajuda a acalmar a mente e a melhorar a capacidade respiratória.

A prática da gratidão é uma técnica espiritual que pode ter um impacto profundo na cura. Reservar um momento todos os dias para expressar gratidão pela vida, pela saúde e pela natureza pode transformar a mentalidade e promover sentimentos de paz e contentamento. A gratidão ajuda a focar a mente no positivo, reduzindo o estresse e promovendo a harmonia interior. Escrever em um diário de gratidão ou verbalizar agradecimentos durante a meditação pode ser uma prática poderosa para apoiar a cura respiratória.

O uso de músicas e sons naturais durante a meditação e os rituais de cura pode criar um ambiente de tranquilidade e facilitar a conexão espiritual. Sons suaves, como o canto dos pássaros, o som da chuva, ou o fluxo de um riacho, podem ser reproduzidos durante a meditação para criar uma atmosfera relaxante. Tocar instrumentos musicais xamânicos, como tambores e flautas, também pode ajudar a induzir estados alterados de consciência e facilitar a jornada espiritual.

As cerimônias de purificação são práticas essenciais na cura xamânica. Uma dessas cerimônias é a sauna sagrada, conhecida como tenda do suor. Este ritual envolve a criação de um espaço fechado onde pedras aquecidas são usadas para gerar vapor, simbolizando a purificação do corpo e do espírito. Durante a cerimônia, o xamã pode conduzir cânticos e orações, ajudando a liberar toxinas físicas e energéticas e promovendo a cura profunda. A tenda do suor é uma prática que exige preparação e deve ser conduzida por um xamã experiente para garantir a segurança e a eficácia do ritual.

Os banhos de ervas sagradas são outra forma de purificação que pode ser integrada na rotina de cura. Preparar uma infusão de ervas como alecrim, eucalipto, e lavanda, e adicionar essa infusão à água do banho pode ajudar a relaxar os músculos respiratórios e promover a respiração profunda. Este ritual pode ser realizado semanalmente ou conforme necessário, criando um espaço de autocuidado e cura contínua.

A integração de práticas de visualização é fundamental para a cura xamânica. Durante a meditação, visualizar uma luz curativa entrando nos pulmões e preenchendo todo o corpo com energia vital pode ajudar a transformar energias negativas e promover a cura. Visualizar-se respirando com facilidade e liberdade pode reforçar a intenção de cura e fortalecer a mente e o espírito. Esta prática pode ser realizada diariamente, especialmente antes de dormir, para relaxar o corpo e a mente.

A utilização de amuletos e talismãs também pode ser incorporada nas práticas de cura. Esses objetos sagrados, carregados com a intenção de proteção e cura, podem ser usados ou colocados no ambiente de descanso. Amuletos feitos de pedras como a turmalina negra, conhecida por suas propriedades de proteção, podem ajudar a criar um campo energético seguro, protegendo contra influências negativas que possam afetar a saúde respiratória.

Ao integrar essas práticas espirituais e de conexão com a natureza, é possível promover uma cura holística que abrange o corpo, a mente e o espírito. A cura xamânica para problemas respiratórios não é apenas sobre aliviar sintomas físicos, mas também sobre restaurar a harmonia e o equilíbrio em todos os aspectos da vida. Estas práticas oferecem um caminho para uma saúde respiratória melhorada e um bem-estar geral, proporcionando uma vida mais plena e consciente.

A cura xamânica para problemas respiratórios também enfatiza a importância de uma alimentação equilibrada e de hábitos de vida saudáveis. A nutrição adequada desempenha um papel crucial na manutenção da saúde respiratória e no fortalecimento do sistema imunológico. Integrar alimentos ricos em nutrientes e evitar substâncias que possam agravar os sintomas respiratórios são práticas essenciais para uma cura eficaz.

Os alimentos anti-inflamatórios são particularmente benéficos para quem sofre de problemas respiratórios. Frutas e vegetais ricos em antioxidantes, como frutas vermelhas, espinafre, brócolis e cenouras, ajudam a reduzir a inflamação no corpo e a melhorar a função respiratória. Alimentos ricos em ácidos graxos ômega-3, como salmão, sementes de chia e nozes, também são conhecidos por suas propriedades anti-inflamatórias e podem ajudar a aliviar os sintomas de asma e outras condições respiratórias.

A hidratação adequada é fundamental para a saúde respiratória. Beber bastante água ajuda a manter as vias respiratórias hidratadas e a facilitar a eliminação de muco e toxinas do corpo. Chás de ervas, como camomila, gengibre e hortelã, não só ajudam na hidratação, mas também oferecem benefícios calmantes e anti-inflamatórios. Evitar bebidas que possam desidratar, como café e álcool, é importante para manter a saúde respiratória.

Alimentos que fortalecem o sistema imunológico também são essenciais. O alho, por exemplo, possui propriedades antibacterianas e antivirais que podem ajudar a prevenir infecções respiratórias. O mel é outro alimento poderoso, conhecido por suas propriedades antibacterianas e anti-inflamatórias, que pode aliviar a tosse e a dor de garganta. Integrar esses alimentos na dieta diária pode contribuir significativamente para a manutenção da saúde respiratória.

Além da alimentação, a prática regular de exercícios físicos moderados é crucial para melhorar a função pulmonar e a capacidade respiratória. Atividades como caminhar, nadar e praticar yoga não só fortalecem os músculos respiratórios, mas também ajudam a reduzir o estresse e a ansiedade, que podem agravar os problemas respiratórios. Exercícios de respiração, como o pranayama no yoga, são particularmente eficazes para melhorar a eficiência respiratória e promover a calma.

A higiene do sono é outro aspecto vital para a saúde respiratória. Garantir um ambiente de sono adequado, livre de alérgenos e com boa ventilação, é essencial. Usar travesseiros hipoalergênicos, lavar a roupa de cama regularmente e evitar a exposição a irritantes, como poeira e fumaça, pode ajudar a prevenir problemas respiratórios durante a noite. Manter uma rotina de sono consistente e assegurar que se dorme por tempo suficiente também é importante para a recuperação e a manutenção da saúde geral.

A redução do estresse é uma parte integral da cura xamânica, pois o estresse crônico pode enfraquecer o sistema imunológico e agravar os sintomas respiratórios. Práticas de relaxamento, como meditação, mindfulness e técnicas de visualização, ajudam a reduzir o estresse e a promover um estado de paz interior. Integrar momentos de pausa e autocuidado na rotina diária é essencial para manter o equilíbrio e a saúde.

A importância de evitar substâncias nocivas não pode ser subestimada. Evitar o fumo, tanto ativo quanto passivo, é crucial para a saúde respiratória. A exposição a produtos químicos tóxicos, como produtos de limpeza agressivos e poluentes ambientais, deve ser minimizada sempre que possível. Optar por produtos naturais e manter a casa bem ventilada pode ajudar a reduzir a exposição a essas substâncias.

A prática de rituais diários que promovam a saúde respiratória pode fazer uma grande diferença. Iniciar o dia com uma meditação guiada focada na respiração, beber um chá de ervas calmante, e fazer uma caminhada ao ar livre são práticas simples que podem fortalecer a saúde respiratória. Criar um espaço sagrado em casa, onde se possa praticar essas atividades, pode reforçar a intenção de cura e proporcionar um ambiente de paz e rejuvenescimento.

Integrar uma alimentação saudável, hábitos de vida equilibrados e práticas espirituais é essencial para a cura xamânica de problemas respiratórios. Essas práticas holísticas não apenas aliviam os sintomas físicos, mas também promovem a saúde emocional e espiritual, proporcionando uma cura completa e duradoura. Ao seguir essas orientações, é possível alcançar uma vida mais saudável, equilibrada e plena, com uma saúde respiratória fortalecida e uma conexão mais profunda com a natureza e o espírito.

A cura xamânica para problemas respiratórios é um processo contínuo que requer a integração de várias práticas e hábitos de vida saudáveis. Manter a saúde respiratória a longo prazo envolve a adoção de rotinas que reforçam o bem-estar físico, emocional e espiritual. A chave para uma cura duradoura é a consistência e a adaptação dessas práticas ao cotidiano, garantindo que elas se tornem uma parte integral da vida diária.

Uma prática essencial é a manutenção de um diário de cura. Registrar as práticas diárias, os alimentos consumidos, as meditações realizadas e os sintomas observados pode fornecer uma visão clara do progresso e ajudar a identificar padrões que possam influenciar a saúde respiratória. O diário também serve como um espaço para reflexões pessoais, anotações de gratidão e insights obtidos durante as práticas xamânicas.

A adaptação das práticas de respiração consciente é crucial para a manutenção da saúde respiratória. Técnicas como a respiração diafragmática e a respiração alternada devem ser incorporadas na rotina diária. Reservar alguns minutos pela manhã e à noite para praticar esses exercícios pode ajudar a manter as vias respiratórias abertas e a promover a oxigenação adequada do corpo. Essas práticas não só melhoram a função pulmonar, mas também ajudam a reduzir o estresse e a ansiedade.

A meditação continua a ser uma ferramenta poderosa para a saúde respiratória. Meditações guiadas focadas na respiração, visualizações de luz curativa e cânticos xamânicos devem ser praticadas regularmente. Integrar a meditação na rotina diária, seja ao acordar ou antes de dormir, ajuda a manter a calma, a clareza mental e a conexão espiritual, todos essenciais para uma saúde respiratória robusta.

Participar de círculos de cura e workshops xamânicos pode proporcionar um senso de comunidade e apoio contínuo. Compartilhar experiências, aprender novas técnicas de cura e receber orientações de xamãs experientes enriquece a jornada de cura. Esses encontros não apenas oferecem suporte emocional, mas também ampliam o conhecimento sobre práticas xamânicas e métodos de cura.

A importância da conexão regular com a natureza não pode ser subestimada. Passar tempo ao ar livre, seja através de caminhadas, jardinagem ou simplesmente sentando-se em um parque, promove a saúde respiratória e o bem-estar geral. A natureza tem um efeito calmante e revitalizante, e estar em contato com ela regularmente, ajuda a manter o equilíbrio energético. Praticar a atenção plena na natureza, observando os sons, as cores e os cheiros ao redor, pode ser uma forma poderosa de meditação e reconexão com o ambiente natural.

A prática regular de exercícios físicos deve ser mantida para fortalecer os músculos respiratórios e melhorar a capacidade pulmonar. Atividades como yoga, tai chi e natação são altamente recomendadas, pois combinam movimento físico com técnicas de respiração consciente. Esses exercícios não só melhoram a saúde física, mas também promovem a paz mental e o equilíbrio emocional.

A alimentação continua a desempenhar um papel vital na manutenção da saúde respiratória. Consumir uma dieta rica em frutas, vegetais, grãos integrais e proteínas magras fornece os nutrientes necessários para apoiar o sistema imunológico e reduzir a inflamação. Incorporar superalimentos, como açafrão, gengibre e frutas ricas em antioxidantes, pode ajudar a combater os radicais livres e a promover a cura. Evitar alimentos processados, açúcares refinados e gorduras trans é crucial para manter o corpo em equilíbrio e evitar a inflamação crônica.

A importância da hidratação deve ser sempre lembrada. Manter-se bem hidratado é essencial para a função respiratória adequada, pois a água ajuda a manter as membranas mucosas das vias respiratórias úmidas, facilitando a respiração. Beber água ao longo do dia, bem como consumir chás de ervas calmantes, pode ajudar a manter a hidratação e promover a saúde respiratória.

Finalmente, a prática da gratidão e da autocompaixão deve ser integrada na vida diária. Reservar um momento a cada dia para refletir sobre as coisas pelas quais se é grato pode transformar a mentalidade e promover uma sensação de contentamento e paz. Tratar-se com gentileza e compreensão, especialmente durante períodos de dificuldade, é fundamental para a cura emocional e espiritual. A autocompaixão envolve reconhecer os próprios esforços e progressos, e aceitar que a jornada de cura é um processo contínuo.

Em resumo, a manutenção da saúde respiratória através da cura xamânica é um compromisso contínuo com práticas que promovem o equilíbrio e a harmonia em todos os aspectos da vida. Integrar exercícios de respiração, meditação, alimentação saudável, exercícios físicos, e práticas espirituais na rotina diária ajuda a fortalecer a saúde respiratória e a promover um bem-estar geral. Ao seguir essas orientações e adaptar as práticas à sua própria vida, é possível alcançar uma cura duradoura e viver uma vida mais plena e consciente, com uma saúde respiratória robusta e uma conexão profunda com a natureza e o espírito.

Capítulo 9
Problemas Circulatórios

Os problemas circulatórios representam uma condição comum que pode afetar significativamente a qualidade de vida. Estes problemas incluem má circulação, hipertensão, arteriosclerose e doenças vasculares periféricas. Os sintomas típicos são dor e cansaço nas pernas, inchaço, varizes, sensação de formigamento ou dormência, e mudanças na cor da pele. Identificar esses sintomas cedo é crucial para evitar complicações graves.

Uma das causas mais frequentes dos problemas circulatórios é a má alimentação. Dietas ricas em gorduras saturadas, açúcares e alimentos processados podem levar ao acúmulo de placas nas artérias, restringindo o fluxo sanguíneo. A falta de atividade física também contribui significativamente, pois o exercício regular ajuda a manter os vasos sanguíneos flexíveis e promove um fluxo sanguíneo saudável.

O estresse e a ansiedade são fatores adicionais que podem afetar negativamente a circulação. O corpo responde ao estresse crônico liberando hormônios como o cortisol, que podem causar inflamação e afetar negativamente o sistema cardiovascular. A prática xamânica reconhece a importância de abordar esses fatores emocionais e mentais juntamente com os aspectos físicos da doença.

A abordagem xamânica para tratar problemas circulatórios envolve a criação de um ambiente propício à cura e a utilização de práticas que promovem a circulação de energia vital. Um espaço sagrado deve ser criado, livre de distrações e cheio de objetos que simbolizem cura e vitalidade, como cristais, ervas e símbolos espirituais. A atmosfera pode ser enriquecida com a queima de ervas como a sálvia e o uso de óleos essenciais conhecidos por suas propriedades de promoção da circulação, como o alecrim e a menta.

A meditação e a visualização são ferramentas essenciais na prática xamânica. Durante a meditação, o praticante pode visualizar a energia vital fluindo livremente através do corpo, dissolvendo bloqueios e promovendo um fluxo saudável. A visualização de luz curativa movendo-se ao longo das veias e artérias pode ajudar a reforçar a intenção de cura e melhorar a circulação.

Os rituais de cura podem incluir a utilização de cristais específicos conhecidos por suas propriedades de promoção da circulação. O quartzo rosa, por exemplo, é frequentemente utilizado para melhorar o fluxo sanguíneo e promover a saúde cardiovascular. Colocar esses cristais sobre os pontos de energia do corpo durante a meditação pode ajudar a dissolver bloqueios e restaurar o fluxo energético.

A prática regular de exercícios físicos suaves, como caminhadas e yoga, é recomendada para melhorar a circulação. Essas atividades ajudam a fortalecer o sistema cardiovascular e a promover um fluxo sanguíneo saudável. Além disso, técnicas de respiração profunda podem ajudar a reduzir o estresse e a ansiedade, melhorando a saúde geral do sistema circulatório.

Uma dieta equilibrada rica em frutas, vegetais, grãos integrais e gorduras saudáveis é essencial para manter a saúde cardiovascular. Alimentos como alho, gengibre e açafrão são conhecidos por suas propriedades anti-inflamatórias e podem ser incorporados na dieta para promover a circulação sanguínea. Beber bastante água é igualmente importante para manter o sangue fluindo livremente através do corpo.

A massagem terapêutica também pode ser uma ferramenta eficaz no tratamento de problemas circulatórios. Técnicas de massagem que focam em estimular o fluxo sanguíneo podem ajudar a aliviar a dor e o inchaço, promovendo uma sensação geral de bem-estar. A aplicação de óleos essenciais durante a massagem pode aumentar esses benefícios, proporcionando uma experiência de cura completa.

Integrar essas práticas no dia a dia pode ajudar a manter a saúde circulatória e prevenir o desenvolvimento de problemas mais graves. A abordagem xamânica, com seu foco holístico, busca tratar não apenas os sintomas físicos, mas também as causas emocionais e mentais subjacentes dos problemas circulatórios, promovendo uma cura completa e duradoura.

Além das práticas de meditação e visualização, os rituais de cura xamânica podem envolver o uso de sons e vibrações para promover a circulação sanguínea. O uso de tambores, chocalhos e outros instrumentos rítmicos, pode ajudar a estimular o fluxo de energia pelo corpo, promovendo a circulação e dissolvendo bloqueios energéticos. A batida rítmica do tambor, em particular, é conhecida por sua capacidade de induzir estados de transe e facilitar a cura profunda.

As ervas medicinais desempenham um papel significativo na cura xamânica de problemas circulatórios. Ervas como ginkgo biloba, cavalinha e hamamélis são conhecidas por suas propriedades de fortalecimento dos vasos sanguíneos e melhora da circulação. Estas ervas podem ser preparadas como chás ou infusões e incorporadas na rotina diária para suportar a saúde cardiovascular. A utilização de cataplasmas de ervas aplicadas diretamente sobre a pele também pode ajudar a aliviar a dor e o inchaço associados a problemas circulatórios.

A prática de banhos de imersão com ervas e óleos essenciais é outra técnica eficaz na abordagem xamânica. Banhos com adição de alecrim, hortelã-pimenta e óleo de eucalipto podem ajudar a estimular a circulação e relaxar os músculos. A água quente melhora a dilatação dos vasos sanguíneos, facilitando um melhor fluxo sanguíneo e promovendo a desintoxicação do corpo.

A conexão com a natureza é um elemento central na prática xamânica, e pode ser particularmente benéfica para pessoas com problemas circulatórios. Caminhadas na natureza, especialmente em áreas com muito verde, não apenas fornecem exercício físico, mas também ajudam a reduzir o estresse e melhorar o bem-estar emocional. Sentar-se ao lado de um corpo de água corrente ou em um bosque tranquilo pode ajudar a equilibrar a energia do corpo e promover a cura.

Além disso, a prática de grounding, ou aterramento, pode ser extremamente benéfica. Andar descalço na terra ou na grama ajuda a conectar o corpo com as energias da terra, promovendo um equilíbrio energético e ajudando a reduzir a inflamação. Esta prática simples pode ser incorporada na rotina diária para manter a saúde circulatória.

A alimentação consciente é fundamental na abordagem xamânica para problemas circulatórios. Uma dieta rica em nutrientes e pobre em alimentos processados pode ajudar a manter as artérias limpas e flexíveis. Incorporar alimentos anti-inflamatórios, como frutas vermelhas, nozes e sementes, pode ajudar a reduzir a inflamação e melhorar a circulação. O consumo regular de ácidos graxos ômega-3, encontrados em peixes gordurosos e sementes de linhaça, também é altamente benéfico para a saúde cardiovascular.

Práticas de respiração específicas, como a respiração abdominal ou diafragmática, são eficazes para melhorar a oxigenação do sangue e promover a circulação. A respiração consciente ajuda a reduzir o estresse, o que, por sua vez, pode ter um efeito positivo na pressão arterial e na saúde do coração. Dedicar alguns minutos por dia para praticar técnicas de respiração pode fazer uma diferença significativa na saúde circulatória.

A terapia de som, que utiliza frequências específicas para promover a cura, é uma técnica adicional que pode ser utilizada. Tons e vibrações específicas podem ajudar a dissolver bloqueios energéticos e melhorar o fluxo sanguíneo. A utilização de tigelas tibetanas e diapasões pode ser integrada em sessões de cura para promover a saúde circulatória.

Integrar essas diversas práticas na vida diária pode ajudar a criar um estado contínuo de equilíbrio e bem-estar. A abordagem xamânica para problemas circulatórios é holística, tratando não apenas os sintomas físicos, mas também abordando as causas emocionais e mentais subjacentes. Esta abordagem integrada promove uma cura completa e duradoura, melhorando a qualidade de vida e prevenindo complicações futuras.

A prática xamânica também inclui técnicas de massagem terapêutica para melhorar a circulação. A massagem pode ajudar a estimular o fluxo sanguíneo, aliviar a tensão muscular e promover a drenagem linfática. Técnicas como a massagem com pedras quentes e a reflexologia são particularmente eficazes para tratar problemas circulatórios. As pedras quentes ajudam a dilatar os vasos sanguíneos, facilitando um melhor fluxo sanguíneo, enquanto a reflexologia trabalha em pontos específicos nos pés que correspondem a diferentes órgãos e sistemas do corpo, promovendo a circulação e o equilíbrio energético.

A hidroterapia é outra prática valiosa na abordagem xamânica para problemas circulatórios. Alternar entre banhos quentes e frios pode ajudar a estimular a circulação sanguínea e fortalecer os vasos sanguíneos. Banhos de contraste, onde se alterna entre água quente e fria, podem ser realizados em casa e são eficazes para melhorar a circulação nas pernas e nos pés. Esta técnica simples, mas poderosa, pode ser incorporada na rotina diária para promover a saúde cardiovascular.

A prática regular de exercícios físicos é fundamental para a manutenção de um sistema circulatório saudável. Atividades aeróbicas leves a moderadas, como caminhar, nadar ou andar de bicicleta, são altamente recomendadas. Esses exercícios ajudam a fortalecer o coração, melhorar a circulação e manter os vasos sanguíneos flexíveis. Além disso, exercícios específicos de alongamento podem ajudar a melhorar a flexibilidade e a circulação sanguínea nos músculos e articulações.

A respiração consciente e técnicas de relaxamento são essenciais para reduzir o estresse, que é um fator significativo nos problemas circulatórios. Práticas como a meditação mindfulness, o yoga e o tai chi podem ajudar a reduzir os níveis de estresse e ansiedade, promovendo uma sensação geral de bem-estar. A respiração diafragmática, onde se foca em respirar profundamente pelo abdômen, pode ser praticada várias vezes ao dia para relaxar o corpo e a mente.

O uso de cristais de cura continua a ser uma prática importante. Além do quartzo rosa, cristais como a hematita e a cornalina são conhecidos por suas propriedades de promoção da circulação. A hematita é frequentemente utilizada para aumentar a força e a vitalidade, enquanto a cornalina ajuda a estimular a circulação sanguínea e a energia vital. Esses cristais podem ser usados durante a meditação ou carregados ao longo do dia para apoiar a saúde circulatória.

A acupressão é outra técnica eficaz que pode ser integrada na prática xamânica. Esta técnica envolve a aplicação de pressão em pontos específicos do corpo para aliviar a tensão e melhorar o fluxo sanguíneo. Pontos como o Ponto 36 do Estômago (ST36) e o Ponto 6 do Baço (SP6) são conhecidos por suas propriedades de promoção da circulação e podem ser massageados regularmente para apoiar a saúde cardiovascular.

A dieta é um aspecto crucial da abordagem holística para problemas circulatórios. Incorporar alimentos ricos em antioxidantes, como frutas cítricas, verduras de folhas escuras e bagas, pode ajudar a proteger os vasos sanguíneos e melhorar a circulação. Alimentos ricos em fibras, como grãos integrais, ajudam a manter os níveis de colesterol saudáveis, reduzindo o risco de aterosclerose. Evitar alimentos processados e ricos em sódio é igualmente importante para prevenir a retenção de líquidos e o aumento da pressão arterial.

A prática de jejum intermitente pode ser explorada como uma técnica para melhorar a saúde cardiovascular. O jejum intermitente envolve períodos regulares de jejum seguidos de alimentação. Esta prática pode ajudar a reduzir a inflamação, melhorar a sensibilidade à insulina e promover a saúde do coração. No entanto, é importante consultar um profissional de saúde antes de iniciar qualquer regime de jejum.

O apoio comunitário é essencial no processo de cura. Participar de grupos de apoio ou círculos de cura pode proporcionar um senso de pertencimento e apoio emocional.

Compartilhar experiências e práticas com outras pessoas que enfrentam problemas circulatórios pode oferecer novos insights e fortalecer a determinação de seguir práticas de cura. A comunidade pode fornecer um ambiente seguro e acolhedor para explorar e integrar novas técnicas de cura.

A abordagem xamânica para problemas circulatórios é abrangente e integrada, abordando todos os aspectos do ser - físico, emocional e espiritual. Ao incorporar práticas como a massagem terapêutica, a hidroterapia, a respiração consciente e uma dieta equilibrada, é possível promover uma cura completa e duradoura. Essas práticas não só melhoram a saúde circulatória, mas também promovem um bem-estar geral, proporcionando uma vida mais equilibrada e harmoniosa.

Os problemas circulatórios, quando abordados de forma holística, consideram a importância de manter um equilíbrio entre corpo, mente e espírito. A prática xamânica enfatiza a integração de várias técnicas para promover a saúde circulatória e prevenir complicações. Uma dessas técnicas é a prática de movimento consciente, como o Qigong e o Tai Chi, que são artes antigas conhecidas por seus benefícios na melhoria da circulação e na promoção do fluxo de energia vital, ou "qi".

O Qigong e o Tai Chi envolvem movimentos lentos e controlados, combinados com a respiração profunda e a concentração mental. Esses exercícios ajudam a abrir os canais de energia no corpo, promovendo uma circulação sanguínea mais eficiente e equilibrando as energias internas. A prática regular dessas artes pode reduzir o estresse, melhorar a flexibilidade e aumentar a resistência física, contribuindo para a saúde cardiovascular.

A fitoterapia é outra abordagem valiosa na prática xamânica para tratar problemas circulatórios. Além das ervas mencionadas anteriormente, outras plantas como a castanha-da-índia, o açafrão e o alho são conhecidas por suas propriedades benéficas para a circulação. A castanha-da-índia, por exemplo, é eficaz no fortalecimento das veias e na prevenção de varizes. O açafrão possui propriedades anti-inflamatórias e anticoagulantes, ajudando a manter o sangue fluindo livremente. O alho é conhecido por sua capacidade de reduzir a pressão arterial e melhorar a saúde arterial. Essas ervas podem ser incorporadas na dieta diária ou utilizadas em forma de suplementos sob orientação de um profissional de saúde.

A prática da aromaterapia também pode ser integrada na rotina de cura. Óleos essenciais como o de cipreste, gengibre e limão são especialmente úteis para melhorar a circulação. O óleo de cipreste é conhecido por suas propriedades vasoconstritoras, ajudando a fortalecer as paredes dos vasos sanguíneos. O gengibre aquece o corpo e promove o fluxo sanguíneo, enquanto o limão ajuda a desintoxicar o sistema e a melhorar a circulação. Esses óleos podem ser usados em massagens, adicionados a banhos ou difundidos no ambiente para obter seus benefícios terapêuticos.

A utilização de banhos de contraste, alternando entre água quente e fria, é uma técnica eficaz para estimular a circulação sanguínea. A água quente dilata os vasos sanguíneos, enquanto a água fria os contrai, criando um efeito de bombeamento que melhora o fluxo sanguíneo e alivia a tensão muscular. Essa prática simples pode ser realizada em casa, incorporando óleos essenciais para aumentar seus benefícios.

A energia do som e da vibração também desempenha um papel importante na cura xamânica. Instrumentos como tambores, chocalhos e tigelas tibetanas podem ser usados para criar vibrações que promovem a circulação e equilibram as energias do corpo. A ressonância dessas vibrações pode ajudar a liberar bloqueios energéticos, promovendo um fluxo sanguíneo saudável e uma sensação geral de bem-estar.

A respiração consciente é uma técnica poderosa para melhorar a circulação. Exercícios de respiração profunda, como a respiração diafragmática, ajudam a oxigenar o sangue e a relaxar o corpo. A prática regular de técnicas de respiração pode reduzir o estresse e a ansiedade, melhorando a saúde cardiovascular. Um exercício eficaz é a respiração 4-7-8, que envolve inspirar pelo nariz durante 4 segundos, segurar a respiração por 7 segundos e expirar lentamente pela boca durante 8 segundos. Essa prática pode ser realizada várias vezes ao dia para promover a calma e o equilíbrio.

A alimentação consciente continua a ser fundamental na manutenção de um sistema circulatório saudável. Alimentos ricos em antioxidantes, como frutas cítricas, berries e vegetais de folhas verdes, ajudam a proteger os vasos sanguíneos e melhorar a circulação. Incorporar gorduras saudáveis, como as encontradas em abacates, nozes e azeite de oliva, pode ajudar a reduzir a inflamação e promover a saúde do coração. Evitar alimentos processados e ricos em sódio é crucial para prevenir a retenção de líquidos e a elevação da pressão arterial.

Além da dieta, a hidratação adequada é essencial. Beber água suficiente ao longo do dia ajuda a manter o sangue fluido e a facilitar o transporte de nutrientes e oxigênio pelo corpo. A desidratação pode levar a uma diminuição do volume sanguíneo, dificultando a circulação e aumentando o risco de problemas cardiovasculares.

A prática de yoga pode ser particularmente benéfica para a saúde circulatória. Posturas específicas de yoga, como a postura do cachorro olhando para baixo (Adho Mukha Svanasana) e a postura das pernas na parede (Viparita Karani), ajudam a melhorar a circulação sanguínea e a reduzir o inchaço nas pernas. A combinação de alongamentos, respiração profunda e relaxamento presente no yoga contribui para a redução do estresse e o fortalecimento do sistema cardiovascular.

A prática de rituais de gratidão e meditação pode ajudar a manter um estado mental positivo, o que é crucial para a saúde geral. A gratidão e a meditação regular podem reduzir os níveis de estresse e promover um estado de calma, beneficiando diretamente a saúde do coração e a circulação sanguínea. Reservar um tempo todos os dias para refletir sobre as coisas pelas quais se é grato pode transformar a perspectiva de vida e melhorar o bem-estar emocional.

A importância do apoio social e comunitário não deve ser subestimada. Participar de círculos de cura, grupos de meditação ou outras comunidades espirituais, pode proporcionar um senso de pertencimento e apoio emocional. Compartilhar experiências e práticas com outras pessoas que estão na mesma jornada pode oferecer novos insights e fortalecer a determinação de manter práticas de cura.

A abordagem xamânica para problemas circulatórios é profundamente holística, integrando corpo, mente e espírito. Ao adotar práticas como movimento consciente, fitoterapia, aromaterapia, respiração consciente, alimentação saudável e técnicas de relaxamento, é possível promover uma cura completa e duradoura. Essas práticas não apenas melhoram a saúde circulatória, mas também promovem um bem-estar geral, proporcionando uma vida mais equilibrada e harmoniosa.

A abordagem xamânica para tratar problemas circulatórios é multifacetada e envolve técnicas diversas que consideram todos os aspectos do ser. Uma prática eficaz e acessível é a automassagem. A automassagem pode ser realizada diariamente, utilizando óleos essenciais como o de alecrim e gengibre, conhecidos por suas propriedades estimulantes da circulação. Movimentos circulares suaves e firmes podem ajudar a estimular o fluxo sanguíneo e a aliviar a tensão nos músculos.

Além da automassagem, o uso de ventosas é uma técnica tradicional que pode ser benéfica. A aplicação de ventosas cria uma leve sucção na pele, o que pode ajudar a melhorar a circulação sanguínea e a liberar toxinas do corpo. Esta técnica, embora simples, deve ser realizada com cuidado e, preferencialmente, sob a orientação de um profissional experiente.

A prática de exercícios de alongamento é essencial para manter os músculos flexíveis e promover a circulação. Exercícios específicos, como estiramentos de pernas e braços, ajudam a melhorar o fluxo sanguíneo para as extremidades, prevenindo a estagnação do sangue. Alongamentos diários podem ser incorporados na rotina matinal ou noturna para manter os músculos saudáveis e melhorar a circulação.

A conexão espiritual e a meditação continuam a ser pilares importantes na abordagem xamânica. Meditações que focam na circulação de energia pelo corpo podem ser especialmente úteis. Durante a meditação, visualize a energia vital fluindo através de suas veias e artérias, dissolvendo qualquer bloqueio e promovendo um fluxo saudável. Esta prática não só melhora a circulação sanguínea, mas também promove um estado de paz interior e equilíbrio.

A prática de earthing, ou aterramento, é uma técnica simples, mas poderosa, que envolve caminhar descalço na terra. Esta prática ajuda a conectar o corpo às energias da terra, promovendo um equilíbrio energético e melhorando a circulação. Passar tempo ao ar livre, especialmente em áreas verdes, pode ajudar a reduzir o estresse e melhorar a saúde cardiovascular.

O papel da dieta na saúde circulatória não pode ser subestimado. Além de uma dieta rica em frutas, vegetais, grãos integrais e gorduras saudáveis, é importante evitar alimentos que contribuem para a inflamação e o acúmulo de placas nas artérias. Reduzir o consumo de açúcar, sal e alimentos processados pode ajudar a manter as artérias limpas e flexíveis. Alimentos ricos em magnésio, como nozes, sementes e folhas verdes escuras, são especialmente benéficos para a saúde cardiovascular.

A importância da hidratação adequada também é crucial. Manter o corpo bem hidratado, ajuda a garantir que o sangue permaneça fluido, facilitando a circulação. A desidratação pode levar à formação de coágulos sanguíneos e outros problemas circulatórios; por isso, é essencial beber água suficiente ao longo do dia.

A prática de exercícios físicos regulares, como caminhar, nadar e andar de bicicleta, ajuda a manter o coração saudável e a promover uma boa circulação. Esses exercícios não apenas fortalecem o sistema cardiovascular, mas também ajudam a reduzir o estresse e a ansiedade, fatores que podem afetar negativamente a circulação. Incorporar atividades físicas na rotina diária é fundamental para a saúde geral.

A fitoterapia continua a ser uma prática importante na abordagem xamânica para problemas circulatórios. Além das ervas já mencionadas, plantas como o hibisco e a oliveira também são conhecidas por seus benefícios cardiovasculares. O chá de hibisco pode ajudar a reduzir a pressão arterial, enquanto o extrato de folha de oliveira pode melhorar a função arterial e reduzir o risco de doenças cardíacas.

A terapia de som, utilizando instrumentos como as tigelas tibetanas e os sinos de vento, pode ajudar a criar um estado de relaxamento profundo e promover a circulação de energia pelo corpo. A ressonância dessas vibrações pode ajudar a liberar bloqueios energéticos e a melhorar o fluxo sanguíneo, promovendo um estado geral de bem-estar.

A abordagem xamânica para tratar problemas circulatórios é abrangente e holística, integrando várias técnicas e práticas para promover a saúde e o bem-estar. Ao incorporar práticas de automassagem, exercícios de alongamento, meditação, aterramento, alimentação saudável e hidratação adequada, é possível melhorar a circulação e prevenir complicações futuras. Essas práticas não só melhoram a saúde física, mas também promovem um equilíbrio emocional e espiritual, proporcionando uma vida mais harmoniosa e saudável.

Capítulo 10
Problemas de Pele

Problemas de pele são condições comuns que podem afetar pessoas de todas as idades. Esses problemas variam de leves a graves e podem ter um impacto significativo na qualidade de vida e na autoestima dos indivíduos afetados. A pele é o maior órgão do corpo humano e serve como uma barreira protetora contra agentes externos, além de desempenhar um papel crucial na regulação da temperatura corporal e na percepção sensorial.

Os sintomas de problemas de pele podem ser variados e incluem erupções cutâneas, vermelhidão, coceira, secura, descamação, formação de bolhas, feridas abertas e mudanças na pigmentação da pele. Essas condições podem ser causadas por uma série de fatores, incluindo alergias, infecções, doenças autoimunes, genética, exposição a irritantes ambientais e hábitos alimentares inadequados.

As alergias são uma causa comum de problemas de pele e podem ser desencadeadas por substâncias como pólen, alimentos, medicamentos, produtos de cuidados pessoais e materiais de vestuário. As reações alérgicas na pele podem se manifestar como urticária, dermatite de contato ou eczema atópico, que se caracterizam por erupções cutâneas vermelhas e pruriginosas.

As infecções de pele podem ser causadas por bactérias, vírus, fungos ou parasitas. Exemplos comuns incluem impetigo (causado por bactérias), herpes (causado por vírus), micoses (causadas por fungos) e escabiose (causada por ácaros). Essas infecções podem levar a uma variedade de sintomas, como bolhas, crostas, úlceras e prurido intenso, dependendo do agente infeccioso envolvido.

Doenças autoimunes, como psoríase e lúpus, podem causar inflamação crônica e alterações na pele. A psoríase se manifesta como placas espessas e escamosas, enquanto o lúpus pode causar uma erupção cutânea em forma de borboleta no rosto e outras lesões cutâneas em várias partes do corpo.

A genética também desempenha um papel importante em muitos problemas de pele. Algumas condições, como eczema e rosácea, podem ser hereditárias e tendem a ocorrer em famílias. Além disso, fatores genéticos podem influenciar a resposta do corpo a irritantes ambientais e agentes infecciosos, aumentando a predisposição para problemas de pele.

A exposição a irritantes ambientais, como produtos químicos, poluição, radiação ultravioleta e clima extremo, pode danificar a pele e causar inflamação. Por exemplo, a exposição prolongada ao sol sem proteção adequada pode levar a queimaduras solares, envelhecimento prematuro da pele e aumentar o risco de câncer de pele.

Hábitos alimentares inadequados, incluindo dietas pobres em nutrientes essenciais, podem comprometer a saúde da pele. A deficiência de vitaminas e minerais, como vitaminas A, C, E e zinco, pode afetar a capacidade da pele de se regenerar e se proteger contra danos. Além disso, o consumo excessivo de alimentos processados, açúcares e gorduras pode contribuir para o desenvolvimento de acne e outras condições inflamatórias da pele.

A abordagem xamânica para tratar problemas de pele envolve uma combinação de práticas espirituais, uso de plantas medicinais e técnicas de cura energética. A preparação para os rituais é um passo crucial que ajuda a criar um ambiente sagrado e propício à cura.

A preparação do espaço sagrado é essencial. Escolha um local tranquilo onde não haja interrupções. Limpe fisicamente o espaço e use ervas sagradas como sálvia, cedro ou palo santo para purificação energética. Defumar o espaço com essas ervas ajuda a remover energias negativas e cria um ambiente propício à cura. É importante definir uma intenção clara antes de iniciar o ritual, focando na cura e no bem-estar da pele.

Criar um altar pessoal é um passo fundamental na preparação. O altar pode incluir elementos que simbolizam a intenção de cura, como cristais, velas, plantas medicinais e símbolos espirituais. Cristais como a ametista e o quartzo rosa são particularmente benéficos para problemas de pele devido às suas propriedades calmantes e curativas. A ametista é conhecida por suas habilidades de aliviar o estresse e purificar a energia, enquanto o quartzo rosa promove o amor-próprio e a cura emocional.

A jornada xamânica é uma técnica poderosa para acessar insights espirituais e promover a cura. Para iniciar a jornada, sente-se confortavelmente e comece com uma meditação profunda. Utilize o som rítmico de um tambor ou chocalho para entrar em um estado alterado de consciência. Visualize-se em um lugar sagrado na natureza, onde você se sinta seguro e protegido. Convide seus espíritos guias e animais de poder para acompanhá-lo nesta jornada. Peça orientação sobre as causas dos problemas de pele e sobre os métodos de cura adequados.

Durante a jornada, você pode encontrar espíritos da natureza que oferecem sabedoria e apoio. Eles podem mostrar quais plantas medicinais utilizar ou quais rituais realizar para promover a cura. A comunicação com esses espíritos é uma parte vital do processo de cura xamânica. Agradeça a eles pela orientação e tome nota das mensagens recebidas para aplicar na prática de cura.

Além da jornada xamânica, a aplicação de plantas medicinais é uma prática tradicional e eficaz para problemas de pele. Plantas como a calêndula, aloe vera e lavanda têm propriedades anti-inflamatórias, antimicrobianas e regenerativas que ajudam a tratar uma variedade de condições de pele. A calêndula, por exemplo, pode ser usada em forma de pomada ou infusão para aliviar a inflamação e promover a cicatrização. O gel de aloe vera é conhecido por suas propriedades hidratantes e calmantes, sendo ideal para tratar queimaduras e irritações. O óleo essencial de lavanda pode ser aplicado topicamente para reduzir a vermelhidão e promover a regeneração da pele.

Os rituais de banho com ervas medicinais são outra técnica eficaz. Prepare um banho quente e adicione infusões de ervas como camomila, calêndula e lavanda. Mergulhe no banho, visualizando a água como um agente de cura que limpa e revitaliza a pele. Enquanto está no banho, pratique a respiração profunda e relaxante, permitindo que a mente e o corpo se acalmem.

A prática da gratidão e da autoaceitação é fundamental no processo de cura. Muitas vezes, problemas de pele estão ligados a sentimentos de vergonha ou baixa autoestima. Incorporar rituais diários de gratidão pode ajudar a transformar essas emoções negativas em positivas. Agradeça pela capacidade de seu corpo de curar e regenerar, e visualize-se com uma pele saudável e radiante.

Além disso, a conexão com os elementos da natureza pode ser profundamente curativa. Passe tempo ao ar livre, aproveitando a energia revitalizante do sol, da terra, da água e do ar. Caminhar descalço na terra ou na grama, conhecido como grounding, ajuda a equilibrar a energia do corpo e promove uma sensação de bem-estar.

A cura energética é uma parte essencial das práticas xamânicas para tratar problemas de pele. Essa abordagem envolve a manipulação de energias sutis para promover o equilíbrio e a regeneração da pele. A seguir, exploramos algumas técnicas específicas de cura energética e visualizações que podem ser integradas aos rituais diários.

Uma das técnicas de cura energética mais utilizadas é a imposição de mãos. Esta prática envolve canalizar energia curativa através das mãos para as áreas afetadas da pele. Para começar, encontre um espaço tranquilo onde você possa se concentrar sem interrupções. Sente-se ou deite-se confortavelmente e feche os olhos. Comece com algumas respirações profundas para relaxar o corpo e a mente.

Coloque as mãos sobre a área da pele que necessita de cura. Visualize uma luz branca ou dourada fluindo através de suas mãos e entrando na pele. Sinta essa energia como calor ou uma leve vibração. Concentre-se na intenção de cura e regeneração, permitindo que a energia flua livremente. Mantenha essa visualização por 10 a 15 minutos, ou até sentir que a energia se estabilizou.

A prática de visualizações é outra técnica poderosa para promover a saúde da pele. Uma visualização eficaz envolve imaginar a pele afetada sendo envolvida por uma luz curativa. Feche os olhos e respire profundamente algumas vezes. Visualize uma luz dourada ou branca brilhante descendo do universo e envolvendo todo o seu corpo. Concentre essa luz especialmente nas áreas da pele que precisam de cura. Imagine a luz penetrando nas camadas da pele, reparando células danificadas, reduzindo a inflamação e promovendo a regeneração.

Outra técnica de visualização envolve imaginar a pele saudável e radiante. Visualize-se em um espelho, vendo sua pele perfeitamente saudável, suave e luminosa. Sinta a alegria e a gratidão por essa imagem e mantenha essa visualização por alguns minutos todos os dias. Esta prática ajuda a reprogramar a mente e o corpo para aceitar e manifestar a cura.

A cura com cristais é outra prática xamânica eficaz. Cada cristal tem propriedades energéticas únicas que podem beneficiar a pele. Além do uso de ametista e quartzo rosa mencionados anteriormente, outros cristais como a turmalina negra, a selenita e a aventurina verde podem ser utilizados. A turmalina negra ajuda a proteger contra energias negativas, a selenita promove a limpeza energética, e a aventurina verde é conhecida por suas propriedades curativas.

Para usar cristais na cura da pele, você pode colocá-los diretamente sobre a área afetada ou segurá-los enquanto realiza meditações e visualizações. Limpe os cristais regularmente para garantir que sua energia permaneça pura e eficaz. Isso pode ser feito colocando-os sob água corrente, deixando-os sob a luz do sol ou da lua, ou usando outras técnicas de purificação.

A prática do grounding, ou aterramento, é outra técnica importante. Conectar-se diretamente com a terra ajuda a equilibrar as energias do corpo e a promover a cura. Passe tempo ao ar livre, ande descalço na grama, na areia ou na terra. Sinta a energia da terra subindo pelos seus pés e preenchendo todo o seu corpo. Esta prática não só beneficia a pele, mas também promove um bem-estar geral.

A respiração consciente é essencial para a cura energética. Práticas de respiração profunda e controlada ajudam a oxigenar o sangue e a promover a circulação, o que é vital para a saúde da pele. Uma técnica eficaz é a respiração alternada, onde você inspira por uma narina, segura a respiração e expira pela outra narina. Esta prática ajuda a equilibrar as energias no corpo e a reduzir o estresse, que é um fator contribuinte para muitos problemas de pele.

A música e os sons curativos podem ser integrados nos rituais de cura. O uso de tambores, chocalhos e cantos xamânicos ajuda a criar uma atmosfera de cura e a elevar a vibração energética. Cantar ou ouvir músicas de cura enquanto realiza práticas de imposição de mãos ou visualizações pode amplificar os efeitos curativos.

A dieta e os cuidados diários com a pele desempenham um papel crucial na manutenção da saúde da pele e na eficácia das práticas xamânicas de cura. Uma abordagem holística que inclui uma alimentação equilibrada e hábitos de cuidados com a pele adequados pode complementar os rituais e técnicas de cura energética, promovendo uma regeneração completa e duradoura.

A nutrição é fundamental para a saúde da pele. Uma dieta rica em frutas, vegetais, grãos integrais, proteínas magras e gorduras saudáveis fornece os nutrientes essenciais que a pele necessita para se regenerar e se proteger contra danos. Alimentos ricos em antioxidantes, como frutas vermelhas, nozes e sementes, ajudam a combater os radicais livres que podem danificar as células da pele. Vitaminas A, C, E e minerais como zinco são particularmente importantes para a saúde da pele.

A vitamina A, encontrada em alimentos como cenoura, abóbora e espinafre, é crucial para a renovação celular e a reparação dos tecidos. A vitamina C, presente em frutas cítricas, pimentões e brócolis, é essencial para a produção de colágeno, que mantém a pele firme e elástica. A vitamina E, encontrada em nozes, sementes e óleos vegetais, tem propriedades antioxidantes que protegem a pele contra danos ambientais. O zinco, presente em alimentos como nozes, sementes e leguminosas, ajuda a regular a função imunológica e a cicatrização da pele.

Manter-se hidratado é igualmente importante. A água é vital para manter a pele hidratada e ajudar na eliminação de toxinas do corpo. Beber pelo menos oito copos de água por dia pode fazer uma diferença significativa na aparência e na saúde da pele. Chás de ervas, como chá verde e chá de camomila, também podem ser benéficos devido às suas propriedades antioxidantes e anti-inflamatórias.

Além da dieta, os cuidados diários com a pele são essenciais para promover a cura e a regeneração. A limpeza adequada da pele ajuda a remover impurezas, óleo e células mortas que podem obstruir os poros e causar problemas de pele. Use produtos de limpeza suaves e naturais que não irritem a pele. Evite produtos que contenham produtos químicos agressivos, fragrâncias artificiais ou álcool, pois podem causar irritação e secura.

A esfoliação regular, feita uma ou duas vezes por semana, ajuda a remover células mortas da pele e a promover a renovação celular. Utilize esfoliantes naturais, como açúcar, sal marinho ou aveia moída, misturados com óleos vegetais para uma esfoliação suave e eficaz. Evite esfoliantes agressivos que possam causar microlesões na pele.

A hidratação é fundamental para manter a pele saudável e prevenir a secura e a irritação. Utilize hidratantes naturais, como óleos de coco, jojoba e amêndoas, que nutrem e protegem a pele. Aplique o hidratante logo após o banho, quando a pele ainda está úmida, para selar a umidade.

A proteção solar é outra parte crucial dos cuidados diários com a pele. A exposição excessiva ao sol pode causar danos à pele, como queimaduras, envelhecimento prematuro e aumento do risco de câncer de pele. Utilize protetores solares naturais com óxido de zinco ou dióxido de titânio, que oferecem proteção eficaz contra os raios UV sem produtos químicos nocivos. Reaplique o protetor solar a cada duas horas quando estiver ao ar livre.

A prática de técnicas de relaxamento e redução do estresse também é vital para a saúde da pele. O estresse pode agravar muitas condições de pele, como acne, eczema e psoríase. Práticas como a meditação, a ioga e a respiração profunda ajudam a reduzir os níveis de estresse e a promover um estado de relaxamento que beneficia a pele.

A incorporação de rituais de autocuidado na rotina diária pode ter um impacto profundo na saúde da pele. Reserve um tempo todos os dias para cuidar de si, seja através de um banho relaxante, uma massagem facial com óleos essenciais ou uma meditação guiada. Esses rituais não só beneficiam a pele, mas também promovem o bem-estar geral e a conexão com o eu interior.

Além disso, é importante ser paciente e consistente com os cuidados com a pele. A regeneração e a cura da pele podem levar tempo, e os resultados podem não ser imediatos. Manter uma rotina consistente de cuidados com a pele e práticas de cura energética, juntamente com uma dieta saudável, é a chave para alcançar e manter uma pele saudável e radiante.

Integrar as práticas xamânicas de cura e os cuidados diários com a pele em um estilo de vida holístico é essencial para alcançar e manter uma saúde ótima da pele. Esta abordagem envolve a criação de um equilíbrio harmonioso entre corpo, mente e espírito, promovendo o bem-estar geral e a regeneração contínua da pele.

Um dos primeiros passos para integrar essas práticas é estabelecer uma rotina diária que inclua tempo para autocuidado e rituais de cura. Reservar momentos específicos do dia para meditação, visualizações, cuidados com a pele e práticas de relaxamento pode ajudar a criar uma estrutura que apoia a saúde da pele. A consistência é fundamental, e a repetição dessas práticas ao longo do tempo amplifica seus efeitos benéficos.

A prática da meditação diária é uma maneira poderosa de reduzir o estresse, equilibrar as emoções e promover a saúde da pele. Meditações guiadas, focadas em cura e visualizações, podem ser particularmente eficazes. Encontre um espaço tranquilo, sente-se confortavelmente e feche os olhos. Concentre-se na respiração, permitindo que cada inspiração e expiração acalmem a mente e o corpo. Visualize a luz curativa envolvente e permeando a pele, trazendo regeneração e equilíbrio.

Incorporar a prática de grounding na rotina diária é outra maneira eficaz de manter a saúde da pele. Conectar-se diretamente com a terra ajuda a equilibrar as energias do corpo e a liberar o estresse acumulado. Passe tempo ao ar livre, caminhe descalço na grama ou na areia, ou simplesmente sente-se em um parque, permitindo que a energia da terra flua através de você. Esta prática simples pode ter um impacto significativo no bem-estar geral e na saúde da pele.

Os rituais de autocuidado, como banhos com ervas medicinais, massagens faciais e o uso de óleos essenciais, devem ser incorporados regularmente. Os banhos com ervas como camomila, calêndula e lavanda não só ajudam a relaxar, mas também fornecem benefícios diretos para a pele. Prepare um banho quente, adicione infusões de ervas e mergulhe, visualizando a água como um agente de cura que limpa e revitaliza a pele. Após o banho, aplique óleos essenciais em massagens suaves, focando nas áreas que necessitam de maior cuidado.

Manter um diário de autocuidado pode ser uma ferramenta útil para monitorar o progresso e ajustar as práticas conforme necessário. Anotar as práticas diárias, os alimentos consumidos e as mudanças observadas na pele pode ajudar a identificar padrões e a fazer ajustes benéficos. Este diário também serve como um lembrete constante da dedicação ao autocuidado e ao bem-estar.

A integração de práticas de gratidão e afirmações positivas na rotina diária pode transformar a maneira como se vê e cuida da pele. Comece e termine o dia com reflexões sobre as coisas pelas quais é grato e afirme positivamente a saúde e a regeneração da pele. Dizer em voz alta ou escrever afirmações como "Minha pele é saudável e radiante" ou "Estou grato pela capacidade do meu corpo de curar" pode criar uma mentalidade positiva que apoia a cura.

A conexão com a comunidade também é vital. Participar de círculos de cura, workshops xamânicos e grupos de apoio pode proporcionar um senso de pertencimento e apoio emocional. Compartilhar experiências e práticas com outros que estão na mesma jornada de cura pode oferecer novos insights e fortalecer a determinação de manter as práticas diárias. A sensação de comunidade e apoio mútuo pode ser um poderoso catalisador para a cura.

A prática de atividades físicas regulares, como ioga, tai chi ou caminhadas, é igualmente importante. O exercício físico não só melhora a circulação e promove a desintoxicação, mas também reduz o estresse e melhora o humor. Escolha atividades que sejam agradáveis e que possam ser facilmente integradas na rotina diária.

Manter uma alimentação equilibrada, rica em nutrientes essenciais para a saúde da pele, é fundamental. Planeje refeições que incluam uma variedade de frutas, vegetais, grãos integrais, proteínas magras e gorduras saudáveis. Evite alimentos processados, açúcares refinados e gorduras trans, que podem agravar problemas de pele. A preparação consciente das refeições, com intenção e gratidão, pode transformar a alimentação em um ritual de autocuidado.

Finalmente, é importante ser paciente e gentil consigo mesmo durante a jornada de cura. A regeneração da pele e o estabelecimento de um estilo de vida holístico podem levar tempo, e cada pequeno passo é um progresso. Celebre as pequenas vitórias e continue a dedicar-se às práticas que promovem a saúde e o bem-estar.

Ao integrar estas práticas e rituais em um estilo de vida holístico, é possível não apenas alcançar uma pele saudável e radiante, mas também promover um equilíbrio harmonioso entre corpo, mente e espírito. Esta abordagem integral cria uma base sólida para o bem-estar geral, proporcionando uma vida mais plena e consciente.

Capítulo 11
Problemas de Imunidade

A imunidade é a capacidade do corpo de resistir a infecções e doenças. O sistema imunológico desempenha um papel crucial na manutenção da saúde, atuando como uma barreira contra microrganismos patogênicos, toxinas e células cancerígenas. No entanto, vários fatores podem comprometer a eficiência desse sistema, levando a uma imunidade baixa e a uma maior suscetibilidade a doenças.

A identificação de problemas de imunidade começa geralmente com a observação de sintomas frequentes de infecções, como resfriados, gripes, infecções de ouvido, amigdalite e infecções cutâneas. Esses sinais indicam que o corpo está com dificuldades em combater os agentes invasores. Além disso, feridas que demoram a cicatrizar e uma sensação geral de cansaço podem ser indicativos de um sistema imunológico enfraquecido.

As causas de baixa imunidade são variadas e podem incluir uma dieta inadequada, estresse crônico, falta de sono, exposição a toxinas ambientais, e sedentarismo. A alimentação desempenha um papel fundamental na imunidade. Dietas pobres em nutrientes essenciais, como vitaminas A, C, E, e D, bem como minerais como zinco e ferro, podem comprometer a função imunológica. Por isso, é essencial manter uma alimentação balanceada e rica em frutas, vegetais, grãos integrais e proteínas magras.

O estresse crônico é um dos principais inimigos da imunidade. Situações de estresse constante podem levar ao aumento dos níveis de cortisol, um hormônio que, em níveis elevados, pode suprimir a resposta imunológica. Técnicas de manejo do estresse, como meditação, yoga e exercícios de respiração, são eficazes para reduzir os efeitos negativos do estresse no corpo.

A falta de sono também está diretamente relacionada à imunidade. Durante o sono, o corpo realiza várias funções de reparo e regeneração, incluindo a produção de citocinas, proteínas que desempenham um papel vital na resposta imunológica. A privação de sono pode reduzir a produção dessas citocinas e outros elementos essenciais do sistema imunológico, como os anticorpos.

A exposição a toxinas ambientais, como poluição, produtos químicos domésticos e pesticidas, pode afetar negativamente o sistema imunológico. Essas toxinas podem causar inflamação e danificar as células imunológicas, reduzindo a capacidade do corpo de combater infecções. A adoção de práticas de vida mais saudáveis, como a utilização de produtos naturais e orgânicos, pode ajudar a reduzir a carga tóxica no corpo.

O sedentarismo é outro fator que pode impactar negativamente a imunidade. A prática regular de exercícios físicos é conhecida por fortalecer o sistema imunológico. Exercícios moderados, como caminhadas, ciclismo e natação, ajudam a aumentar a circulação sanguínea, promovendo a mobilização das células imunológicas por todo o corpo. Além disso, a atividade física regular contribui para a redução do estresse e melhora a qualidade do sono.

Adotar um estilo de vida saudável, que inclua uma dieta balanceada, prática regular de exercícios, técnicas de manejo do estresse, e um sono de qualidade, é fundamental para fortalecer o sistema imunológico. Além disso, a conexão com a natureza e a prática de rituais de purificação podem complementar essas ações, promovendo uma saúde holística e um bem-estar integral. A partir dessa abordagem integrativa, é possível fortalecer a imunidade e reduzir a susceptibilidade a doenças, promovendo uma vida mais saudável e equilibrada.

Além das práticas mencionadas, o xamanismo oferece uma variedade de técnicas para fortalecer a imunidade que vão além das abordagens convencionais. A jornada xamânica é uma dessas técnicas. Durante a jornada, o xamã entra em um estado alterado de consciência para se conectar com o mundo espiritual e buscar orientações e curas para problemas de imunidade. Essa prática pode revelar insights sobre desequilíbrios energéticos ou espirituais que podem estar contribuindo para a baixa imunidade.

A prática da defumação com ervas sagradas, como a sálvia, o cedro e o alecrim, é outra técnica poderosa para purificar o ambiente e a aura de uma pessoa. A fumaça dessas ervas é conhecida por suas propriedades antibacterianas e antivirais, ajudando a criar um espaço limpo e energeticamente equilibrado. A defumação regular pode ajudar a remover energias negativas que possam estar afetando o sistema imunológico.

O uso de cristais é comum nas práticas xamânicas para fortalecer a imunidade. Cristais como a ametista, o quartzo verde e a turmalina negra são conhecidos por suas propriedades curativas e protetoras. A ametista, por exemplo, ajuda a promover a calma e o equilíbrio, enquanto o quartzo verde é associado à cura física. A turmalina negra, por sua vez, é utilizada para proteção contra energias negativas. Esses cristais podem ser usados em meditações, colocados em locais estratégicos na casa ou carregados como amuletos pessoais.

Os rituais de conexão com a natureza também desempenham um papel importante na manutenção da imunidade. O contato regular com a terra, como caminhar descalço na grama ou praticar jardinagem, ajuda a "aterrar" a energia do corpo, promovendo um fluxo de energia equilibrado. A prática de banhos de floresta, onde se passa o tempo em florestas ou áreas verdes, tem mostrado benefícios significativos para a saúde imunológica, reduzindo os níveis de cortisol e aumentando a atividade das células imunológicas.

A nutrição xamânica enfatiza o consumo de alimentos naturais e integrais. A inclusão de ervas e plantas medicinais na dieta pode proporcionar um suporte adicional para o sistema imunológico. Ervas como a equinácea, conhecida por suas propriedades imunomoduladoras, e o gengibre, com suas propriedades anti-inflamatórias, podem ser incorporadas em chás, infusões ou preparações culinárias.

Além das abordagens físicas e energéticas, o xamanismo também enfatiza a importância da saúde emocional e espiritual na imunidade. Emoções negativas e não resolvidas, como raiva, tristeza e medo, podem enfraquecer o sistema imunológico. Práticas de cura emocional, como a terapia de regressão ou o trabalho com espíritos ancestrais, podem ajudar a liberar essas emoções reprimidas e restaurar o equilíbrio emocional.

A prática de meditação e visualização é fundamental para fortalecer a imunidade. Meditações guiadas que envolvem a visualização de luz curativa preenchendo o corpo podem ajudar a ativar o sistema imunológico em um nível energético. Visualizar uma luz branca ou dourada entrando pelo topo da cabeça e se espalhando por todo o corpo pode promover a cura e a revitalização das células imunológicas.

A importância do sono na imunidade não pode ser subestimada. Durante o sono, o corpo realiza várias funções de reparo e regeneração, incluindo a produção de citocinas, essenciais para a resposta imunológica. Criar uma rotina de sono saudável, evitando estimulantes como, cafeína e eletrônicos antes de dormir, e mantendo um ambiente de sono tranquilo e escuro, pode melhorar significativamente a qualidade do sono e, consequentemente, a imunidade.

A prática regular de exercícios físicos é outro componente essencial para manter a imunidade. Atividades como caminhada, yoga e tai chi não apenas melhoram a circulação sanguínea, mas também ajudam a reduzir o estresse e promover um estado de relaxamento. Exercícios moderados e regulares são preferíveis a exercícios intensos, que podem, na verdade, suprimir temporariamente a função imunológica.

Para complementar as práticas de fortalecimento da imunidade, é essencial explorar o papel das emoções e do estado mental na saúde imunológica. O xamanismo reconhece que o equilíbrio emocional é fundamental para a saúde do corpo. Emoções negativas, como raiva, tristeza e medo, podem criar bloqueios energéticos que comprometem o sistema imunológico. Portanto, técnicas de liberação emocional são cruciais para manter a imunidade.

Uma prática xamânica poderosa é a jornada interior para identificar e liberar emoções reprimidas. Durante essa jornada, o xamã guia o indivíduo em um estado de consciência alterada, permitindo que ele acesse memórias e emoções profundas que podem estar afetando a saúde. O processo de reconhecimento e liberação dessas emoções é essencial para restaurar o equilíbrio emocional e fortalecer a imunidade.

Outra técnica importante é o uso de afirmações positivas e a reprogramação mental. As crenças e pensamentos negativos podem enfraquecer a resposta imunológica. Afirmações positivas, repetidas regularmente, podem ajudar a reprogramar a mente para um estado mais saudável. Exemplos de afirmações incluem "Eu sou saudável e forte" e "Meu corpo é capaz de se curar". Essas declarações ajudam a criar uma mentalidade positiva e a promover a saúde.

A conexão com a comunidade é outro aspecto vital da imunidade no xamanismo. O apoio social e o sentimento de pertencimento podem melhorar a resposta imunológica. Participar de círculos de cura, onde os indivíduos compartilham suas experiências e recebem apoio mútuo, fortalece não apenas o espírito, mas também o corpo. A sensação de estar conectado a uma rede de apoio proporciona conforto emocional e reduz o estresse.

Rituais de gratidão são práticas simples, mas extremamente eficazes para melhorar a imunidade. A gratidão tem mostrado ter efeitos positivos no bem-estar físico e emocional. Reservar um momento diário para refletir sobre as bênçãos da vida e expressar gratidão ajuda a manter uma mentalidade positiva e a reduzir o estresse. A prática de escrever em um diário de gratidão pode ser incorporada na rotina diária para reforçar essa prática.

Além das técnicas emocionais e mentais, a purificação energética é essencial para manter a imunidade forte. A prática regular de banhos energéticos, utilizando ervas como alecrim, arruda e lavanda, ajuda a limpar a aura e remover energias negativas. Esses banhos podem ser realizados semanalmente para manter o equilíbrio energético.

A prática de grounding, ou aterramento, é outra técnica eficaz para fortalecer a imunidade. Conectar-se com a terra, seja andando descalço na natureza ou sentando-se no chão, ajuda a equilibrar as energias do corpo e a reduzir o estresse. O aterramento permite que o corpo libere o excesso de energia negativa e absorva a energia revitalizante da terra.

O uso de óleos essenciais é uma prática complementar no xamanismo para fortalecer a imunidade. Óleos como eucalipto, tea tree e limão possuem propriedades antimicrobianas e imunomoduladoras. Inalar esses óleos ou utilizá-los em massagens pode ajudar a proteger o corpo contra infecções e a fortalecer o sistema imunológico.

Os amuletos de proteção são utilizados no xamanismo como uma forma de reforçar a imunidade. Esses amuletos podem ser feitos de cristais, ervas ou outros elementos naturais e carregados com intenções de saúde e proteção. Usar ou carregar esses amuletos no dia a dia serve como um lembrete constante de proteção e bem-estar.

A prática de rituais sazonais também é significativa no fortalecimento da imunidade. Celebrar os ciclos da natureza, como solstícios e equinócios, ajuda a alinhar o corpo com os ritmos naturais do mundo. Esses rituais podem incluir a criação de altares sazonais, oferendas à natureza e meditações específicas para cada estação. A harmonia com os ciclos naturais promove um estado de equilíbrio e fortalece a resposta imunológica.

Para aprofundar a compreensão e prática da imunidade no xamanismo, é importante explorar como as práticas espirituais e rituais específicos podem ser integrados na vida cotidiana para manter e fortalecer a imunidade.

Uma das práticas centrais é a criação e manutenção de um altar pessoal. O altar serve como um espaço sagrado para meditação, oração e rituais diários. Ele pode ser composto por elementos que simbolizam saúde e proteção, como cristais, ervas, velas e imagens de espíritos guardiões ou animais de poder. Dedicar alguns minutos todos os dias para se conectar com esse espaço pode ajudar a fortalecer a imunidade, fornecendo um momento de pausa e reconexão espiritual.

Os rituais de lua cheia e lua nova são momentos poderosos para trabalhar a imunidade. A lua cheia é um período ideal para a purificação e a liberação de energias que não servem mais, enquanto a lua nova é um momento propício para plantar novas intenções e energias de cura. Durante a lua cheia, pode-se realizar um ritual de limpeza utilizando água salgada, ervas purificadoras e meditação. Já na lua nova, um ritual de plantio de intenções com cristais e ervas específicas pode ajudar a fortalecer a imunidade para o próximo ciclo lunar.

O contato com os elementos naturais é outra prática fundamental. Cada elemento – terra, água, fogo e ar – possui qualidades curativas que podem ser integradas nas práticas diárias. Caminhar descalço na terra (grounding) ajuda a estabilizar e equilibrar as energias do corpo. A água pode ser usada em banhos rituais com ervas, ajudando a limpar energeticamente e a revitalizar. O fogo, representado por velas ou fogueiras, pode ser utilizado em rituais de purificação e transformação. O ar, através da respiração consciente e do uso de incensos, pode trazer clareza mental e purificação espiritual.

Os cânticos e mantras xamânicos são ferramentas poderosas para fortalecer a imunidade. Cantar ou recitar mantras específicos ajuda a elevar a vibração do corpo e a alinhar as energias. Mantras como "Eu sou protegido" ou "Minha imunidade é forte" podem ser repetidos diariamente para reforçar a intenção de saúde. Esses cânticos podem ser incorporados em meditações ou durante a realização de tarefas diárias.

A prática da gratidão continua sendo uma ferramenta essencial. A gratidão não apenas melhora o bem-estar emocional, mas também tem efeitos comprovados na saúde física. Reservar um momento no início e no final do dia para refletir sobre as coisas pelas quais se é grato ajuda a manter uma perspectiva positiva e a reduzir o estresse, fortalecendo, assim, a imunidade.

O uso de amuletos e talismãs é uma tradição antiga no xamanismo para proteção e fortalecimento da imunidade. Amuletos feitos de cristais, como a ametista e o quartzo verde, ou de ervas, como a arruda e o alecrim, podem ser carregados consigo ou colocados em locais estratégicos na casa. Esses amuletos são carregados com intenções de saúde e proteção, servindo como um lembrete constante do trabalho de cura que está sendo realizado.

A prática de respiração consciente e meditação guiada é crucial para manter a imunidade alta. A respiração profunda e controlada ajuda a reduzir o estresse e a promover um estado de calma. Meditações guiadas que envolvem a visualização de luz curativa e a intenção de fortalecer a imunidade podem ser realizadas diariamente. Visualizar uma luz dourada ou branca preenchendo cada célula do corpo com saúde e vitalidade ajuda a alinhar a mente e o corpo com a intenção de cura.

A conexão com os ancestrais e espíritos guias é uma parte integral da prática xamânica. Pedir orientação e proteção aos ancestrais através de orações e rituais específicos pode fortalecer a sensação de segurança e apoio espiritual. Essa conexão pode ser cultivada através da criação de um altar ancestral, oferendas e comunicações regulares, como meditações ou rituais noturnos.

Para completar nossa abordagem sobre a imunidade no xamanismo, exploraremos algumas técnicas avançadas e práticas diárias que podem ser incorporadas para manter e fortalecer o sistema imunológico de forma contínua.

Uma prática avançada no xamanismo é o trabalho com plantas de poder. Estas são plantas que possuem propriedades medicinais e espirituais significativas, como a ayahuasca, o tabaco e o peiote. No entanto, é importante abordar essas plantas com grande respeito e sob a orientação de um xamã experiente, pois elas possuem efeitos profundos no corpo e na mente. Essas plantas são utilizadas em cerimônias para limpeza profunda, cura emocional e espiritual, e fortalecimento da imunidade.

Outra técnica avançada é a cura pela voz, ou toning. Essa prática envolve o uso da própria voz para emitir sons e vibrações que promovem a cura. Cantar ou entoar sons específicos pode ajudar a alinhar as energias do corpo e fortalecer o sistema imunológico. Cada som ou tom tem uma frequência que pode influenciar diferentes partes do corpo e sistemas energéticos. Praticar toning regularmente pode ajudar a manter o corpo em um estado de equilíbrio e saúde.

A prática de retiros xamânicos é uma forma poderosa de revitalizar o sistema imunológico. Participar de um retiro, que pode incluir jornadas xamânicas, cerimônias de cura, meditações e conexões profundas com a natureza, proporciona uma imersão total em práticas de cura. Esses retiros permitem uma desintoxicação física, emocional e espiritual, promovendo um reset do sistema imunológico e um fortalecimento geral da saúde.

A técnica de escaneamento energético é outra prática útil. Durante o escaneamento, o xamã utiliza suas mãos para sentir e identificar bloqueios ou desequilíbrios energéticos no corpo. Esses bloqueios podem ser áreas onde a energia está estagnada ou flui de forma inadequada, comprometendo a imunidade. Uma vez identificados, o xamã utiliza diversas técnicas para remover esses bloqueios, como a imposição de mãos, o uso de cristais ou a canalização de energia curativa.

A prática de exercícios energéticos, como o qigong ou o tai chi, é altamente recomendada para fortalecer a imunidade. Esses exercícios envolvem movimentos suaves e respiração controlada, promovendo o fluxo harmonioso de energia pelo corpo. Além de melhorar a imunidade, esses exercícios ajudam a reduzir o estresse, aumentar a flexibilidade e melhorar a concentração.

A alimentação consciente continua sendo um pilar essencial para a imunidade. No xamanismo, a preparação e consumo de alimentos são vistos como atos sagrados. Preparar refeições com intenção e gratidão pode elevar a vibração dos alimentos, tornando-os mais nutritivos e benéficos. Incorporar superalimentos, como spirulina, chlorella, e cogumelos medicinais, como o reishi e o cordyceps, pode proporcionar um suporte adicional ao sistema imunológico.

A prática de banhos de som, ou sound healing, utiliza instrumentos como tigelas tibetanas, gongs e sinos para criar vibrações sonoras que promovem a cura. Esses sons podem ajudar a equilibrar os chakras, liberar tensões e bloqueios energéticos e fortalecer o sistema imunológico. Participar de sessões de banhos de som ou incorporar esses instrumentos em práticas pessoais pode ser extremamente benéfico.

A criação de mandalas de cura é outra técnica poderosa. As mandalas são desenhos geométricos que representam a totalidade e a harmonia do universo. Criar e meditar com mandalas pode ajudar a centrar a mente, promover a calma e fortalecer a imunidade. As mandalas podem ser desenhadas à mão, pintadas ou feitas com elementos naturais, como flores, pedras e sementes.

Finalmente, a prática de oferecer e receber bênçãos é fundamental. No xamanismo, a troca de energia positiva é vista como uma forma de manter o fluxo de energia vital. Oferecer bênçãos a outras pessoas, à natureza ou aos espíritos, e estar aberto para receber bênçãos, cria um ciclo de energia positiva que fortalece a imunidade. Pequenos gestos diários de bondade, gratidão e compaixão têm um impacto profundo na saúde emocional e física.

Em resumo, fortalecer a imunidade através do xamanismo envolve uma abordagem holística que integra práticas físicas, emocionais, mentais e espirituais. Utilizando técnicas avançadas como plantas de poder, cura pela voz, retiros xamânicos, escaneamento energético, exercícios energéticos, alimentação consciente, banhos de som, mandalas de cura e a troca de bênçãos, é possível manter um sistema imunológico robusto e resiliente. Essas práticas não apenas ajudam a prevenir doenças, mas também promovem um estado geral de bem-estar e equilíbrio, permitindo que o indivíduo viva de maneira plena e saudável. Ao incorporar essas práticas na vida cotidiana, é possível criar uma fundação sólida para a saúde e a imunidade, promovendo uma vida longa e vibrante.

Capítulo 12
Problemas de Autoestima

A autoestima é um componente fundamental da saúde mental e emocional. Ela influencia a maneira como nos vemos, como nos relacionamos com os outros e como enfrentamos os desafios da vida. A baixa autoestima pode se manifestar de várias formas, incluindo insegurança, sentimento de inadequação, medo de rejeição e dificuldade em aceitar elogios ou sucessos. Identificar e compreender esses sinais é crucial para iniciar um processo de cura eficaz.

A baixa autoestima muitas vezes se origina de experiências negativas passadas. Essas experiências podem incluir críticas constantes na infância, bullying, falhas repetidas ou até mesmo traumas emocionais e físicos. Essas vivências podem levar a uma visão distorcida de si, onde as qualidades positivas são minimizadas e as negativas são exageradas. Além disso, a comparação constante com os outros, especialmente nas redes sociais, pode intensificar esses sentimentos de inadequação.

O impacto da baixa autoestima nas relações pessoais é significativo. Pessoas com baixa autoestima podem ter dificuldade em estabelecer e manter relacionamentos saudáveis. Elas podem se sentir indignas de amor e respeito, o que pode levar a comportamentos autossabotadores, como o isolamento social ou a dependência emocional. Essas dinâmicas podem criar um ciclo vicioso, onde a falta de autoconfiança leva a interações sociais negativas, que por sua vez reforçam a baixa autoestima.

No contexto do xamanismo, a cura da baixa autoestima envolve uma abordagem holística que considera o indivíduo em sua totalidade - corpo, mente e espírito. A primeira etapa desse processo é a identificação dos padrões de pensamento negativos e das crenças limitantes que sustentam a baixa autoestima. Isso pode ser feito através de práticas como a meditação, que ajuda a trazer à tona essas crenças inconscientes, permitindo que sejam reconhecidas e transformadas.

A jornada xamânica é uma ferramenta poderosa nesse processo de autodescoberta e cura. Durante a jornada, o praticante entra em um estado alterado de consciência para se conectar com seus guias espirituais e obter insights sobre a origem de sua baixa autoestima. Esses guias podem oferecer orientações e mensagens de cura que ajudam a reestruturar a autopercepção do indivíduo, promovendo um senso mais saudável e positivo de si.

A criação de um espaço sagrado é essencial para essas práticas de cura. Esse espaço deve ser um ambiente seguro e tranquilo, onde o indivíduo se sinta confortável para explorar suas emoções e pensamentos. Elementos como cristais, incensos e símbolos espirituais podem ser utilizados para elevar a energia do ambiente e facilitar a conexão espiritual. A purificação do espaço com a queima de ervas sagradas, como a sálvia ou o palo santo, pode ajudar a limpar energias negativas e promover uma atmosfera de paz e introspecção.

Além disso, a utilização de afirmações positivas é uma técnica eficaz para reprogramar a mente. Afirmações são frases que reforçam uma visão positiva de si, como "Eu sou digno de amor e respeito" ou "Eu sou capaz de superar qualquer desafio". Repetir essas afirmações diariamente pode ajudar a substituir pensamentos negativos por crenças fortalecedoras, contribuindo para o desenvolvimento de uma autoestima mais saudável.

Outro aspecto importante na cura da baixa autoestima é a prática da gratidão. Reservar momentos diários para refletir sobre aspectos positivos da vida e reconhecer suas próprias qualidades e conquistas pode transformar a perspectiva do indivíduo e aumentar o senso de valor próprio. Manter um diário de gratidão, onde são anotadas coisas pelas quais se é grato, pode ser uma ferramenta poderosa nesse processo.

Integrar essas práticas na rotina diária pode criar um estado contínuo de equilíbrio e bem-estar, promovendo a cura da baixa autoestima e fortalecendo a autoconfiança. A jornada de cura é pessoal e única, e cada prática adotada contribui para um estado de saúde mais pleno e uma vida mais equilibrada e harmoniosa.

Ao aprofundar-se no processo de cura da baixa autoestima, é essencial considerar o papel das relações interpessoais e como elas influenciam nossa autopercepção. Relações saudáveis podem reforçar a autoestima, enquanto relações tóxicas podem miná-la. Portanto, parte do processo de cura envolve uma avaliação e, possivelmente, uma redefinição das interações sociais.

Uma técnica eficaz nesse aspecto é a prática de limites saudáveis. Estabelecer limites claros e respeitá-los é crucial para proteger a própria energia e bem-estar emocional. Isso pode incluir dizer "não" a pedidos que drenam energia, afastar-se de pessoas que constantemente criticam ou desrespeitam, e buscar relacionamentos que são mutuamente respeitosos e solidários. O estabelecimento de limites não apenas protege o indivíduo, mas também envia uma mensagem poderosa ao subconsciente de que ele é digno de respeito e proteção.

A prática de autocuidado é outra ferramenta importante na construção da autoestima. Autocuidado vai além de atividades ocasionais e envolve uma abordagem contínua e holística para nutrir o corpo, a mente e o espírito. Isso pode incluir exercícios físicos regulares, uma dieta equilibrada, sono adequado, e atividades que promovem o bem-estar emocional, como hobbies, leitura, ou simplesmente passar tempo na natureza. Praticar o autocuidado reforça a mensagem de que se valoriza a si e se merece atenção e cuidado.

No xamanismo, os rituais de cura são centrais para o processo de recuperação da autoestima. Esses rituais podem incluir cerimônias de purificação, onde se utiliza ervas sagradas para limpar energias negativas e renovar a energia vital. A criação de mandalas de areia ou pedras, altares dedicados aos guias espirituais, e cerimônias de gratidão são exemplos de práticas que podem ajudar a fortalecer a conexão espiritual e promover a cura interna.

A jornada xamânica continua a ser uma ferramenta poderosa para explorar as raízes da baixa autoestima. Durante essas jornadas, o indivíduo pode encontrar e se comunicar com seus espíritos guias, que oferecem orientação e apoio. Esses guias espirituais podem ajudar a identificar eventos específicos ou padrões de pensamento que contribuíram para a baixa autoestima e oferecer maneiras de superar esses desafios. A conexão regular com esses guias através de meditação ou rituais pode fornecer uma fonte contínua de força e orientação.

A prática de visualizações é uma técnica adicional que pode ser integrada ao processo de cura. Visualizações positivas ajudam a reprogramar a mente e criar uma nova narrativa interna. Por exemplo, visualizar-se alcançando objetivos, recebendo amor e respeito, ou vivendo em harmonia pode ajudar a substituir imagens mentais negativas por positivas. Essas visualizações podem ser feitas durante meditações guiadas ou como parte de um ritual diário.

O uso de cristais no xamanismo também é comum para tratar questões de autoestima. Cristais como quartzo rosa, citrino e ametista são conhecidos por suas propriedades curativas e podem ser usados para promover o amor-próprio, a confiança e a clareza mental. Esses cristais podem ser carregados com a intenção de cura e mantidos perto durante meditações ou colocados em altares para fortalecer suas propriedades curativas.

Outro aspecto vital da cura da baixa autoestima é a prática do perdão, tanto para si quanto para os outros. Guardar ressentimentos e culpas pode manter uma pessoa presa a sentimentos de inadequação e baixa autoestima. Trabalhar no perdão, mesmo que gradualmente, pode liberar essas emoções negativas e permitir uma sensação de liberdade e renovação. O perdão não significa esquecer ou justificar ações prejudiciais, mas sim liberar o poder que essas memórias têm sobre o bem-estar emocional.

A comunidade e o apoio social desempenham um papel importante na construção da autoestima. Participar de grupos de apoio, círculos de cura, ou comunidades espirituais pode proporcionar um senso de pertencimento e validação. Compartilhar experiências com outras pessoas que estão em jornadas semelhantes pode oferecer novas perspectivas e reforçar a sensação de não estar sozinho.

Por fim, a jornada de cura da autoestima é contínua e requer paciência e compaixão consigo mesmo. Cada pequeno passo em direção à autoaceitação e ao amor-próprio é significativo. Reconhecer e celebrar esses progressos, por menores que sejam, pode ajudar a manter a motivação e a continuar avançando no caminho da cura. A integração dessas práticas na vida diária pode transformar profundamente a autopercepção, promovendo uma autoestima saudável e sustentável.

Ao avançar na jornada de cura da baixa autoestima, é importante reconhecer a interconexão entre a mente, o corpo e o espírito. Práticas que integram esses três aspectos podem proporcionar uma cura mais profunda e duradoura. A integração de técnicas físicas, emocionais e espirituais permite uma abordagem abrangente para a reconstrução da autoestima.

Uma prática física que pode ajudar na cura da autoestima é a dança. A dança, especialmente em um contexto ritualístico ou espiritual, pode liberar bloqueios emocionais e energéticos, promovendo uma sensação de liberdade e expressão pessoal. Movimentar o corpo ao som de tambores ou música pode ajudar a liberar tensões acumuladas e a reconectar-se com a própria força interior. O ato de dançar pode ser uma forma poderosa de expressar emoções e de afirmar a própria identidade e valor.

A prática de yoga também pode ser incorporada para fortalecer a autoestima. Yoga não só melhora a força e a flexibilidade físicas, mas também promove a calma mental e a clareza espiritual. Posturas de yoga que abrem o coração, como a postura do guerreiro e a postura da cobra, podem ajudar a abrir o centro do coração, promovendo sentimentos de amor-próprio e aceitação. A prática regular de yoga pode criar uma conexão mais profunda com o próprio corpo, ajudando a cultivar uma imagem corporal positiva e uma sensação de bem-estar.

A nutrição é outro aspecto fundamental para a cura da autoestima. Uma dieta equilibrada e nutritiva pode influenciar significativamente o humor e a energia. Alimentos ricos em vitaminas e minerais essenciais, como frutas, vegetais, nozes e sementes, podem apoiar a saúde mental e emocional. Evitar alimentos processados e ricos em açúcar pode prevenir oscilações de humor e promover um estado mental mais estável. O ato de preparar e consumir refeições saudáveis pode ser visto como um ato de autocuidado, reforçando a mensagem de que se valoriza a si.

A prática de journaling ou escrita terapêutica é uma ferramenta eficaz para explorar e transformar pensamentos e sentimentos relacionados à autoestima. Manter um diário pode proporcionar um espaço seguro para expressar emoções, refletir sobre experiências e identificar padrões de pensamento negativos. Escrever sobre os próprios sentimentos de forma honesta e sem julgamento pode ajudar a clarificar a mente e a processar emoções difíceis. Além disso, a escrita pode ser usada para estabelecer metas e afirmar intenções positivas, contribuindo para a construção de uma narrativa interna mais fortalecedora.

No contexto do xamanismo, a conexão com a natureza é uma prática central para a cura da autoestima. Passar tempo em ambientes naturais pode ajudar a restaurar o equilíbrio energético e a promover um sentimento de pertencimento e conexão. Atividades como caminhar na floresta, meditar à beira de um rio ou simplesmente sentar-se em um parque podem proporcionar um espaço para introspecção e renovação espiritual. A natureza tem um poder curativo intrínseco que pode ajudar a aliviar o estresse e a ansiedade, permitindo que a autoestima floresça.

A prática de rituais de gratidão na natureza pode fortalecer essa conexão. Por exemplo, ao fazer uma caminhada, pode-se levar pequenos presentes, como flores ou pedras, para oferecer à terra como uma forma de gratidão. Esse ato de dar e receber com a natureza pode criar uma sensação de reciprocidade e respeito, reforçando o valor próprio e a interconexão com o mundo ao redor.

Além disso, a prática de técnicas de respiração consciente em ambientes naturais pode amplificar seus benefícios. Respirar profundamente o ar fresco e limpo enquanto se está cercado pela beleza natural pode ajudar a acalmar a mente e a alinhar a energia do corpo. Técnicas como a respiração 4-7-8 ou a respiração alternada podem ser praticadas ao ar livre para promover um estado de paz e clareza mental.

No xamanismo, a criação de talismãs ou amuletos pessoais pode ser uma prática significativa para fortalecer a autoestima. Esses objetos sagrados podem ser carregados com intenções específicas e usados como lembretes físicos do valor e da força interior. Talismãs podem ser feitos de materiais naturais, como pedras, conchas, penas ou madeira, e podem ser consagrados através de rituais e cerimônias. Carregar um talismã ou amuleto pode proporcionar uma sensação de proteção e empoderamento, reforçando a autoestima diariamente.

A integração dessas práticas holísticas e espirituais pode transformar profundamente a autopercepção, promovendo uma autoestima saudável e duradoura. A cura da autoestima é um processo contínuo e pessoal, e cada passo dado em direção ao amor-próprio e à autoaceitação contribui para uma vida mais equilibrada e harmoniosa.

Ao continuar explorando práticas que ajudam na construção e fortalecimento da autoestima, é essencial considerar o poder das afirmações e do pensamento positivo. A mente é uma ferramenta poderosa e pode ser treinada para focar no positivo, promovendo uma visão mais saudável de si.

Afirmações positivas são declarações que reforçam uma imagem positiva e fortalecedora de si. Repetir afirmações diariamente pode ajudar a reprogramar a mente, substituindo pensamentos negativos e autocríticos por crenças positivas e edificantes. Algumas afirmações eficazes incluem "Eu sou digno de amor e respeito," "Eu confio em mim mesmo e nas minhas habilidades," e "Eu sou suficiente exatamente como sou." Essas afirmações podem ser repetidas em voz alta, escritas em um diário, ou colocadas em locais visíveis, como espelhos ou mesas de trabalho, para servirem como lembretes constantes.

A prática da meditação mindfulness é outra técnica poderosa para melhorar a autoestima. Mindfulness envolve estar presente no momento e aceitar sem julgamento os próprios pensamentos e sentimentos. Essa prática ajuda a desenvolver uma atitude de aceitação e compaixão por si, reconhecendo que todos os seres humanos têm falhas e imperfeições. Meditações guiadas focadas na autocompaixão podem ser particularmente úteis. Essas meditações incentivam a enviar amor e gentileza a si, promovendo uma sensação de paz e aceitação interior.

Além disso, o cultivo da autocompaixão é vital para a cura da autoestima. Autocompaixão envolve tratar-se com a mesma gentileza e compreensão que se ofereceria a um amigo próximo. Isso significa reconhecer os próprios erros e falhas sem julgamento severo, entendendo que eles são parte da experiência humana. Práticas de autocompaixão podem incluir o desenvolvimento de um diálogo interno mais gentil, onde se fala consigo mesmo de forma encorajadora e compreensiva, e a prática de exercícios que reforçam a bondade própria, como o "abraço da borboleta," onde se cruzam os braços sobre o peito e se dá um abraço em si.

A cura através da arte é outra abordagem eficaz para fortalecer a autoestima. Atividades artísticas, como pintura, desenho, escrita criativa, ou tocar um instrumento musical, permitem a expressão livre de emoções e pensamentos. A arte pode ser uma forma terapêutica de processar experiências e de se conectar com a própria criatividade e autenticidade. Participar de workshops artísticos ou simplesmente reservar um tempo regular para atividades criativas pode ser uma maneira poderosa de nutrir a autoestima e celebrar a individualidade.

No contexto do xamanismo, os rituais de cura envolvendo elementos da natureza podem proporcionar uma reconexão profunda com a própria essência. A construção de mandalas de areia ou pedras, a criação de altares com elementos naturais, e a prática de cerimônias de purificação com água são exemplos de como a natureza pode ser integrada na prática de cura. Esses rituais não apenas promovem a cura física e emocional, mas também reforçam a conexão espiritual, lembrando ao indivíduo de sua interconexão com o universo.

A prática de gratidão continua a ser uma ferramenta fundamental no fortalecimento da autoestima. A gratidão ajuda a focar a mente no positivo, celebrando as próprias qualidades e conquistas, bem como as bênçãos diárias. Manter um diário de gratidão, onde se registra regularmente coisas pelas quais se é grato, pode ajudar a cultivar uma mentalidade de abundância e apreciação. Além disso, expressar gratidão aos outros, seja através de palavras ou ações, pode fortalecer relacionamentos e promover um senso de comunidade e apoio.

A integração de exercícios de grounding ou aterramento pode ajudar a fortalecer a autoestima, promovendo uma sensação de estabilidade e segurança. Exercícios de grounding envolvem técnicas que ajudam a conectar-se com o presente e a estabilizar a energia do corpo. Isso pode incluir andar descalço na grama, sentar-se ao pé de uma árvore, ou simplesmente respirar profundamente e sentir o contato dos pés com o chão. Essas práticas ajudam a ancorar a energia, reduzindo a ansiedade e promovendo um senso de enraizamento e segurança.

Participar de círculos de cura ou grupos de apoio pode proporcionar um ambiente seguro e solidário para a exploração e a cura da autoestima. Esses grupos oferecem um espaço onde se pode compartilhar experiências, receber apoio e aprender com a jornada dos outros. A sensação de pertencimento e comunidade que surge desses círculos pode reforçar a confiança e a autoestima, lembrando que não se está sozinho na jornada de cura.

Ao abordar a questão da autoestima, é vital explorar a importância da aceitação e da autenticidade. Ser autêntico, isto é, viver segundo os próprios valores e desejos, em vez de tentar se conformar às expectativas dos outros, é fundamental para uma autoestima saudável. A autenticidade envolve aceitar-se plenamente, com todas as falhas e imperfeições, e permitir que a verdadeira essência se manifeste.

A aceitação começa com o reconhecimento de que todos têm imperfeições e que a perfeição não é um objetivo realista ou necessário para ser digno de amor e respeito. Este conceito é central no xamanismo, que vê cada indivíduo como um ser completo e valioso exatamente como é. Práticas de autoconhecimento, como a reflexão e a meditação, podem ajudar a identificar e abraçar essas imperfeições, permitindo uma aceitação mais profunda de si.

A prática da autenticidade pode ser cultivada de várias maneiras. Primeiro, é importante identificar os próprios valores e desejos. Isso pode ser feito através de exercícios de reflexão, como a escrita de um manifesto pessoal ou a criação de uma lista de valores prioritários. Compreender o que é verdadeiramente importante permite viver de acordo com esses princípios, o que fortalece a autoestima e promove uma vida mais satisfatória.

A comunicação autêntica é outro aspecto essencial. Expressar pensamentos e sentimentos de maneira honesta e respeitosa, mesmo quando é difícil, ajuda a construir relações baseadas na confiança e no respeito mútuo. No xamanismo, a comunicação é frequentemente vista como uma ponte entre o mundo interno e o externo, e ser honesto consigo mesmo e com os outros é fundamental para a integridade e o bem-estar espiritual.

A prática do serviço e da contribuição pode também fortalecer a autoestima. Ajudar os outros e contribuir para o bem-estar da comunidade pode criar um senso de propósito e valor pessoal. No xamanismo, o serviço aos outros é visto como uma expressão de conexão e reciprocidade com o mundo. Participar de atividades comunitárias, voluntariado ou simplesmente ajudar amigos e familiares pode promover sentimentos de utilidade e conexão.

A cura energética é uma prática comum no xamanismo que pode ser utilizada para equilibrar a energia pessoal e promover a autoestima. Técnicas como a imposição de mãos, o uso de cristais de cura e a prática de reiki podem ajudar a limpar bloqueios energéticos e a restaurar o fluxo natural de energia vital. Sessões regulares de cura energética podem proporcionar um suporte contínuo para a saúde emocional e espiritual.

Outra prática eficaz é o uso de visualizações de empoderamento. Durante a meditação, visualizar-se alcançando objetivos, superando desafios e vivendo segundo os próprios valores pode reforçar a confiança e a autoestima. Essas visualizações podem ser feitas diariamente e combinadas com afirmações positivas para maximizar seus efeitos. Visualizar uma luz brilhante ou um símbolo pessoal de poder, como um animal de poder ou um guia espiritual, pode servir como uma âncora de força e confiança.

A prática de rituais de auto-honra pode ser uma maneira poderosa de fortalecer a autoestima. Esses rituais podem incluir a celebração de pequenas vitórias e conquistas, a criação de altares pessoais com símbolos de sucesso e crescimento, e a realização de cerimônias de gratidão e reconhecimento pessoal. Honrar a si e os próprios esforços, envia uma mensagem clara ao subconsciente de que se é valioso e digno de reconhecimento.

O papel dos guias espirituais e dos animais de poder no xamanismo é também fundamental para a cura da autoestima. Estes seres espirituais oferecem proteção, sabedoria e apoio, ajudando a guiar o indivíduo em sua jornada de autodescoberta e cura. Manter uma conexão regular com esses guias através de meditação, jornadas xamânicas e rituais pode proporcionar uma sensação de segurança e orientação, fortalecendo a confiança interna.

Participar de retiros espirituais ou workshops de desenvolvimento pessoal pode proporcionar um espaço seguro para explorar e fortalecer a autoestima. Esses eventos oferecem a oportunidade de aprender novas técnicas de cura, compartilhar experiências com outras pessoas e receber apoio de facilitadores experientes. A imersão em um ambiente dedicado ao crescimento pessoal e espiritual pode catalisar mudanças profundas e duradouras.

Por fim, a prática contínua de autocuidado é essencial para manter a autoestima. Isso inclui cuidar do corpo através de uma dieta equilibrada e exercício físico regular, nutrir a mente com leituras inspiradoras e aprendizado contínuo, e alimentar o espírito através de práticas espirituais regulares e conexões significativas. A integração dessas práticas na vida diária ajuda a criar uma base sólida de amor-próprio e bem-estar.

A jornada para fortalecer a autoestima é pessoal e única, e cada prática adotada contribui para um estado mais profundo de autoconfiança e aceitação. Com paciência, dedicação e a integração dessas práticas, é possível transformar a autopercepção e viver uma vida mais plena, equilibrada e autenticamente satisfatória.

Capítulo 13
Medos e Fobias

Medos e fobias são respostas intensas e irracionais a determinados estímulos ou situações, desencadeadas por uma variedade de fatores, desde experiências traumáticas até predisposições genéticas. Enquanto o medo é uma resposta natural e adaptativa ao perigo real, as fobias são medos exacerbados que interferem na vida cotidiana, muitas vezes sem uma ameaça real presente. No contexto xamânico, medos e fobias são vistos como bloqueios energéticos que podem surgir de traumas passados, perda de partes da alma, ou influências espirituais negativas. Esses bloqueios impedem o fluxo natural de energia vital pelo corpo, resultando em sentimentos de ansiedade e pânico.

Os sintomas físicos e emocionais associados aos medos e fobias são variados e podem incluir palpitações cardíacas, suor excessivo, tremores, sensação de desmaio ou tontura, náuseas, sensação de pavor ou terror extremo e desejo intenso de fugir da situação ou objeto temido. Além desses sintomas físicos, os medos e fobias podem levar ao isolamento social, prejuízos na vida profissional e pessoal, e uma qualidade de vida significativamente reduzida. A pessoa pode evitar situações que desencadeiam o medo, limitando suas atividades e oportunidades de crescimento.

O impacto dos medos e fobias na vida diária pode ser profundo. Pessoas com fobias específicas podem alterar drasticamente suas rotinas para evitar o objeto ou situação temida.

Por exemplo, alguém com fobia de voar pode evitar viagens de avião, limitando oportunidades profissionais e pessoais. Medos generalizados, como a ansiedade social, podem levar a dificuldades em formar e manter relacionamentos, impactando a saúde emocional e o bem-estar. Essas respostas de medo exacerbadas podem resultar em um ciclo vicioso de evitação e aumento da ansiedade. A incapacidade de enfrentar e superar esses medos pode levar a uma sensação de impotência e desesperança, exacerbando ainda mais os sintomas de ansiedade.

As causas dos medos e fobias podem ser complexas e multifacetadas. Entre as mais comuns estão experiências traumáticas, predisposição genética e condicionamento aprendido. Eventos passados dolorosos ou traumáticos podem deixar uma marca profunda, resultando em medos irracionais associados a estímulos relacionados ao trauma. A genética pode desempenhar um papel na predisposição a fobias, com alguns indivíduos mais propensos a desenvolver essas condições. Além disso, observação e aprendizado de medos através de familiares ou outras figuras de autoridade podem influenciar o desenvolvimento de fobias.

Para abordar e curar medos e fobias através das práticas xamânicas, é crucial preparar o ambiente e o indivíduo adequadamente. A preparação envolve a criação de um espaço seguro e sagrado, onde a energia pode fluir livremente e as intenções de cura podem ser estabelecidas. Elementos comuns utilizados incluem cristais, velas, plantas medicinais e símbolos espirituais que ajudam a criar um ambiente de proteção e cura. Escolher um momento tranquilo e um local onde o praticante se sinta seguro e não será interrompido, preferencialmente um espaço dedicado à meditação e práticas espirituais, é essencial.

A criação de um espaço sagrado ajuda a concentrar a mente e a energia do praticante, facilitando a conexão com guias espirituais e promovendo um ambiente propício para a cura. Com a preparação adequada, o ritual pode ser conduzido com maior eficácia, auxiliando na liberação dos medos e na restauração do equilíbrio emocional.

A abordagem xamânica para tratar medos e fobias começa com a identificação das raízes emocionais e espirituais desses sentimentos. Muitas vezes, medos e fobias estão associados a traumas passados que resultam em fragmentação da alma, onde partes da essência do indivíduo se separam como uma forma de proteção. Este processo de perda de partes da alma pode levar a um sentimento constante de medo e vulnerabilidade, já que o indivíduo não se sente completo. O xamã, atuando como um mediador entre os mundos físico e espiritual, trabalha para localizar e reintegrar essas partes perdidas da alma.

O processo de recuperação da alma é uma prática central no xamanismo. Durante uma jornada xamânica, o xamã entra em um estado alterado de consciência através do uso de tambores, chocalhos ou plantas enteógenas, e viaja ao mundo espiritual em busca das partes perdidas da alma do paciente. Essa jornada é acompanhada por espíritos guias que oferecem proteção e orientação. Ao encontrar essas partes da alma, o xamã as traz de volta ao mundo físico e as reintegra ao indivíduo, restaurando sua energia vital e promovendo uma sensação de completude e segurança.

Além da recuperação da alma, o xamã pode usar diversas técnicas de purificação para liberar medos e fobias. A defumação com ervas sagradas como a sálvia, o cedro ou o palo santo é uma prática comum que ajuda a limpar energias negativas e a criar um ambiente de cura. A fumaça dessas ervas é considerada uma oferenda aos espíritos e um meio de purificação energética. Durante o ritual, o xamã pode orientar o paciente a focar nas áreas de sua vida onde o medo e a fobia estão mais presentes, permitindo que a fumaça purifique essas áreas e restaure o equilíbrio.

A jornada xamânica também pode incluir a identificação e remoção de energias negativas que contribuem para os medos e fobias. Essas energias podem ser entidades espirituais negativas ou simplesmente acúmulos de energia estagnada no campo energético do indivíduo. O xamã, através de suas práticas e conexões espirituais, identifica essas energias e as remove, permitindo que o fluxo de energia vital seja restaurado.

A conexão com os espíritos animais ou guias espirituais é outra técnica poderosa no tratamento de medos e fobias. Esses guias oferecem proteção, força e sabedoria, ajudando o indivíduo a enfrentar e superar seus medos. Durante uma jornada xamânica, o paciente pode encontrar seu espírito animal ou guia espiritual, recebendo mensagens e orientação que o ajudam a lidar com seus medos de maneira mais eficaz. A presença desses guias pode oferecer uma sensação de segurança e apoio, fundamental para o processo de cura.

A utilização de cristais é outra prática comum na cura xamânica. Cristais como a ametista, que promove a calma e a paz, e a obsidiana, que oferece proteção e ajuda a liberar medos, podem ser usados durante os rituais. Esses cristais são colocados em pontos específicos do corpo ou do ambiente de cura para amplificar a energia de cura e promover o equilíbrio. O paciente pode ser orientado a carregar esses cristais consigo ou a colocá-los em seu espaço sagrado como um lembrete constante de proteção e cura.

Ao longo do processo de cura, é importante que o paciente participe ativamente, estabelecendo intenções claras e estando aberto à experiência de cura. O xamã guia o paciente através de meditações e visualizações que ajudam a focar a mente e a direcionar a energia de cura para onde é mais necessária. Essas práticas não só ajudam a liberar os medos e fobias, mas também fortalecem a conexão espiritual do paciente, promovendo uma sensação de paz e segurança duradoura.

A preparação mental e emocional do paciente é crucial para o sucesso dos rituais xamânicos destinados a tratar medos e fobias. O xamã trabalha para criar um ambiente de confiança e segurança, onde o paciente se sinta à vontade para explorar e confrontar seus medos. A meditação e a respiração consciente são práticas essenciais que ajudam a acalmar a mente e o corpo, permitindo que o paciente entre em um estado receptivo e relaxado antes do ritual. Técnicas de respiração profunda, como inspirar lentamente pelo nariz e expirar pela boca, ajudam a reduzir a ansiedade e a preparar o campo energético para a cura.

    Durante o ritual, a música e os sons desempenham um papel importante na indução de estados alterados de consciência. O som rítmico do tambor, por exemplo, é usado para facilitar a jornada xamânica, ajudando o paciente a se desconectar das distrações do mundo físico e a entrar em um estado meditativo profundo. A batida constante do tambor cria uma frequência que ressoa com as ondas cerebrais, promovendo uma sensação de calma e abertura espiritual. Outros instrumentos, como chocalhos e flautas, também podem ser utilizados para intensificar a experiência e direcionar a energia de cura.

    A visualização é uma ferramenta poderosa na prática xamânica. O xamã guia o paciente através de visualizações que ajudam a identificar e confrontar os medos. Por exemplo, o paciente pode ser orientado a visualizar uma luz protetora ao seu redor, que dissipa as sombras do medo e traz uma sensação de segurança. Visualizar o enfrentamento do objeto ou situação temida em um ambiente controlado e seguro pode ajudar a reduzir a intensidade da resposta de medo na vida real. Essas visualizações são reforçadas com afirmações positivas que ajudam a reprogramar a mente para respostas mais calmas e controladas.

    Os cânticos e mantras também são usados para amplificar a energia de cura. Repetir palavras ou frases específicas durante o ritual ajuda a focar a mente e a canalizar a intenção de cura. Os cânticos são frequentemente passados de geração em geração e possuem um significado espiritual profundo. Eles são usados para invocar a presença dos espíritos guias, proteger o espaço sagrado e direcionar a energia de cura. A repetição dos mantras cria uma vibração que ressoa com o campo energético do paciente, ajudando a liberar bloqueios e a restaurar o equilíbrio.

    A integração é um aspecto vital do processo de cura. Após o ritual, o paciente é encorajado a refletir sobre a experiência e a anotar qualquer insight ou mensagem recebida durante a jornada. Este período de reflexão é crucial para assimilar as mudanças energéticas e emocionais que ocorreram. A prática regular de técnicas de relaxamento e meditação em casa ajuda a manter os efeitos benéficos do ritual e a promover a cura contínua. Manter um diário de medos, onde o paciente pode registrar seus progressos e desafios, também pode ser útil para monitorar a evolução do processo de cura.

Os rituais de cura xamânica não são uma solução única, mas parte de um processo contínuo de crescimento e autodescoberta. A prática regular dessas técnicas, combinada com o apoio de um xamã experiente, pode levar a uma redução significativa dos medos e fobias ao longo do tempo. A reconexão com a própria espiritualidade e o fortalecimento da ligação com os guias espirituais são fundamentais para a manutenção do equilíbrio emocional e energético. Ao cultivar essa conexão espiritual, o paciente pode desenvolver uma maior resiliência e capacidade de enfrentar desafios futuros com mais confiança e serenidade.

A utilização de elementos naturais, como cristais e plantas medicinais, continua a ser uma prática importante no processo de cura. A ametista e o quartzo rosa, por exemplo, podem ser usados para promover a paz e a cura emocional, enquanto ervas como a camomila e a valeriana ajudam a acalmar a mente e o corpo. Esses elementos são integrados ao espaço sagrado e usados em rituais diários para manter a energia de cura e proteção. A prática de gratidão e a realização de oferendas aos espíritos guias também são formas eficazes de manter a harmonia e a conexão espiritual.

A continuidade do processo de cura envolve a incorporação de práticas diárias que suportam a libertação dos medos e fobias. Um elemento essencial é a prática de grounding, ou aterramento, que ajuda a manter a conexão com a terra e a energia presente. Caminhar descalço na natureza, sentar-se ao pé de uma árvore ou simplesmente tocar a terra com as mãos são maneiras eficazes de liberar energia negativa acumulada e reestabelecer o equilíbrio. O contato direto com a natureza proporciona uma sensação de estabilidade e segurança, fundamentais para o enfrentamento dos medos.

Além do grounding, a prática de respiração consciente ao longo do dia pode ajudar a regular as respostas emocionais e reduzir a ansiedade. Exercícios de respiração, como a respiração 4-7-8, onde se inspira por quatro segundos, segura a respiração por sete segundos e expira lentamente por oito segundos, são especialmente úteis. Essa técnica ativa o sistema nervoso parassimpático, promovendo um estado de relaxamento profundo. Integrar esses exercícios em momentos de estresse ou antes de dormir, pode fazer uma diferença significativa na gestão dos medos e fobias.

A criação de um ambiente de sono propício é crucial, pois uma boa noite de sono fortalece a resiliência emocional. Manter o quarto escuro, silencioso e fresco, livre de dispositivos eletrônicos, ajuda a preparar o corpo e a mente para o descanso. A utilização de difusores com óleos essenciais como lavanda ou camomila pode promover um ambiente relaxante e facilitar o adormecer. Além disso, a prática de rituais noturnos, como tomar um banho quente com sais de Epsom ou praticar meditação guiada, sinaliza ao corpo que é hora de descansar, ajudando a reduzir a ansiedade e preparar para um sono reparador.

A dieta também desempenha um papel importante na gestão dos medos e fobias. Alimentos ricos em triptofano, como nozes, sementes e bananas, ajudam na produção de serotonina, que regula o humor e promove uma sensação de bem-estar. Evitar estimulantes como cafeína e açúcar refinado, especialmente à noite, pode ajudar a manter um estado de calma e equilíbrio. Manter-se hidratado e consumir uma dieta equilibrada rica em nutrientes apoia o corpo e a mente, fornecendo a energia necessária para enfrentar os desafios emocionais.

Os rituais de gratidão são uma prática poderosa para transformar a mentalidade e reduzir o medo. Reservar alguns minutos todos os dias para refletir sobre as coisas pelas quais se é grato ajuda a reorientar a mente para aspectos positivos da vida, diminuindo a tendência de focar nos medos. Manter um diário de gratidão, onde se anotam três coisas pelas quais se é grato a cada dia, pode criar um estado mental de contentamento e paz. Esta prática simples, mas eficaz, ajuda a reduzir o estresse e a promover uma perspectiva mais equilibrada e positiva.

A conexão contínua com guias espirituais e animais de poder é fortalecida através de práticas regulares de meditação e oração. Os espíritos guias oferecem proteção, sabedoria e apoio, ajudando o indivíduo a enfrentar os medos com mais confiança. Durante as meditações, visualizar esses guias ao seu lado, oferecendo orientação e proteção, pode reforçar a sensação de segurança. A prática de oferendas regulares, como flores, alimentos ou outros itens simbólicos, demonstra gratidão e mantém a conexão espiritual forte.

Os círculos de cura e os grupos de apoio também desempenham um papel vital no processo de cura. Participar de reuniões regulares com outras pessoas que estão enfrentando desafios semelhantes pode proporcionar um senso de comunidade e apoio emocional. Compartilhar experiências, práticas e insights em um ambiente seguro e acolhedor ajuda a fortalecer a resiliência e a promover a cura. A troca de sabedoria e técnicas de cura entre os membros do grupo oferece novos caminhos para enfrentar e superar os medos.

A prática artística como uma forma de expressão emocional é outra ferramenta eficaz. Atividades como pintura, escrita, dança ou música permitem que as emoções sejam expressas de maneira segura e criativa. A arte não só proporciona um meio de liberação emocional, mas também ajuda a processar e entender melhor os medos. Integrar atividades artísticas na rotina diária ou semanal pode ser uma maneira poderosa de manter o equilíbrio emocional e reduzir a ansiedade.

Manter um estilo de vida equilibrado que inclui exercícios físicos regulares, descanso adequado e tempo para relaxamento é essencial. O xamã pode oferecer orientação sobre quais práticas e rotinas são mais adequadas para cada indivíduo, considerando suas necessidades específicas e a natureza de seus medos. Exercícios como yoga, tai chi ou caminhadas na natureza são especialmente eficazes para promover a calma e o bem-estar.

A prática da visualização continua sendo uma ferramenta essencial no tratamento dos medos e fobias. Visualizações diárias de um local seguro e tranquilo podem ajudar a estabelecer um estado mental de paz e segurança. Por exemplo, o paciente pode imaginar-se em uma floresta serena, onde cada detalhe – o som das folhas, o canto dos pássaros, a brisa suave – contribui para uma sensação de conforto e proteção. Esta prática regular não só ajuda a reduzir a ansiedade, mas também fortalece a capacidade de enfrentar situações temidas com mais confiança.

Além das visualizações, a incorporação de mantras e afirmações positivas pode ter um impacto significativo na redução dos medos. Repetir frases como "Eu sou corajoso", "Eu estou seguro" ou "Eu sou capaz de enfrentar meus medos" reforça a mente subconsciente com mensagens de força e segurança. Estas afirmações podem ser recitadas durante a meditação, ao acordar ou antes de dormir, criando uma base sólida de autoconfiança que permeia o dia a dia.

A prática do autocompaixão é vital no processo de cura. Muitas vezes, os indivíduos que lutam com medos e fobias sentem-se culpados ou envergonhados por suas reações. Aprender a tratar-se com gentileza e compreensão, reconhecendo que os medos são respostas naturais e que é preciso tempo para superá-los, é crucial. O xamã pode orientar o paciente em práticas de autocompaixão, ajudando-o a desenvolver uma atitude mais amorosa e paciente consigo mesmo.

Os rituais de liberação são outra técnica poderosa para enfrentar os medos e fobias. Estes rituais envolvem liberar simbolicamente o medo, escrevendo-o em um pedaço de papel e depois queimando-o em uma fogueira ou com uma vela. Esta ação física de liberar o medo pode ser extremamente catártica, ajudando o paciente a deixar para trás as emoções negativas e a abrir espaço para sentimentos de coragem e paz. Realizar este ritual durante a lua cheia, um momento tradicional de liberação e renovação, pode amplificar seus efeitos.

A integração de práticas espirituais na rotina diária ajuda a manter o equilíbrio energético e emocional. Reservar um tempo todos os dias para conectar-se com a própria espiritualidade, seja através da meditação, oração ou leitura de textos sagrados, fortalece a conexão com o divino e proporciona uma sensação de paz e propósito. Esta prática regular ajuda a ancorar o indivíduo, proporcionando uma base sólida para enfrentar e superar os medos.

Além disso, é essencial criar uma rede de apoio, composta por amigos, familiares ou profissionais que possam oferecer suporte emocional e orientação. Participar de grupos de apoio ou círculos de cura, onde é possível compartilhar experiências e receber conselhos, pode ser extremamente benéfico. Saber que não se está sozinho na luta contra os medos e fobias proporciona conforto e encorajamento.

A prática da gratidão é uma técnica simples, mas eficaz, para transformar a mentalidade e reduzir o foco nos medos. Reservar um momento todos os dias para refletir sobre as coisas pelas quais se é grato ajuda a cultivar uma atitude positiva e a diminuir a ansiedade. Manter um diário de gratidão, onde se anotam três coisas pelas quais se é grato a cada dia, pode criar um estado mental de contentamento e paz, ajudando a deslocar o foco dos medos para os aspectos positivos da vida.

Os exercícios físicos regulares também desempenham um papel crucial na gestão dos medos e fobias. Atividades como yoga, tai chi, caminhada e natação ajudam a liberar endorfinas, promovendo uma sensação de bem-estar e reduzindo a ansiedade. Além disso, o exercício físico regular melhora a saúde geral, proporcionando mais energia e resiliência emocional. O xamã pode recomendar práticas específicas que alinhem o corpo e a mente, ajudando a manter o equilíbrio e a reduzir os medos.

Finalmente, é importante que o paciente se engaje em atividades que lhe tragam alegria e satisfação. Hobbies, como pintura, jardinagem, leitura ou qualquer outra atividade prazerosa, ajudam a desviar a mente dos medos e a focar em aspectos positivos da vida. Estas atividades não só proporcionam uma saída para a expressão emocional, mas também ajudam a construir uma vida equilibrada e gratificante.

O caminho para superar medos e fobias é um processo contínuo que requer dedicação e prática regular. Com o apoio de um xamã e a incorporação de práticas espirituais, físicas e emocionais na rotina diária, é possível transformar os medos em forças, promovendo uma vida de paz e equilíbrio. A reconexão com a própria essência e a criação de um ambiente de apoio e segurança são fundamentais para o sucesso deste processo de cura.

Capítulo 14
Problemas de Relacionamento

Os problemas de relacionamento são questões que podem afetar profundamente a qualidade de vida de um indivíduo. Eles manifestam-se de diversas formas, como conflitos frequentes, falta de comunicação, ressentimentos acumulados e a incapacidade de resolver diferenças de maneira construtiva. Esses problemas podem surgir tanto em relações pessoais quanto profissionais, impactando a saúde emocional e mental das pessoas envolvidas. A identificação dos sintomas de problemas de relacionamento é um passo crucial para iniciar o processo de cura. Sinais comuns incluem discussões constantes, sensação de distanciamento, falta de empatia, e a presença de sentimentos negativos persistentes, como raiva e frustração. Além disso, comportamentos como evitar a interação ou comunicação e a preferência por passar tempo longe do parceiro são indicadores claros de que há algo errado na dinâmica relacional.

Compreender as causas subjacentes dos problemas de relacionamento é essencial para abordá-los de forma eficaz. A falta de comunicação é uma das causas mais comuns. Quando os indivíduos não expressam seus pensamentos e sentimentos de maneira clara e aberta, mal-entendidos e conflitos podem surgir facilmente. A comunicação eficaz envolve não apenas falar, mas também ouvir atentamente e validar os sentimentos do outro. Diferenças pessoais, como valores, crenças e expectativas, também podem gerar tensões. Essas diferenças, quando não gerenciadas adequadamente, podem levar a desentendimentos e ressentimentos. Outras causas incluem experiências passadas, como traumas ou padrões de relacionamento disfuncionais aprendidos na infância, que podem influenciar negativamente a maneira como os indivíduos se relacionam.

A abordagem xamânica para tratar problemas de relacionamento envolve a criação de um espaço sagrado onde a cura pode ocorrer. Esse espaço deve ser tranquilo e livre de distrações, permitindo uma conexão profunda com o mundo espiritual. A purificação do espaço com a queima de ervas sagradas, como sálvia ou cedro, ajuda a limpar as energias negativas e criar um ambiente propício para a cura. A intenção clara de curar a relação deve ser estabelecida, formando uma base sólida para o ritual.

Os materiais necessários para o ritual incluem tambores ou chocalhos para facilitar a entrada em estados de transe, cristais de cura como quartzo rosa, que promove amor e compreensão, e óleos essenciais de lavanda ou ylang-ylang para induzir o relaxamento e a harmonia. O xamã pode preparar um altar com símbolos que representem a união e a cooperação, como conchas, pedras e penas, para invocar a presença dos espíritos guardiões.

O ritual começa com uma meditação guiada, onde o xamã leva os participantes a um estado de relaxamento profundo. A respiração consciente e ritmada ajuda a estabilizar o corpo e a mente, facilitando a transição para um estado alterado de consciência. Durante a jornada xamânica, o xamã pode encontrar e interagir com espíritos guias ou animais de poder que oferecem sabedoria e insights sobre as causas dos problemas de relacionamento e as soluções apropriadas.

Durante a jornada xamânica, o xamã pode usar o som rítmico do tambor para facilitar a comunicação com os espíritos guias. Esses guias podem oferecer insights sobre a natureza dos conflitos e as melhores formas de abordá-los. Um aspecto importante desse processo é a identificação de padrões negativos de comportamento e comunicação que perpetuam os problemas de relacionamento. Ao trazer esses padrões à consciência, é possível começar a trabalhar na sua transformação.

A cura xamânica para problemas de relacionamento também pode envolver a prática de rituais de liberação emocional. Esses rituais ajudam a liberar sentimentos negativos acumulados, como raiva, ressentimento e tristeza, que podem estar bloqueando a conexão e a harmonia entre os indivíduos. A queima de papel onde os participantes escrevem suas emoções negativas pode ser uma maneira simbólica de liberar esses sentimentos. Essa prática ajuda a limpar o campo energético e a abrir espaço para emoções mais positivas e construtivas.

A integração de plantas medicinais é uma parte fundamental do processo de cura. Ervas como a camomila e a valeriana podem ser usadas para promover a calma e o relaxamento, ajudando os participantes a se sentirem mais equilibrados e receptivos durante o processo de cura. Chás dessas ervas podem ser consumidos antes dos rituais ou durante momentos de reflexão para facilitar a liberação de tensões e promover um estado de paz interior.

A comunicação consciente é uma habilidade essencial que pode ser aprimorada através das práticas xamânicas. O xamã pode guiar os participantes em exercícios de escuta ativa e expressão autêntica, ensinando-os a comunicar seus sentimentos e necessidades de maneira clara e respeitosa. A prática de falar e ouvir com o coração aberto pode transformar a dinâmica do relacionamento, promovendo uma compreensão mútua mais profunda e reduzindo os conflitos.

A conexão com os elementos da natureza também pode ser uma fonte poderosa de cura para problemas de relacionamento. Passar tempo ao ar livre, em contato com a terra, a água, o ar e o fogo, pode ajudar a restaurar o equilíbrio interno e fortalecer a ligação entre os indivíduos. Caminhadas em florestas, meditação à beira de rios ou lagos e a prática de rituais ao redor de fogueiras são maneiras eficazes de aproveitar a energia curativa da natureza.

A criação de um espaço sagrado em casa, onde os rituais de cura possam ser realizados regularmente, é outra prática que pode apoiar a resolução de problemas de relacionamento. Esse espaço deve ser mantido limpo e energeticamente equilibrado, com a queima regular de ervas sagradas para purificação. Incluir elementos da natureza, como plantas, pedras e água, pode ajudar a criar uma atmosfera de serenidade e conexão.

O uso de visualizações e meditações guiadas pode ajudar os participantes a se conectarem com a energia curativa dos espíritos guias e dos elementos da natureza. Visualizar uma luz curativa envolvendo a si e o parceiro pode ajudar a dissolver barreiras emocionais e a promover a harmonia. Essas práticas podem ser realizadas diariamente, como parte de uma rotina de autocuidado e fortalecimento do relacionamento.

A prática da gratidão é uma ferramenta poderosa para transformar a energia de um relacionamento. Reservar um momento todos os dias para expressar gratidão pelas qualidades e ações positivas do parceiro pode ajudar a cultivar uma atitude de apreciação e respeito mútuo. Manter um diário de gratidão onde se anota essas qualidades, pode servir como um lembrete constante das razões pelas quais o relacionamento é valioso.

A jornada xamânica para resolver problemas de relacionamento é um processo contínuo que envolve dedicação e prática regular. Ao integrar essas técnicas e práticas na vida cotidiana, é possível transformar a dinâmica do relacionamento, promovendo a cura, a harmonia e a conexão profunda entre os indivíduos. Este caminho não apenas alivia os sintomas dos problemas de relacionamento, mas também fortalece a base do relacionamento, criando um ambiente onde ambos os parceiros podem crescer e prosperar juntos.

A prática de rituais de perdão é uma técnica xamânica poderosa para resolver problemas de relacionamento. O perdão é um ato profundo que libera a pessoa de ressentimentos e mágoas acumuladas, permitindo que a cura e a reconciliação ocorram. Durante um ritual de perdão, os participantes são guiados a refletir sobre os eventos que causaram dor e a expressar seus sentimentos de maneira honesta e aberta. A visualização de uma luz de cura envolvendo ambos os participantes, pode facilitar o processo de liberação de ressentimentos. Este ritual pode ser realizado regularmente, ajudando a manter o relacionamento livre de cargas emocionais negativas.

Além dos rituais de perdão, a prática de exercícios de empatia é fundamental. O xamã pode orientar os participantes a se colocarem no lugar do outro, entendendo seus sentimentos e perspectivas. Exercícios como a "escuta empática", onde uma pessoa fala enquanto a outra ouve sem interromper, ajudam a desenvolver uma compreensão mais profunda e compassiva. Após a escuta, a pessoa que ouviu repete o que entendeu, validando os sentimentos do outro e garantindo que ambos se sintam ouvidos e compreendidos.

A reconexão com as raízes ancestrais é outra prática que pode fortalecer os relacionamentos. O xamanismo valoriza a sabedoria dos ancestrais e acredita que eles podem oferecer orientação e apoio. Realizar cerimônias de honra aos ancestrais, onde se expressa gratidão e se pede sabedoria, pode ajudar a trazer insights valiosos sobre os padrões de relacionamento herdados e como transformá-los. Essas cerimônias podem incluir oferendas de alimentos, flores e objetos simbólicos, criando uma ponte entre o presente e as lições do passado.

A prática regular de meditação em dupla é uma maneira eficaz de fortalecer a conexão espiritual e emocional entre os parceiros. Sentar-se juntos em silêncio, concentrando-se na respiração e na presença do outro, pode criar um espaço de intimidade e compreensão. A meditação guiada pode incluir visualizações de luz e energia curativa fluindo entre os parceiros, dissolvendo barreiras e promovendo a harmonia. Esta prática não apenas acalma a mente, mas também fortalece a conexão energética entre os indivíduos.

A utilização de objetos simbólicos no relacionamento pode servir como lembretes constantes da intenção de cura e conexão. Criar amuletos ou talismãs juntos, usando elementos da natureza como pedras, conchas e penas, pode ser um ato simbólico de união. Esses objetos podem ser carregados ou colocados em locais significativos, reforçando a intenção de manter a harmonia e o amor no relacionamento. O processo de criação desses objetos também pode ser uma atividade de ligação, promovendo a cooperação e a criatividade.

A prática de rituais de renovação periódicos é essencial para manter a vitalidade do relacionamento. Esses rituais podem ser realizados em ocasiões especiais, como aniversários ou mudanças de estação, e podem incluir a renovação de votos ou a definição de novas intenções para o relacionamento. Criar um altar temporário com símbolos de renovação, como flores frescas e velas, pode ajudar a criar um ambiente sagrado para o ritual. Durante o ritual, os participantes podem compartilhar suas esperanças e desejos para o futuro, reforçando o compromisso de crescimento e apoio mútuo.

A cura xamânica para problemas de relacionamento não se limita ao espaço sagrado do ritual. É importante integrar as lições e práticas no dia a dia. Praticar a gratidão e a apreciação diária, mesmo por pequenas ações, ajuda a manter uma atitude positiva e construtiva. Reservar um tempo para atividades conjuntas que promovam a diversão e a conexão, como caminhadas na natureza, cozinhar juntos ou praticar um hobby compartilhado, fortalece a relação.

A cura xamânica para problemas de relacionamento envolve uma abordagem holística que considera o bem-estar físico, emocional, mental e espiritual dos indivíduos. Ao integrar rituais de perdão, exercícios de empatia, reconexão ancestral, meditação, utilização de objetos simbólicos e rituais de renovação na rotina do relacionamento, é possível promover uma transformação profunda e duradoura. Essas práticas não apenas resolvem os conflitos existentes, mas também fortalecem a base do relacionamento, criando um ambiente de amor, respeito e cooperação onde ambos os parceiros podem prosperar juntos.

A importância do autoconhecimento no contexto dos problemas de relacionamento não pode ser subestimada. O xamanismo enfatiza a necessidade de conhecer e entender a si como um passo crucial para resolver conflitos e fortalecer as conexões com os outros. O xamã pode guiar os participantes em jornadas interiores para explorar suas próprias emoções, crenças e padrões de comportamento. Essas jornadas introspectivas ajudam a identificar e transformar aspectos internos que podem estar contribuindo para os problemas de relacionamento.

A prática de diários pessoais é uma ferramenta eficaz para promover o autoconhecimento. Escrever regularmente sobre sentimentos, experiências e reflexões permite uma maior compreensão dos próprios pensamentos e emoções. Este hábito pode ajudar a identificar padrões negativos e a desenvolver estratégias para abordá-los de forma construtiva. O diário pode também incluir registros de sonhos, insights recebidos durante meditações ou rituais, e intenções para a cura do relacionamento.

Os rituais de cura da linhagem familiar são outra prática poderosa no xamanismo para abordar problemas de relacionamento. Muitas vezes, os conflitos atuais têm raízes em padrões e traumas familiares passados. O xamã pode conduzir rituais que envolvem a invocação e a cura das linhagens ancestrais, liberando padrões negativos herdados e promovendo a paz e a harmonia na família. Esses rituais podem incluir oferendas, orações e a visualização de cura para os ancestrais, reconhecendo e honrando suas lutas e contribuindo para a transformação desses padrões.

A prática de rituais de ligação emocional pode ajudar a fortalecer a conexão entre os parceiros. Esses rituais podem envolver a criação de símbolos de união, como a confecção conjunta de um colar ou pulseira usando pedras e elementos naturais que simbolizam o amor e a harmonia. A realização desses rituais em momentos especiais, como aniversários ou datas significativas, pode reforçar o compromisso mútuo e criar memórias positivas que sustentam o relacionamento.

A importância do toque e do contato físico é fundamental no contexto da cura xamânica para relacionamentos. A prática de massagens com óleos essenciais, como lavanda ou rosa, pode promover a intimidade e o relaxamento, ajudando a aliviar tensões e fortalecer a conexão emocional. A massagem não apenas relaxa o corpo, mas também abre um espaço para a comunicação não verbal e a expressão do carinho e da atenção.

A criação de um espaço de diálogo aberto é essencial para resolver conflitos e promover a compreensão mútua. O xamã pode orientar os parceiros na prática de círculos de diálogo, onde cada pessoa tem a oportunidade de falar e ser ouvida sem interrupções. Este formato promove a escuta ativa e o respeito, permitindo que ambos expressem suas necessidades e sentimentos de maneira segura e construtiva. A facilitação desses círculos pode incluir a utilização de um bastão de fala ou outro objeto simbólico que marca o momento de fala de cada pessoa.

A integração de práticas de gratidão e celebração é fundamental para manter a energia positiva no relacionamento. Celebrar pequenas conquistas e momentos de alegria, e expressar gratidão regularmente, ajuda a criar um ambiente de apoio e apreciação. A prática de rituais de gratidão pode incluir a criação de um "jarro de gratidão", onde cada parceiro escreve mensagens de agradecimento e coloca no jarro para ser lido em momentos especiais.

A prática de respiração consciente e de técnicas de grounding (aterramento) pode ajudar a reduzir a tensão e o estresse no relacionamento. A respiração sincronizada, onde ambos os parceiros respiram juntos em um ritmo harmonizado, pode criar uma sensação de conexão e calma. Técnicas de grounding, como caminhar descalço na natureza ou meditar ao ar livre, ajudam a equilibrar a energia e a promover a estabilidade emocional.

A jornada xamânica para resolver problemas de relacionamento é um processo contínuo que envolve a integração de várias práticas espirituais e holísticas. Ao promover o autoconhecimento, curar a linhagem familiar, fortalecer a ligação emocional, utilizar o toque e o contato físico, criar espaços de diálogo aberto, e praticar gratidão e grounding, é possível transformar profundamente a dinâmica do relacionamento. Estas práticas não apenas aliviam os conflitos existentes, mas também criam uma base sólida de amor, respeito e cooperação onde ambos os parceiros podem crescer e prosperar juntos.

A prática de ritual de reconciliação é fundamental para restaurar a harmonia após conflitos significativos. Este ritual pode ser realizado em um espaço sagrado, preparado com elementos naturais como cristais, plantas e velas. O xamã guia os parceiros em uma cerimônia que envolve a expressão honesta de sentimentos, o pedido e a oferta de perdão, e a reafirmação os compromissos mútuos. Durante o ritual, pode-se utilizar uma taça compartilhada de água ou chá de ervas como símbolo de purificação e renovação.

A criação de um contrato espiritual é uma prática xamânica que pode fortalecer o compromisso entre os parceiros. Este contrato pode ser escrito em conjunto, especificando intenções, compromissos e desejos para o relacionamento. Elementos como respeito mútuo, comunicação aberta e apoio emocional são frequentemente incluídos. Assinar este contrato em um ambiente sagrado e manter uma cópia em um lugar visível ajuda a lembrar e reforçar esses compromissos diariamente.

A importância do trabalho de sombra no contexto dos problemas de relacionamento não pode ser subestimada. O xamã pode ajudar os parceiros a explorar aspectos ocultos de si, conhecidos como a "sombra", que podem estar influenciando negativamente o relacionamento. Este trabalho envolve a aceitação e a integração dessas partes sombrias, promovendo a cura e a transformação. Práticas como a meditação guiada e a escrita reflexiva podem ajudar a trazer à tona e a processar esses aspectos.

A utilização de símbolos e amuletos é uma prática comum no xamanismo para proteção e fortalecimento do relacionamento. Criar juntos um amuleto de proteção pode servir como um símbolo tangível de sua união e intenção de proteger e nutrir o relacionamento. Estes amuletos podem ser feitos de materiais naturais como pedras, cristais, penas e madeira, e podem ser carregados ou colocados em um lugar significativo no ambiente de convivência.

Os rituais de conexão lunar são práticas poderosas que podem ser realizadas em sintonia com as fases da lua para fortalecer a relação. Durante a lua nova, os parceiros podem plantar sementes de intenção para o relacionamento, concentrando-se no que desejam cultivar juntos. Na lua cheia, podem realizar rituais de liberação, deixando para trás qualquer energia negativa ou obstáculos que estejam impedindo o crescimento do relacionamento. Estes rituais ajudam a alinhar o relacionamento com os ciclos naturais e a promover a harmonia e o crescimento contínuo.

A prática de danças e movimentos sagrados é outra técnica xamânica que pode ajudar a liberar tensões e fortalecer a conexão emocional. Dançar juntos em um ambiente seguro e sagrado, movendo-se ao ritmo de tambores ou música suave, permite que os parceiros expressem suas emoções de forma não verbal e criativa. Esta prática promove a liberação de bloqueios emocionais e energéticos, criando um fluxo harmonioso de energia entre os parceiros.

A participação em círculos de cura comunitários pode fornecer um suporte adicional valioso para os indivíduos e seus relacionamentos. Estes círculos oferecem um espaço seguro para compartilhar experiências, receber orientação e apoio, e aprender novas práticas de cura. O senso de comunidade e pertencimento pode fortalecer os indivíduos emocionalmente, refletindo positivamente em seus relacionamentos pessoais.

A prática de visualizações de futuro positivo pode ajudar os parceiros a focarem nas possibilidades e no crescimento do relacionamento. Juntos, podem visualizar cenas de um futuro harmonioso e feliz, envolvendo conquistas e momentos de alegria compartilhados. Estas visualizações podem ser incorporadas em meditações regulares, reforçando a intenção de criar um futuro positivo e fortalecendo o compromisso mútuo.

Finalmente, a integração de práticas de mindfulness na rotina diária pode ajudar a manter a calma e a presença no relacionamento. Técnicas simples como a respiração consciente, a meditação curta e a prática da gratidão podem ser incorporadas nas atividades diárias, promovendo um ambiente de paz e harmonia. A atenção plena ajuda os parceiros a estarem mais presentes e conectados, reduzindo a reatividade e promovendo a compreensão e o respeito mútuo.

A jornada xamânica para resolver problemas de relacionamento é um processo holístico e contínuo que envolve a integração de várias práticas espirituais e técnicas de cura. Ao praticar rituais de reconciliação, contratos espirituais, trabalho de sombra, uso de amuletos, conexão lunar, danças sagradas, participação em círculos comunitários, visualizações de futuro positivo e mindfulness, é possível transformar profundamente a dinâmica do relacionamento. Estas práticas não apenas aliviam os conflitos existentes, mas também criam uma base sólida de amor, respeito e cooperação onde ambos os parceiros podem crescer e prosperar juntos.

Capítulo 15
Tristeza e Luto

Tristeza e luto são emoções naturais que fazem parte da experiência humana, especialmente após a perda de um ente querido, uma mudança significativa ou um evento traumático. Esses sentimentos podem ser profundos e duradouros, afetando todos os aspectos da vida de uma pessoa. O processo de luto é único para cada indivíduo, variando em intensidade e duração, mas é essencial para a cura e a integração da perda.

A identificação dos sintomas de tristeza e luto é crucial para compreender a profundidade do impacto emocional. Sintomas comuns incluem choro frequente, sensação de vazio, perda de interesse em atividades anteriormente prazerosas, dificuldades para dormir, mudanças no apetite e sentimentos de desesperança. Esses sintomas podem variar de leves a severos e, em alguns casos, podem evoluir para condições mais graves como a depressão se não forem abordados adequadamente.

O impacto da tristeza e do luto na vida diária pode ser significativo, interferindo na capacidade de uma pessoa de funcionar normalmente no trabalho, na escola ou em outras atividades cotidianas. É comum sentir uma perda de motivação e energia, dificultando a realização de tarefas simples. Além disso, o luto pode afetar os relacionamentos, criando uma sensação de isolamento e incompreensão por parte de amigos e familiares que podem não saber como oferecer apoio adequado.

As causas comuns de tristeza e luto incluem perdas pessoais, como a morte de um ente querido, o término de um relacionamento, a perda de um emprego ou mudanças drásticas na vida, como a mudança para um novo local. Além disso, experiências traumáticas, como acidentes ou desastres naturais, podem desencadear um processo de luto intenso. É importante reconhecer que o luto não se limita apenas à morte; qualquer perda significativa pode desencadear esse processo emocional.

A preparação para rituais de cura é uma parte essencial do processo de luto. Esses rituais ajudam a honrar a memória do que foi perdido, facilitando a liberação emocional e a aceitação. A escolha dos materiais necessários para o ritual depende das preferências pessoais e culturais, podendo incluir velas, incensos, fotos, objetos simbólicos e ervas. A criação de um ambiente sagrado, livre de distrações e cheio de elementos que trazem conforto e paz, é fundamental para a eficácia do ritual.

O melhor horário e local para realizar o ritual também são importantes. Muitos optam por realizar esses rituais em momentos de tranquilidade, como o início da manhã ou o final da tarde, quando é possível refletir sem interrupções. O local ideal pode ser um espaço ao ar livre, como um jardim ou uma área natural, que oferece uma conexão direta com a natureza e a energia curativa do ambiente. Alternativamente, um espaço interno dedicado à meditação e à introspecção pode ser igualmente eficaz.

A preparação para rituais de cura começa com a definição de uma intenção clara. A intenção é o fundamento de qualquer prática espiritual, direcionando a energia do ritual para um objetivo específico. No caso do luto, a intenção pode ser a liberação da dor, a aceitação da perda ou a busca de paz interior. Antes de iniciar o ritual, reserve um momento para refletir sobre essa intenção, escrevendo-a em um pedaço de papel ou simplesmente segurando-a em mente.

A escolha dos materiais para o ritual deve refletir a intenção e as necessidades emocionais do participante. Velas podem simbolizar a luz e a esperança, incensos podem purificar o ambiente e ervas como a sálvia e o alecrim podem promover a cura e a proteção. Fotos e objetos pessoais que lembram o ente querido ou a perda podem ser colocados no altar como forma de honrar a memória e estabelecer uma conexão emocional.

O espaço sagrado para o ritual deve ser preparado com cuidado. Limpar fisicamente o espaço e purificá-lo energeticamente com a queima de ervas sagradas é uma prática comum. Dispor os materiais de maneira harmoniosa no altar cria um ambiente propício à meditação e à introspecção. A iluminação suave, com velas ou luz natural, ajuda a criar uma atmosfera de tranquilidade e reverência.

A realização do ritual começa com uma meditação guiada. Esta meditação pode incluir respirações profundas e controladas, que ajudam a acalmar a mente e a preparar o corpo para a experiência espiritual. A visualização de um lugar seguro e sagrado, onde o participante pode encontrar paz e consolo, é uma técnica eficaz. Durante a meditação, é importante focar na intenção definida, permitindo que a energia de cura flua através de todo o ser.

Os cânticos e mantras podem ser integrados ao ritual para reforçar a intenção e elevar a vibração energética. Cantar um mantra simples, como "Om Shanti" (que significa "Paz"), pode ajudar a centrar a mente e abrir o coração para a cura. Repetir o mantra várias vezes cria um ritmo meditativo que facilita a conexão espiritual e a liberação emocional.

Durante o ritual, é comum sentir uma variedade de emoções intensas. Permitir-se sentir e expressar essas emoções é fundamental para o processo de cura. Chorar, falar em voz alta ou escrever pensamentos e sentimentos podem ser formas de liberar a dor acumulada. Essas expressões emocionais são válvulas de escape que permitem que o luto siga seu curso natural.

A invocação dos espíritos guias ou ancestrais é uma prática poderosa no xamanismo. Pedir a presença e o apoio desses seres espirituais pode trazer conforto e orientação. Sentir a presença dos ancestrais ou de guias espirituais pode fortalecer a conexão com o mundo espiritual e proporcionar uma sensação de apoio e proteção. Esta conexão ajuda a pessoa a se sentir menos sozinha em seu processo de luto.

Após a conclusão do ritual, é importante ter um período de integração e reflexão. Sentar-se em silêncio, meditar sobre a experiência e anotar quaisquer insights ou mensagens recebidas pode ajudar a consolidar a cura. Esse tempo de reflexão permite que as mudanças emocionais e espirituais sejam assimiladas e que o participante se prepare para aplicar essas mudanças na vida diária.

A manutenção de práticas de autocuidado e rituais regulares pode apoiar o processo de luto a longo prazo. Estabelecer uma rotina que inclua momentos de meditação, gratidão e conexão com a natureza ajuda a manter o equilíbrio emocional e a promover a cura contínua. Manter um diário de luto onde se registram pensamentos, sentimentos e progressos pode ser uma ferramenta valiosa para monitorar o processo de cura.

Técnicas adicionais de cura podem complementar os rituais de luto e oferecer suporte contínuo ao longo do processo de cura. Uma dessas técnicas é a utilização de visualizações guiadas, que podem ajudar a transformar a dor emocional em paz e aceitação. Visualizações que envolvem luz curativa, natureza ou encontros com guias espirituais podem ser particularmente eficazes.

Uma visualização guiada comum envolve imaginar-se em um local tranquilo e seguro, como uma praia serena ou uma floresta pacífica. Visualizar uma luz dourada ou branca descendo do céu e envolvê-lo, trazendo cura e paz, pode ajudar a aliviar a dor emocional. Durante essa visualização, pode-se convidar a presença de guias espirituais ou entes queridos falecidos, sentindo seu amor e apoio. Essa prática pode ser realizada diariamente ou sempre que sentimentos intensos de tristeza surgirem.

A arteterapia é outra ferramenta poderosa no processo de luto. A expressão criativa por meio da pintura, desenho, escrita ou música pode ajudar a liberar emoções reprimidas e a explorar sentimentos de maneira segura e construtiva. Criar uma obra de arte dedicada à pessoa ou situação perdida pode ser um ato de homenagem e uma forma de processar o luto. A arte permite que as emoções fluam livremente, facilitando a cura emocional.

O movimento também desempenha um papel importante na cura do luto. Atividades físicas como dança, ioga ou caminhadas na natureza podem ajudar a liberar a tensão acumulada e a conectar-se com o corpo de maneira saudável. A dança, em particular, pode ser uma forma poderosa de expressar emoções que são difíceis de verbalizar. Dançar ao som de música significativa ou simplesmente mover-se livremente ao ritmo da natureza pode proporcionar uma liberação emocional profunda.

A conexão com a comunidade e o apoio social são cruciais durante o processo de luto. Participar de grupos de apoio ou círculos de cura pode proporcionar um espaço seguro para compartilhar experiências e receber conforto de outras pessoas que estão passando por situações semelhantes. Esses grupos oferecem uma sensação de pertencimento e validação, reduzindo o sentimento de isolamento frequentemente associado ao luto.

Os círculos de cura xamânicos são especialmente eficazes, pois combinam apoio comunitário com práticas espirituais profundas. Durante esses encontros, é comum realizar rituais de cura em grupo, como cânticos, meditações guiadas e invocação de espíritos guias. A energia coletiva do grupo pode amplificar o processo de cura, oferecendo força e conforto aos participantes.

A prática da gratidão, mesmo em tempos de luto, pode ser uma ferramenta poderosa para transformar a perspectiva emocional. Reservar um momento diário para refletir sobre aspectos positivos da vida e expressar gratidão pode ajudar a reorientar a mente para um estado mais positivo. Manter um diário de gratidão, onde se anotam pequenas bênçãos e momentos de alegria, pode ajudar a equilibrar os sentimentos de tristeza e a promover uma sensação de esperança.

A conexão com a natureza é uma prática fundamental no xamanismo e pode ser extremamente benéfica durante o luto. Passar tempo ao ar livre, cercado por árvores, rios e montanhas, pode proporcionar uma sensação de paz e renovação. A natureza tem um poder curativo intrínseco, e simplesmente estar presente em um ambiente natural pode ajudar a restaurar o equilíbrio emocional. Caminhar descalço na terra, sentar-se junto a um rio ou observar o pôr do sol são práticas simples que podem trazer conforto e clareza.

A integração de rituais de cura na rotina diária é essencial para sustentar o processo de luto. Estabelecer horários regulares para meditação, gratidão e práticas espirituais ajuda a criar um senso de estabilidade e continuidade. Esses rituais não apenas oferecem momentos de reflexão e cura, mas também reforçam a conexão com o sagrado, proporcionando um alicerce espiritual firme durante tempos de mudança e perda.

As práticas de autocuidado são fundamentais para apoiar o processo de luto e promover o bem-estar emocional e físico. Envolver-se em atividades que nutrem o corpo, a mente e o espírito ajuda a manter a resiliência durante tempos difíceis. A adoção de hábitos saudáveis e a criação de rotinas diárias de autocuidado podem proporcionar uma base sólida para a cura.

Uma prática de autocuidado essencial é a alimentação saudável. Consumir uma dieta balanceada, rica em frutas, legumes, proteínas magras e grãos integrais, fornece ao corpo os nutrientes necessários para funcionar de maneira otimizada. Evitar alimentos processados, açúcares refinados e cafeína em excesso pode ajudar a estabilizar os níveis de energia e melhorar o humor. A hidratação adequada também é crucial; beber bastante água ao longo do dia apoia todas as funções corporais e contribui para a clareza mental.

O sono é outro aspecto vital do autocuidado. A perda pode afetar significativamente os padrões de sono, tornando difícil adormecer ou manter um sono profundo. Estabelecer uma rotina de sono consistente, indo para a cama e acordando no mesmo horário todos os dias, pode ajudar a regular o ritmo circadiano. Criar um ambiente propício ao sono, com um quarto escuro, silencioso e fresco, e evitando o uso de eletrônicos antes de dormir, promove um descanso reparador.

A prática regular de exercícios físicos também é benéfica para a saúde emocional. Atividades como caminhada, corrida, ioga ou tai chi não apenas fortalecem o corpo, mas também ajudam a liberar endorfinas, substâncias químicas naturais que melhoram o humor. Exercícios suaves, como alongamento ou movimentos conscientes, podem ser especialmente úteis para liberar a tensão física e emocional acumulada.

A meditação e a mindfulness são práticas de autocuidado poderosas que ajudam a acalmar a mente e a reduzir o estresse. Reservar alguns minutos todos os dias para meditar, concentrando-se na respiração e observando os pensamentos sem julgamento, pode proporcionar uma sensação de paz e clareza. A prática de mindfulness durante atividades cotidianas, como comer, caminhar ou tomar banho, ajuda a manter o foco no momento presente, reduzindo a ansiedade e promovendo um estado de tranquilidade.

A conexão social é um componente essencial do autocuidado durante o luto. Manter contato com amigos e familiares que oferecem apoio emocional pode proporcionar um senso de pertencimento e segurança. Participar de atividades sociais, mesmo que simples, como tomar um café com um amigo ou participar de um grupo de interesse comum, ajuda a combater o isolamento e a solidão.

Os rituais diários de gratidão podem ser integrados à rotina de autocuidado. Reservar um momento todas as manhãs ou noites para refletir sobre três coisas pelas quais se é grato ajuda a reorientar a mente para aspectos positivos da vida. A gratidão promove uma mentalidade de abundância e pode ajudar a equilibrar os sentimentos de tristeza, proporcionando uma sensação de contentamento e paz.

O estabelecimento de limites saudáveis é crucial para a manutenção do bem-estar emocional. Aprender a dizer "não" quando necessário e criar espaço para cuidar de si são práticas importantes. Isso pode incluir limitar o tempo nas redes sociais, evitar situações estressantes ou simplesmente reservar tempo para relaxar e recarregar as energias.

A prática de hobbies e atividades que trazem alegria também é uma forma eficaz de autocuidado. Dedicar tempo a atividades prazerosas, como ler, cozinhar, jardinagem, pintura ou tocar um instrumento musical, pode proporcionar uma distração saudável e uma maneira de expressar emoções. Essas atividades ajudam a conectar-se com o que traz felicidade e satisfação pessoal.

A integração contínua das lições aprendidas durante o processo de luto é crucial para manter o bem-estar a longo prazo. As práticas espirituais e de autocuidado devem ser vistas como partes integrantes da vida diária, não apenas como medidas temporárias. Manter essas práticas ajuda a sustentar a cura e a promover uma sensação contínua de equilíbrio e paz.

A criação de um espaço sagrado permanente em casa pode ser uma forma eficaz de integrar essas práticas na rotina diária. Este espaço pode ser um pequeno altar com elementos que simbolizam a cura e a conexão espiritual, como cristais, velas, incensos e objetos pessoais significativos. Dedicar alguns minutos todos os dias para meditar ou realizar pequenos rituais neste espaço ajuda a manter a conexão com o sagrado e a reforçar a intenção de cura.

A prática regular de meditação continua a ser uma ferramenta poderosa para manter a paz interior. Meditar diariamente, mesmo que por poucos minutos, ajuda a acalmar a mente, reduzir o estresse e promover a clareza mental. A meditação pode ser complementada com visualizações guiadas de luz curativa ou encontros com guias espirituais, proporcionando uma sensação contínua de apoio e proteção.

A gratidão deve ser uma prática contínua. Manter um diário de gratidão, onde se registram regularmente as coisas pelas quais se é grato, ajuda a cultivar uma mentalidade positiva e a focar nos aspectos positivos da vida. Esta prática simples pode ter um impacto profundo no bem-estar emocional, ajudando a equilibrar os sentimentos de tristeza e promovendo uma sensação de contentamento.

A conexão com a natureza deve ser mantida como parte integrante da rotina de autocuidado. Passar tempo ao ar livre, em contato com a terra, a água e o ar fresco, proporciona uma renovação energética e uma sensação de paz. Atividades como jardinagem, caminhadas em parques ou simplesmente sentar-se ao ar livre ajudam a manter a ligação com o mundo natural e a absorver a energia curativa da natureza.

Os rituais de liberação e renovação são importantes para sustentar a cura a longo prazo. Realizar rituais periódicos, como durante as fases da lua cheia e nova, ajuda a liberar energias negativas acumuladas e a estabelecer novas intenções para o futuro. Esses rituais podem incluir a queima de ervas sagradas, a criação de mandalas de areia ou a realização de cerimônias de purificação com água.

A participação contínua em círculos de cura ou grupos de apoio pode fornecer um suporte emocional valioso. Esses encontros oferecem a oportunidade de compartilhar experiências, receber apoio e orientação e fortalecer a sensação de pertencimento. A energia coletiva de um grupo pode amplificar o processo de cura e proporcionar um senso de comunidade.

A prática de rituais pessoais, como acender uma vela em homenagem a um ente querido ou escrever cartas que nunca serão enviadas, pode ajudar a processar sentimentos de perda de maneira construtiva. Esses rituais permitem que a pessoa expresse suas emoções e encontre maneiras de honrar a memória daquilo que foi perdido.

O desenvolvimento de um plano de autocuidado personalizado é uma estratégia eficaz para manter o bem-estar. Este plano pode incluir atividades e práticas que nutrem o corpo, a mente e o espírito, adaptadas às necessidades e preferências individuais. Revisar e ajustar esse plano regularmente ajuda a garantir que ele continue a ser relevante e eficaz ao longo do tempo.

Buscar novas formas de crescimento pessoal e espiritual também é uma parte importante da integração contínua. Participar de workshops, ler livros sobre espiritualidade e cura, e explorar novas práticas espirituais podem oferecer novas perspectivas e ferramentas para o crescimento. O aprendizado contínuo e a exploração espiritual ajudam a aprofundar a conexão com o sagrado e a promover um desenvolvimento pessoal contínuo.

Finalmente, é essencial praticar a autocompaixão e a aceitação ao longo do processo de luto. Reconhecer que a cura é um processo contínuo e que é normal ter altos e baixos ajuda a manter uma perspectiva saudável. Tratar-se com gentileza e compreensão, celebrando pequenos progressos e sendo paciente consigo mesmo, é fundamental para sustentar a cura a longo prazo.

Capítulo 16
Falta de Propósito

A falta de propósito é uma sensação de desconexão e desorientação que pode afetar profundamente a vida de uma pessoa. Sentir-se sem direção ou sem um objetivo claro pode levar a uma falta de motivação, descontentamento e até depressão. No xamanismo, o propósito de vida é visto como uma jornada espiritual única e pessoal, onde cada indivíduo deve descobrir e seguir seu caminho de maneira autêntica e significativa.

Para identificar a falta de propósito, é importante reconhecer os sintomas comuns associados a essa condição. Indivíduos que sentem falta de propósito frequentemente relatam uma sensação de vazio interior, apatia e uma perda de interesse em atividades que antes eram significativas. Essa desconexão pode manifestar-se como procrastinação, falta de motivação, sentimentos de inutilidade e uma ausência de metas claras na vida. Além disso, a falta de propósito pode impactar negativamente a saúde mental e emocional, aumentando a vulnerabilidade ao estresse, à ansiedade e à depressão.

A causa da falta de propósito é multifacetada e pode variar de pessoa para pessoa. Muitas vezes, está relacionada a uma desconexão espiritual, onde o indivíduo perdeu o contato com suas crenças, valores e a essência de sua identidade. Isso pode ocorrer devido a traumas passados, mudanças significativas na vida, ou simplesmente por não dedicar tempo suficiente para explorar e compreender seu próprio caminho espiritual. A falta de direção na vida também pode ser exacerbada por pressões externas, como expectativas sociais e familiares, que podem desviar a pessoa de seu verdadeiro propósito.

A preparação para o ritual de cura xamânica começa com a criação de um ambiente propício para a introspecção e a reconexão espiritual. Esse espaço deve ser tranquilo e livre de distrações, permitindo uma conexão profunda com o mundo espiritual. Elementos como cristais, incensos, velas e símbolos sagrados podem ser utilizados para criar um altar que simbolize a intenção de redescobrir o propósito de vida.

A prática de meditação é uma ferramenta poderosa para encontrar clareza e direção. Meditações guiadas que envolvem visualizações de um caminho ou uma jornada podem ser particularmente úteis. Visualizar-se caminhando por um caminho iluminado, onde cada passo leva a uma maior compreensão de si e do propósito de vida, pode trazer insights valiosos. Durante essas meditações, é importante manter uma mente aberta e receptiva, permitindo que as respostas venham de forma intuitiva.

Além disso, o uso de cânticos e mantras pode ajudar a elevar a vibração do ritual e promover uma conexão mais profunda com o eu interior. Cânticos tradicionais xamânicos ou mantras que ressoem com a intenção de descoberta e clareza podem ser repetidos durante a meditação e o ritual. Esses sons sagrados ajudam a acalmar a mente, abrir o coração e alinhar o espírito com o propósito maior.

Outro aspecto importante é a prática de escrita intuitiva ou journaling. Escrever sobre pensamentos, sentimentos e reflexões pessoais pode ser uma forma eficaz de explorar e clarificar o propósito de vida. Perguntas como "O que realmente me apaixona?" "Quais são meus talentos únicos?" e "Como posso servir ao mundo de maneira significativa?" podem guiar a escrita e trazer à tona respostas profundas e autênticas.

A integração dessas práticas na vida diária ajuda a sustentar o processo de redescoberta do propósito de vida. Participar de workshops espirituais, ler livros inspiradores e buscar a orientação de mentores ou xamãs experientes pode oferecer apoio adicional. Essas atividades não só enriquecem o entendimento pessoal, mas também fornecem ferramentas e técnicas práticas para manter-se alinhado com o propósito de vida.

A jornada para encontrar o propósito de vida é contínua e envolve a integração de diversas práticas espirituais que promovem a autodescoberta e o alinhamento com a essência interior. No xamanismo, essa jornada é profundamente pessoal e única, requerendo uma conexão sincera e autêntica com o eu interior e os guias espirituais.

Uma técnica fundamental para aprofundar essa conexão é a jornada xamânica. Durante essa prática, o xamã ou o praticante entra em um estado alterado de consciência, geralmente induzido pelo som rítmico do tambor ou do chocalho. Esse estado permite a viagem ao mundo espiritual, onde se pode encontrar guias, animais de poder e outros seres espirituais que oferecem sabedoria e orientação. A jornada xamânica pode ser direcionada especificamente para a descoberta do propósito de vida, pedindo aos guias que revelem insights e caminhos que tragam clareza e direção.

Durante a jornada, é importante manter uma intenção clara e aberta, permitindo que as visões e mensagens fluam naturalmente. As imagens e símbolos que aparecem podem ser poderosos e significativos, oferecendo pistas sobre o caminho a seguir. Após a jornada, é útil registrar todas as experiências e insights em um diário, refletindo sobre o significado de cada elemento e como ele se relaciona com a busca pelo propósito.

Os rituais de cura e purificação também desempenham um papel crucial na redescoberta do propósito de vida. A defumação com ervas sagradas como sálvia, cedro ou palo santo pode ajudar a limpar energias estagnadas e abrir o espaço para novas percepções. Esses rituais podem ser realizados regularmente para manter o ambiente e a aura pessoal limpos e receptivos à orientação espiritual.

A conexão com a natureza é uma prática essencial no xamanismo e pode ser uma fonte rica de inspiração e clareza.

Passar tempo em ambientes naturais, como florestas, montanhas ou perto de corpos d'água, pode ajudar a restaurar o equilíbrio e a harmonia internos. A natureza tem um poder curativo inerente e a simples presença em um ambiente natural pode promover a paz e a introspecção necessárias para a descoberta do propósito de vida.

Uma prática eficaz é a realização de caminhadas meditativas na natureza, onde se caminha em silêncio, observando e absorvendo a energia do ambiente ao redor. Durante essas caminhadas, é útil manter a intenção de encontrar clareza e orientação, permitindo que a mente se acalme e que a conexão com o espírito se fortaleça. As respostas podem vir através de sensações, pensamentos ou até mesmo sinais na natureza, como a aparição de um animal específico ou um padrão de luz.

O uso de símbolos e artefatos sagrados também pode ajudar a manter o foco na busca pelo propósito. Criar um altar pessoal com objetos que simbolizem a jornada espiritual, como cristais, penas, conchas e imagens de animais de poder, pode servir como um ponto de ancoragem para a prática diária. Esses objetos não são apenas decorativos; eles carregam significados profundos e energias que podem apoiar a intenção de autodescoberta e alinhamento espiritual.

Os cristais, em particular, são ferramentas poderosas para a cura e a clarificação. Cristais como a ametista, que promove a intuição e a paz, e a sodalita, que ajuda na comunicação e na verdade interior, podem ser usados durante a meditação e os rituais. Segurar esses cristais ou colocá-los sobre o corpo pode amplificar a energia de cura e ajudar a abrir o terceiro olho e o coração, centros de intuição e amor.

A prática de visualização criativa é outra técnica valiosa para descobrir e manifestar o propósito de vida. Durante a meditação, pode-se visualizar a vida ideal, vendo-se vivendo segundo o propósito e sentindo as emoções associadas a essa realização. Visualizar cada detalhe, desde as atividades diárias até as interações com outras pessoas, pode ajudar a clarificar o que realmente se deseja e como se pode alcançar esse estado de ser.

Além dessas práticas, é essencial buscar o apoio e a orientação de mentores espirituais ou xamãs experientes. Participar de círculos de cura, workshops e retiros pode proporcionar um ambiente de suporte e aprendizado, onde se pode compartilhar experiências e receber insights valiosos. A troca de sabedoria e a conexão com outros buscadores espirituais enriquecem a jornada e fortalecem a determinação de seguir o caminho do propósito de vida.

A integração dessas práticas na vida diária ajuda a sustentar o processo de descoberta e alinhamento com o propósito de vida. Ao cultivar uma rotina espiritual regular, que inclui meditação, rituais, conexão com a natureza e busca de apoio comunitário, é possível manter-se conectado com o eu interior e os guias espirituais, permitindo que a jornada se desenrole de maneira autêntica e significativa.

Além das práticas espirituais mencionadas anteriormente, é fundamental incorporar uma abordagem holística e integrativa para encontrar e manter o propósito de vida. Isso inclui cuidar do corpo, mente e espírito de maneira equilibrada, reconhecendo a interconexão entre todos os aspectos do ser.

A alimentação consciente desempenha um papel vital na manutenção do equilíbrio energético e espiritual. Optar por uma dieta rica em alimentos naturais, como frutas, vegetais, grãos integrais e proteínas magras, pode ajudar a manter o corpo saudável e a mente clara. Evitar alimentos processados e ricos em açúcares refinados pode reduzir a inflamação no corpo e promover um estado mental mais estável. Além disso, a prática de bênção dos alimentos antes das refeições pode aumentar a conexão espiritual, expressando gratidão pela nutrição recebida e pela energia vital presente nos alimentos.

A prática regular de exercícios físicos também é essencial para manter o corpo e a mente em harmonia. Atividades como yoga, tai chi e caminhada não apenas fortalecem o corpo, mas também promovem a calma mental e a clareza espiritual. Essas práticas ajudam a liberar a tensão acumulada, aumentar a flexibilidade e melhorar a circulação de energia vital. A integração do movimento consciente na rotina diária pode criar um espaço para a introspecção e a conexão com o propósito interior.

O sono adequado é outro componente crucial na manutenção do equilíbrio espiritual e emocional. Garantir um descanso de qualidade ajuda a regenerar o corpo e a mente, preparando-os para a jornada diária em busca do propósito de vida. Estabelecer uma rotina noturna consistente, incluindo práticas de relaxamento como a meditação, a leitura de livros inspiradores e a aplicação de óleos essenciais calmantes, pode promover um sono profundo e restaurador.

A prática de gratidão diária é uma ferramenta poderosa para manter uma atitude positiva e focada no propósito de vida. Reservar um momento ao final do dia para refletir sobre as coisas pelas quais se é grato pode transformar a perspectiva e aumentar a resiliência emocional. Manter um diário de gratidão, onde se anota diariamente três coisas pelas quais se é grato, pode criar um estado mental de contentamento e paz, facilitando a clareza e a motivação para seguir o caminho do propósito.

A expressão criativa é outra prática valiosa para a descoberta do propósito de vida. Atividades como a escrita, a pintura, a música e a dança permitem a expressão de emoções e pensamentos profundos, ajudando a clarificar o que realmente importa. A criação artística pode ser uma forma de meditação ativa, onde se explora o subconsciente e se revela insights sobre o próprio caminho espiritual. Permitir-se experimentar diferentes formas de arte sem julgamento pode abrir novas portas para a autocompreensão e a realização pessoal.

A busca por conhecimento e aprendizado contínuo também é fundamental na jornada para encontrar o propósito de vida. Ler livros, assistir a palestras, participar de workshops e cursos sobre espiritualidade, autoconhecimento e desenvolvimento pessoal pode oferecer novas perspectivas e ferramentas para a jornada. O aprendizado contínuo mantém a mente aberta e curiosa, promovendo o crescimento pessoal e espiritual.

A prática de mindfulness ou atenção plena é uma técnica eficaz para manter o foco no presente e reduzir a distração mental. A atenção plena envolve estar totalmente presente no momento, observando pensamentos e sensações sem julgamento. Isso pode ser praticado através de meditações curtas ao longo do dia ou simplesmente dedicando alguns minutos para respirar profundamente e se reconectar com o presente. A prática regular de mindfulness ajuda a reduzir a reatividade emocional e a criar um espaço de calma interior, facilitando a clareza e a direção na vida.

A criação de uma rede de apoio espiritual também é essencial para a manutenção do propósito de vida. Conectar-se com outras pessoas que compartilham interesses e valores espirituais pode oferecer suporte, inspiração e motivação. Participar de grupos de meditação, círculos de cura, ou comunidades espirituais proporciona um senso de pertencimento e apoio emocional, fortalecendo a jornada individual.

O papel dos rituais e cerimônias na vida diária não pode ser subestimado. Realizar rituais regulares, como cerimônias de lua cheia e nova, celebrações de mudanças sazonais e rituais de gratidão, pode criar um ritmo e uma estrutura que sustentam a jornada espiritual. Esses rituais ajudam a marcar o tempo e a celebrar as mudanças e os ciclos da vida, oferecendo momentos de reflexão e renovação.

A jornada para descobrir e manter o propósito de vida não é linear e pode ser repleta de desafios e momentos de introspecção profunda. É essencial abordar essa jornada com uma mente aberta e um coração receptivo, permitindo-se explorar diferentes caminhos e práticas que ressoem com o eu interior.

Uma das práticas mais enriquecedoras é a participação em cerimônias xamânicas. Estas cerimônias, que podem incluir rituais de lua cheia, jornadas de tambor, círculos de cura e cerimônias de purificação, oferecem oportunidades para aprofundar a conexão espiritual e receber orientação dos espíritos guias. Cada cerimônia é uma experiência única que pode trazer novas percepções sobre o propósito de vida e ajudar a realinhar a pessoa com seu caminho espiritual.

Durante essas cerimônias, o uso de plantas enteógenas, como a ayahuasca ou o peyote, pode ser incorporado sob a orientação de um xamã experiente. Essas plantas são conhecidas por suas propriedades curativas e por promoverem estados alterados de consciência que facilitam a introspecção e a conexão espiritual. É importante abordar o uso dessas plantas com respeito e preparação adequada, reconhecendo seu poder e potencial para revelar verdades profundas sobre o propósito de vida.

Além das cerimônias, a prática de rituais pessoais diários pode ajudar a manter a conexão com o propósito de vida. Esses rituais podem ser simples e incluem atividades como acender uma vela e definir uma intenção para o dia, meditar ao nascer do sol, ou oferecer gratidão à natureza. Manter esses rituais pode criar uma sensação de continuidade e propósito, reforçando a conexão espiritual e a clareza sobre o caminho a seguir.

A prática de oráculos, como o tarô ou a leitura de runas, também pode oferecer insights valiosos sobre o propósito de vida. Esses métodos de divinação têm sido usados por séculos para obter orientação espiritual e clareza sobre questões pessoais. Ao consultar um oráculo, é essencial definir uma intenção clara e estar aberto às mensagens recebidas, interpretando-as com sabedoria e discernimento.

A exploração de talentos e paixões pessoais é uma parte fundamental da descoberta do propósito de vida. Identificar atividades que trazem alegria e satisfação pode ser um indicador de direção. Seja através da arte, da música, do ensino, do cuidado com os outros, ou qualquer outra atividade que ressoe com o coração, seguir essas paixões pode levar a um caminho mais alinhado com o propósito de vida. A prática regular dessas atividades não só traz realização pessoal, mas também pode revelar novas oportunidades e caminhos a serem explorados.

O desenvolvimento de habilidades de autocompaixão e autoaceitação é crucial durante essa jornada. Muitas vezes, a falta de propósito pode ser acompanhada por sentimentos de inadequação ou dúvida. Práticas como a meditação compassiva, onde se envia amor e bondade a si e aos outros, podem ajudar a transformar esses sentimentos. Cultivar uma voz interna gentil e encorajadora promove a cura emocional e fortalece a determinação de seguir o caminho do propósito de vida.

O apoio de mentores e guias espirituais é outra ferramenta valiosa. Procurar orientação de pessoas com mais experiência na jornada espiritual pode fornecer insights, encorajamento e apoio prático. Esses mentores podem oferecer perspectivas novas e ajudar a superar obstáculos, compartilhando sabedoria e experiências que iluminam o caminho.

A participação em retiros espirituais oferece uma oportunidade de imersão profunda e afastamento das distrações da vida cotidiana. Esses retiros, que podem durar de alguns dias a várias semanas, permitem uma concentração intensa em práticas espirituais e de autodescoberta. O ambiente de retiro, muitas vezes localizado em locais de beleza natural e tranquilidade, oferece o espaço ideal para reflexão e conexão profunda com o propósito de vida.

A prática de visualizações guiadas pode continuar a ser uma ferramenta poderosa para clarificação do propósito de vida. Visualizações que envolvem encontros com o eu futuro, onde se vê vivendo plenamente seu propósito, podem ajudar a solidificar a visão e criar um plano de ação para alcançar esse estado. Essas visualizações podem ser feitas diariamente, reforçando continuamente a intenção de viver alinhado com o propósito de vida.

A integração dessas práticas e atitudes na vida diária promove um estado contínuo de descoberta e alinhamento com o propósito de vida. A jornada para encontrar e viver segundo o propósito é uma das mais profundas e gratificantes que se pode empreender, proporcionando não apenas satisfação pessoal, mas também uma contribuição significativa para o mundo ao redor.

A jornada para encontrar e viver o propósito de vida é uma exploração contínua que exige dedicação, abertura e práticas integrativas. Na fase final deste capítulo, abordaremos estratégias adicionais que complementam as práticas anteriores, fortalecendo ainda mais a conexão com o propósito de vida.

Uma prática importante é a criação de uma "Visão de Vida". Isso envolve a escrita detalhada de como você deseja que sua vida seja, incluindo aspectos como carreira, relacionamentos, saúde, crescimento espiritual e contribuições para a comunidade. A Visão de Vida serve como um mapa que guia as decisões e ações diárias, mantendo o foco no que é realmente significativo. Revisar e atualizar essa visão periodicamente permite ajustar o curso conforme necessário, refletindo novos insights e evoluções pessoais.

Além disso, a prática de "Ações Inspiradas" é fundamental para transformar a visão em realidade. Isso significa tomar medidas concretas e alinhadas com o propósito de vida. Essas ações podem ser pequenas, como ler um livro relacionado ao seu interesse ou participar de um workshop, ou maiores, como mudar de carreira ou iniciar um projeto de paixão. A chave é que essas ações estejam em harmonia com a visão de vida e tragam um senso de progresso e realização.

O conceito de "Ritmo Natural" é outro aspecto crucial. Respeitar e trabalhar com os ritmos naturais do corpo e da natureza pode proporcionar uma base sólida para a descoberta do propósito de vida. Isso inclui práticas como observar e honrar os ciclos lunares, as estações do ano e os próprios ritmos circadianos. Integrar essas observações na vida diária pode trazer uma sensação de alinhamento e fluidez, facilitando a conexão com o propósito.

A prática da "Comunicação Autêntica" é vital para viver segundo o propósito de vida. Isso envolve expressar pensamentos, sentimentos e necessidades de maneira honesta e respeitosa, tanto consigo mesmo quanto com os outros. A comunicação autêntica fortalece os relacionamentos e cria um ambiente de apoio mútuo, essencial para a manutenção do propósito. Aprender a dizer "não" às atividades e relacionamentos que não ressoam com o propósito e "sim" às que o alimentam é uma habilidade poderosa.

Os "Rituais de Celebração" são igualmente importantes. Celebrar conquistas e marcos no caminho do propósito de vida, não importa quão pequenos, reforça o progresso e mantém a motivação. Essas celebrações podem ser privadas, como um momento de gratidão ou reflexão, ou compartilhadas com amigos e familiares. Reconhecer e honrar cada passo dado fortalece a determinação e a alegria na jornada.

A "Reflexão Constante" é uma prática que envolve reservar um tempo regularmente para revisar e refletir sobre o progresso. Isso pode ser feito através de journaling, meditação ou conversas com um mentor ou amigo de confiança. A reflexão permite ajustar a trajetória conforme necessário, garantindo que as ações e decisões permaneçam alinhadas com o propósito de vida. É um momento para identificar o que está funcionando, o que precisa mudar e como se pode continuar a crescer e evoluir.

A integração da "Serviço aos Outros" também é uma parte significativa da vida com propósito. Envolver-se em atividades que beneficiem outras pessoas e a comunidade pode trazer uma profunda sensação de significado e conexão. Isso pode incluir trabalho voluntário, mentoria, ou simplesmente atos de bondade no dia a dia. Servir aos outros não apenas enriquece a vida de quem recebe, mas também fortalece a própria conexão com o propósito, trazendo um senso de interconexão e contribuição.

Finalmente, a "Flexibilidade e Resiliência" são qualidades essenciais para a jornada de descoberta e manutenção do propósito de vida. Estar aberto a mudanças e adaptações, aceitar que o caminho pode não ser linear e aprender a se levantar após contratempos são habilidades cruciais. A resiliência permite enfrentar desafios com graça e determinação, enquanto a flexibilidade facilita a adaptação a novas circunstâncias e oportunidades que surgem ao longo do caminho.

A jornada para encontrar e viver o propósito de vida é rica e multifacetada, exigindo um compromisso contínuo com o crescimento pessoal e espiritual. Ao integrar essas práticas na vida diária, é possível criar uma base sólida para a autodescoberta e a realização. A manutenção do propósito de vida proporciona não apenas satisfação pessoal, mas também a oportunidade de fazer uma diferença significativa no mundo ao seu redor.

Capítulo 17
Problemas Financeiros

Problemas financeiros são uma fonte comum de estresse e ansiedade, impactando profundamente a saúde mental e emocional de uma pessoa. Identificar e abordar as causas subjacentes desses problemas é essencial para promover o bem-estar e a estabilidade financeira.

A identificação dos sintomas de problemas financeiros pode ajudar a entender a extensão do impacto que eles têm na vida de uma pessoa. Sintomas comuns incluem preocupação constante com dinheiro, dificuldades para pagar contas, endividamento crescente e a sensação de estar preso em um ciclo de escassez. Esses problemas podem levar a uma série de complicações emocionais, como ansiedade, depressão e conflitos nos relacionamentos.

O impacto na saúde mental é significativo, pois a preocupação com as finanças pode resultar em noites sem sono, perda de apetite e dificuldades de concentração. A pressão constante para equilibrar as finanças pode afetar o desempenho no trabalho e a capacidade de tomar decisões informadas. É importante reconhecer que os problemas financeiros não afetam apenas o indivíduo, mas também suas relações familiares e sociais.

Causas comuns de problemas financeiros incluem falta de planejamento adequado, descontrole nos gastos e imprevistos financeiros. A falta de um orçamento claro e realista pode levar ao endividamento e à incapacidade de poupar para emergências. Além disso, gastos impulsivos ou desnecessários podem agravar a situação, tornando difícil alcançar a estabilidade financeira.

A preparação para o ritual de cura começa com a criação de um ambiente tranquilo e propício à introspecção. Este espaço deve ser organizado para promover a calma e a concentração, utilizando elementos que simbolizem abundância e prosperidade. A meditação e a reflexão sobre as atitudes em relação ao dinheiro são passos iniciais importantes para entender e transformar os padrões financeiros negativos.

Durante o ritual, a pessoa pode utilizar cristais, velas e incensos que representem prosperidade e estabilidade financeira. A criação de um altar com esses elementos pode ajudar a focalizar a intenção de cura e transformação. O uso de mantras e cânticos que reforcem a segurança financeira pode ser incorporado ao ritual, ajudando a elevar a energia e a promover um estado mental positivo.

Além disso, a visualização de um futuro financeiro estável e próspero pode ser uma ferramenta poderosa. Imaginar-se vivendo sem dívidas, com poupanças adequadas e capacidade de lidar com emergências financeiras pode ajudar a reprogramar a mente para adotar hábitos financeiros mais saudáveis. Durante essa visualização, é importante sentir as emoções associadas à segurança e à liberdade financeira, reforçando essas sensações no subconsciente.

O ritual de cura para problemas financeiros deve ser visto como um passo num processo contínuo de transformação e crescimento. A adoção de práticas diárias que promovam a responsabilidade financeira, como manter um orçamento, evitar gastos desnecessários e buscar conhecimento sobre finanças pessoais, é crucial para sustentar as mudanças desejadas.

Para aprofundar a cura dos problemas financeiros, é essencial integrar práticas espirituais com estratégias práticas de gerenciamento financeiro. A combinação dessas abordagens pode proporcionar um caminho mais holístico e sustentável para alcançar a estabilidade e a prosperidade financeira.

Uma prática fundamental é a criação de um orçamento detalhado e realista. O orçamento é uma ferramenta essencial para entender a situação financeira atual e planejar o futuro. Ele ajuda a identificar todas as fontes de renda e a listar todas as despesas, desde as necessidades básicas até os gastos discricionários. Manter um orçamento atualizado permite acompanhar os gastos e ajustar conforme necessário para evitar o endividamento.

Além de criar um orçamento, é importante estabelecer metas financeiras claras e alcançáveis. As metas devem ser específicas, mensuráveis, atingíveis, relevantes e com prazo definido (SMART). Isso pode incluir a criação de um fundo de emergência, a redução de dívidas, a economia para uma compra significativa ou o investimento em educação ou desenvolvimento pessoal. Ter objetivos financeiros bem definidos ajuda a manter o foco e a motivação para seguir o plano.

A prática regular de meditação e visualização também pode ajudar a reforçar uma mentalidade de abundância e prosperidade. Durante a meditação, visualize-se alcançando suas metas financeiras e vivendo em um estado de segurança e conforto. Sinta a alegria e a tranquilidade que vêm com a liberdade financeira. Esse exercício não apenas acalma a mente, mas também reprograma o subconsciente para adotar atitudes e comportamentos que promovem a saúde financeira.

Os rituais de gratidão são outra prática poderosa. A gratidão tem o poder de transformar a percepção da escassez em uma sensação de abundância. Dedicar alguns minutos todos os dias para refletir sobre e agradecer pelas bênçãos financeiras, por menores que sejam, pode ajudar a mudar a perspectiva e atrair mais prosperidade. Manter um diário de gratidão financeira pode ser uma prática diária eficaz.

No contexto xamânico, a conexão com a natureza pode proporcionar insights valiosos sobre a abundância e a sustentabilidade. Passar tempo ao ar livre, meditar em um ambiente natural e realizar oferendas de gratidão à terra podem ajudar a fortalecer a conexão espiritual com a prosperidade. A natureza é um lembrete constante de que a abundância está disponível para todos que se alinham com suas energias e ritmos.

O uso de cristais e plantas específicas também pode apoiar a cura financeira. Cristais como citrino, pirita e jade são conhecidos por suas propriedades de atração de abundância e prosperidade. Esses cristais podem ser colocados no altar, carregados no bolso ou usados como joias para manter a intenção de prosperidade sempre presente. Plantas como manjericão, hortelã e alecrim também são associadas à abundância e podem ser cultivadas em casa ou usadas em rituais de purificação.

O trabalho com afirmações positivas é uma técnica eficaz para transformar crenças limitantes sobre dinheiro. Afirmações como "Eu sou digno de abundância", "A prosperidade flui para mim com facilidade" e "Eu gerencio minhas finanças com sabedoria" podem ser repetidas diariamente para reforçar uma mentalidade positiva em relação ao dinheiro. Essas afirmações podem ser ditas em voz alta, escritas em um diário ou exibidas em locais visíveis para constante lembrança.

A educação financeira é outro pilar importante para a cura de problemas financeiros. Investir tempo em aprender sobre finanças pessoais, gestão de dívidas, investimentos e economia pode empoderar as pessoas a tomar decisões informadas e a construir uma base financeira sólida. Participar de workshops, ler livros e consultar especialistas financeiros são maneiras eficazes de adquirir conhecimento e habilidades práticas.

A integração dessas práticas espirituais e estratégicas pode criar um caminho sólido para a cura financeira. No próximo segmento, exploraremos como lidar com obstáculos emocionais e psicológicos que podem surgir durante a jornada de cura financeira, além de aprofundar as técnicas xamânicas específicas para transformar a relação com o dinheiro e a prosperidade.

Lidar com obstáculos emocionais e psicológicos é crucial para a cura financeira, pois muitas vezes as raízes dos problemas financeiros estão profundamente ligadas às emoções e crenças pessoais. A transformação da relação com o dinheiro começa com a identificação e a superação dessas barreiras internas.

Uma das primeiras etapas é a autoavaliação honesta das crenças limitantes sobre o dinheiro. Crenças como "dinheiro é a raiz de todo mal", "nunca terei o suficiente" ou "não sou bom em lidar com dinheiro" podem criar bloqueios significativos.

Reconhecer essas crenças é o primeiro passo para transformá-las. O xamã pode ajudar nessa transformação através de rituais e jornadas que revelam e liberam essas crenças limitantes.

A prática de autocompaixão é essencial durante esse processo. Muitas pessoas se culpam por suas dificuldades financeiras, o que pode gerar sentimentos de vergonha e inadequação. É importante tratar-se com gentileza e reconhecer que todos enfrentam desafios financeiros em algum momento. A autocompaixão envolve perdoar a si pelos erros passados e focar no aprendizado e crescimento.

A criação de um espaço seguro para explorar e liberar emoções negativas associadas ao dinheiro é uma parte vital da cura financeira. Isso pode ser feito através de técnicas como a escrita terapêutica, onde se expressam livremente todos os sentimentos sobre dinheiro e finanças. Queimar ou enterrar esses escritos pode simbolizar a liberação dessas emoções, criando espaço para novas perspectivas e oportunidades.

A participação em grupos de apoio financeiro ou círculos de cura pode proporcionar um senso de comunidade e suporte. Compartilhar experiências e estratégias com outras pessoas que enfrentam desafios semelhantes pode ser encorajador e inspirador. Esses grupos oferecem um espaço seguro para discutir abertamente questões financeiras sem julgamento e para receber apoio emocional.

O desenvolvimento de um plano de ação prático é essencial para superar problemas financeiros. Este plano deve incluir passos concretos e alcançáveis, como reduzir despesas, aumentar a renda ou negociar dívidas. Dividir o plano em metas menores e celebrar cada conquista ao longo do caminho pode ajudar a manter a motivação e o progresso.

Além dos aspectos práticos, incorporar técnicas de cura energética pode ser altamente benéfico. Práticas como a terapia Reiki, a cura prânica ou a acupuntura podem ajudar a liberar bloqueios energéticos que impactam a saúde financeira. O xamã pode trabalhar com o campo energético do indivíduo para restaurar o equilíbrio e a harmonia, promovendo uma sensação de bem-estar e capacidade de atrair prosperidade.

A visualização de proteção financeira é uma técnica poderosa para criar um escudo energético em torno de si. Visualizar uma luz protetora envolvendo o corpo e o ambiente pode ajudar a afastar influências negativas e a criar um espaço seguro para a prosperidade. Repetir essa visualização diariamente pode fortalecer a intenção de proteção e segurança financeira.

O fortalecimento da relação com o dinheiro pode ser promovido através de rituais de gratidão e oferendas. Agradecer pelo dinheiro que já se possui, independentemente da quantidade, pode mudar a perspectiva de escassez para uma de abundância. Fazer pequenas oferendas, como doações a instituições de caridade ou ajudar alguém em necessidade, pode criar um fluxo positivo de energia, reforçando a crença na abundância.

Os rituais de purificação financeira, como a limpeza do ambiente físico e digital, também são importantes. Organizar documentos financeiros, pagar contas atrasadas e eliminar despesas desnecessárias são formas de limpar a energia estagnada. A limpeza digital, incluindo a organização de arquivos e a exclusão de emails indesejados, pode criar uma sensação de ordem e controle.

A prática de mindfulness financeira é outra ferramenta eficaz. Estar presente e consciente durante transações financeiras, evitando compras impulsivas e tomando decisões deliberadas, pode melhorar significativamente a gestão do dinheiro. A mindfulness ajuda a criar um espaço entre o impulso e a ação, permitindo escolhas mais conscientes e alinhadas com os objetivos financeiros.

Ao integrar essas práticas emocionais, energéticas e práticas, é possível transformar a relação com o dinheiro e criar uma base sólida para a prosperidade financeira. No próximo segmento, exploraremos a importância da educação financeira contínua e como manter a motivação e o progresso ao longo do tempo, além de técnicas xamânicas específicas para atrair e manter a abundância.

A educação financeira contínua é um elemento crucial na jornada de cura dos problemas financeiros. Aprender sobre finanças pessoais e adquirir novas habilidades pode empoderar e transformar a relação com o dinheiro. É importante adotar uma abordagem de aprendizado contínuo, buscando constantemente novas informações e estratégias para melhorar a gestão financeira.

Existem vários recursos disponíveis para educação financeira, incluindo livros, cursos online, seminários e workshops. Participar desses programas pode fornecer conhecimentos práticos sobre orçamento, poupança, investimentos e gestão de dívidas. Livros como "Pai Rico, Pai Pobre" de Robert Kiyosaki e "O Homem Mais Rico da Babilônia" de George S. Clason são clássicos que oferecem lições valiosas sobre como construir riqueza e administrar dinheiro de forma eficaz.

Outra prática importante é acompanhar as tendências econômicas e financeiras. Manter-se atualizado com notícias econômicas e desenvolvimentos no mercado financeiro pode ajudar a tomar decisões informadas sobre investimentos e estratégias financeiras. Assinar boletins informativos financeiros e seguir especialistas em finanças nas redes sociais são maneiras eficazes de permanecer informado.

A motivação e o progresso na jornada de cura financeira podem ser mantidos através de práticas regulares de revisão e ajuste dos planos financeiros. Revisar o orçamento mensalmente, avaliar o progresso em relação às metas financeiras e fazer ajustes conforme necessário são passos essenciais. Celebrar pequenas vitórias, como pagar uma dívida ou atingir uma meta de poupança, pode reforçar a motivação e a confiança.

A criação de um sistema de suporte sólido também é vital. Ter alguém para prestar contas, seja um parceiro, amigo ou mentor financeiro, pode proporcionar suporte emocional e motivacional. Compartilhar objetivos financeiros e discutir desafios e sucessos com alguém de confiança pode ajudar a manter o foco e a disciplina.

No contexto xamânico, rituais específicos podem ser realizados para atrair e manter a abundância. Um exemplo é o ritual de lua nova, que é um momento poderoso para plantar novas intenções e começar de novo. Durante a lua nova, o xamã pode orientar a criação de um ritual onde se escreve intenções financeiras em um papel, visualizando-as como já realizadas. Este papel pode ser colocado em um altar ou enterrado na terra como um símbolo de crescimento e fertilidade.

Outro ritual poderoso é a criação de uma mandala de abundância. Mandalas são desenhos simbólicos que representam o universo e podem ser usadas como ferramentas de meditação e manifestação. Criar uma mandala de abundância com elementos que simbolizam prosperidade, como moedas, pedras preciosas e símbolos de riqueza, pode ajudar a focar a mente e a energia na atração de abundância. Meditar regularmente com a mandala pode reforçar essa intenção e manifestar resultados positivos.

A prática de oferendas e doações também desempenha um papel significativo na manutenção do fluxo de abundância. Doar uma parte dos ganhos para causas que importam pode criar um ciclo de energia positiva e reforçar a crença na abundância. A prática regular de generosidade, seja através de doações financeiras ou de tempo e habilidades, pode abrir portas para novas oportunidades e aumentar a sensação de prosperidade.

A conexão com a natureza e os elementos também pode ser usada para atrair prosperidade. Realizar rituais ao ar livre, como meditações junto a rios, florestas ou montanhas, pode fortalecer a conexão com a terra e suas energias abundantes. Utilizar elementos naturais como, água corrente ou pedras preciosas, em rituais pode amplificar a intenção de atrair prosperidade e estabilidade financeira.

A prática de mindfulness financeira, como mencionado anteriormente, ajuda a manter a atenção plena durante todas as transações financeiras. Tomar decisões conscientes e deliberadas sobre gastos e investimentos evita impulsividade e promove a disciplina financeira. Reservar momentos específicos do dia para revisar as finanças e planejar as despesas pode criar uma rotina de responsabilidade e controle.

Superar desafios financeiros inesperados e crises requer uma abordagem combinada de práticas xamânicas e estratégias práticas. Esses momentos podem ser estressantes e desafiadores, mas com as ferramentas certas, é possível manter a resiliência e a estabilidade financeira.

A primeira etapa é criar um fundo de emergência. Este fundo deve ser destinado a cobrir despesas inesperadas, como reparos domésticos, contas médicas ou perda de renda. Idealmente, um fundo de emergência deve cobrir pelo menos três a seis meses de despesas básicas. Construir esse fundo pode ser feito gradualmente, destinando uma parte do rendimento mensal para poupança até atingir o objetivo.

A prática de mindfulness financeira continua a ser crucial durante crises. Permanecer calmo e focado ajuda a tomar decisões racionais e a evitar pânico. A meditação diária e os exercícios de respiração profunda podem ajudar a reduzir o estresse e a manter a clareza mental.

No contexto xamânico, rituais específicos podem ser realizados para obter orientação e suporte espiritual durante crises financeiras. A jornada xamânica é uma ferramenta poderosa para obter insights e soluções. Durante a jornada, o xamã pode buscar conselhos dos espíritos guias sobre como lidar com a situação financeira. Esses guias podem oferecer sabedoria e apoio que ajudam a navegar por tempos difíceis.

Outro ritual eficaz é o de purificação e proteção financeira. Realizar um ritual de limpeza energética do ambiente financeiro pode ajudar a remover bloqueios e abrir caminhos para novas oportunidades. Isso pode incluir a queima de ervas sagradas como sálvia ou cedro para purificar o espaço, seguidos de uma visualização de luz protetora ao redor do ambiente financeiro. Este ritual pode ser feito regularmente para manter o espaço limpo e protegido.

A prática de afirmações positivas é especialmente importante durante crises financeiras. Repetir afirmações como

"Eu sou resiliente e capaz de superar qualquer desafio financeiro" ou "A prosperidade está a caminho, mesmo em tempos difíceis" pode ajudar a manter uma mentalidade positiva e fortalecida. Essas afirmações podem ser repetidas várias vezes ao dia, escritas em um diário ou exibidas em locais visíveis para reforçar a confiança e a fé na capacidade de superação.

A rede de suporte também desempenha um papel vital durante crises financeiras. Buscar apoio de amigos, familiares ou grupos comunitários pode oferecer conforto emocional e, às vezes, assistência prática. Compartilhar preocupações e buscar conselhos de pessoas de confiança pode ajudar a aliviar a carga emocional e fornecer novas perspectivas e soluções.

A educação contínua sobre finanças é fundamental para lidar com crises. Buscar informações sobre como gerenciar dívidas, negociar com credores e encontrar recursos financeiros pode ser extremamente útil. Existem muitas organizações e consultores financeiros que oferecem orientação gratuita ou a baixo custo para ajudar em momentos de necessidade.

A conexão com a natureza pode ser uma fonte de força e inspiração durante crises financeiras. Passar tempo ao ar livre, meditar em ambientes naturais e realizar rituais de agradecimento à terra podem ajudar a restaurar a paz interior e a clareza mental. A natureza oferece um espaço de tranquilidade e renovação que pode ser extremamente benéfico em tempos de estresse.

Os rituais de gratidão são especialmente importantes durante crises financeiras. A prática regular de gratidão ajuda a focar na abundância existente e a atrair mais aspectos positivos. Reservar alguns minutos todos os dias para refletir sobre as bênçãos financeiras, por menores que sejam, pode mudar a perspectiva e aumentar a resiliência emocional.

A flexibilidade e a adaptação são essenciais para superar crises financeiras. Estar disposto a ajustar planos e estratégias conforme necessário é crucial. Isso pode incluir a redução de despesas, a busca de fontes adicionais de renda ou a renegociação de dívidas. Manter uma abordagem proativa e adaptável ajuda a enfrentar desafios de forma mais eficaz.

Finalmente, o autocuidado é vital durante crises financeiras. Cuidar da saúde física, mental e emocional ajuda a manter a energia e a resiliência. Praticar atividades que promovam o bem-estar, como exercícios físicos, hobbies relaxantes e momentos de lazer com entes queridos, pode proporcionar o equilíbrio necessário para enfrentar desafios financeiros com força e clareza.

Ao integrar essas práticas xamânicas e estratégias práticas, é possível superar desafios financeiros inesperados e crises, mantendo a resiliência e a estabilidade financeira. A jornada de cura financeira é contínua e requer dedicação, aprendizado constante e uma abordagem holística que aborde todos os aspectos do ser. Com essas ferramentas, é possível transformar a relação com o dinheiro e criar uma vida de prosperidade e equilíbrio.

Capítulo 18
Vícios e Dependências

Vícios e dependências são questões complexas que afetam a saúde física, mental e espiritual de uma pessoa. Eles podem envolver substâncias como álcool, drogas e medicamentos, ou comportamentos como jogo, internet e compras compulsivas. Reconhecer um vício ou uma dependência é o primeiro passo crucial para a cura.

Os vícios frequentemente surgem como uma forma de escapar da dor emocional, trauma ou estresse. Eles oferecem uma fuga temporária, mas a longo prazo, podem levar a consequências devastadoras. A identificação dos sinais de vício é essencial para iniciar um caminho de recuperação. Sinais comuns incluem o aumento da tolerância à substância ou comportamento, sintomas de abstinência, perda de controle sobre o uso ou comportamento, e a continuação do uso apesar das consequências negativas.

No contexto xamânico, a cura dos vícios envolve uma abordagem holística que considera o indivíduo como um todo – corpo, mente e espírito. Isso significa abordar não apenas os sintomas físicos do vício, mas também as causas emocionais e espirituais subjacentes. A jornada para a recuperação é vista como um processo de reconexão com a própria essência e com o mundo espiritual.

A preparação para o processo de cura começa com a criação de um espaço seguro e sagrado. Este espaço deve ser tranquilo e livre de distrações, permitindo uma conexão profunda com os guias espirituais e a própria essência. Elementos como cristais, ervas e símbolos espirituais podem ser usados para elevar a energia do ambiente. A purificação do espaço com a queima de ervas sagradas, como a sálvia ou o palo santo, pode ajudar a limpar energias negativas e criar uma atmosfera de paz e introspecção.

Além disso, é importante reconhecer e entender as causas subjacentes dos vícios e dependências. Muitas vezes, eles estão ligados a traumas não resolvidos, estresse crônico ou um sentimento de desconexão espiritual. Trabalhar com um xamã pode ajudar a identificar essas causas e a desenvolver estratégias para abordá-las. O xamã pode utilizar várias técnicas, incluindo a jornada xamânica, onde o praticante entra em um estado alterado de consciência para se conectar com seus guias espirituais e obter insights sobre as raízes do vício.

Os rituais xamânicos são uma parte essencial deste processo. Eles ajudam a restaurar o equilíbrio energético do indivíduo e a promover a cura emocional e espiritual. Por exemplo, um ritual de liberação pode ser realizado para ajudar a pessoa a deixar de lado as energias e influências negativas associadas ao vício. Este ritual pode incluir a queima de símbolos do vício ou a realização de uma cerimônia de purificação com água.

A integração de práticas diárias, como a meditação, a visualização e o uso de afirmações positivas, também é crucial para apoiar a recuperação. A meditação pode ajudar a acalmar a mente e a desenvolver uma maior autoconsciência, enquanto a visualização pode ser usada para fortalecer a intenção de cura e visualização de um futuro livre do vício. Afirmações positivas, como "Eu sou forte e capaz de superar este vício", podem reforçar a confiança e a determinação.

O caminho para a recuperação dos vícios e dependências é desafiador e exige um compromisso contínuo com a cura e o autoconhecimento. Ao integrar práticas xamânicas e abordar as causas subjacentes dos vícios, é possível promover uma recuperação profunda e sustentável. A jornada é única para cada indivíduo, e o apoio de guias espirituais e mentores pode ser inestimável para manter o progresso e a motivação ao longo do caminho.

A cura dos vícios e dependências através das práticas xamânicas envolve vários processos e rituais que buscam restaurar o equilíbrio e a harmonia do indivíduo. Um dos métodos mais eficazes é a jornada xamânica, onde o xamã entra em um estado alterado de consciência para buscar orientação dos espíritos guias. Durante essa jornada, o xamã pode identificar as causas espirituais e emocionais do vício e obter insights sobre os passos necessários para a cura.

A jornada xamânica é frequentemente iniciada com o som rítmico de tambores ou chocalhos, que ajudam a alterar o estado de consciência e facilitar a entrada no mundo espiritual. O xamã pode encontrar animais de poder ou guias espirituais que oferecem sabedoria e apoio para a cura. Esses guias podem ajudar a identificar traumas passados ou desequilíbrios energéticos que contribuem para o vício, e fornecer orientação sobre como restaurar a harmonia.

Outra prática poderosa é a recuperação da alma. Muitos vícios estão enraizados em traumas profundos que fragmentam a alma do indivíduo, criando uma sensação de vazio e desconexão. A recuperação da alma envolve o xamã viajando ao mundo espiritual para recuperar partes perdidas da alma, reintegrando-as ao indivíduo e restaurando sua integridade. Este processo pode ser profundamente transformador, ajudando a curar as feridas emocionais que sustentam o vício.

Além da jornada e da recuperação da alma, os rituais de purificação são essenciais no tratamento dos vícios. A purificação pode envolver a queima de ervas sagradas como a sálvia, que ajuda a limpar energias negativas do corpo e do ambiente. Banhos de ervas ou defumação também podem ser usados para purificar o campo energético do indivíduo, removendo bloqueios e promovendo o fluxo livre de energia vital.

Os rituais de liberação são igualmente importantes. Estes rituais ajudam a pessoa a liberar emoções negativas, padrões de pensamento destrutivos e influências espirituais que contribuem para o vício. Um ritual de liberação pode incluir a escrita de sentimentos e experiências negativas em um pedaço de papel e a queima deste papel, simbolizando a liberação dessas energias. A cerimônia pode ser acompanhada de cânticos e orações que reforçam a intenção de cura e transformação.

A integração das experiências espirituais e dos insights obtidos durante os rituais é crucial para a recuperação a longo prazo. Isso pode ser feito através de práticas diárias como a meditação, que ajuda a manter a mente calma e focada, e a visualização, que reforça as intenções de cura e mudança positiva. Afirmações diárias também são úteis para reprogramar a mente com pensamentos positivos e construtivos, substituindo padrões de pensamento negativos que sustentam o vício.

O apoio comunitário é outro elemento vital na cura dos vícios. Participar de círculos de cura ou grupos de apoio pode proporcionar um senso de pertencimento e apoio emocional. Compartilhar experiências e receber apoio de outros que estão na mesma jornada pode fortalecer a determinação e oferecer novas perspectivas. A sensação de comunidade e conexão com outros pode ser um poderoso motivador para a continuidade da recuperação.

Além disso, a prática de gratidão pode ter um impacto significativo na recuperação. Reservar um momento todos os dias para refletir sobre as coisas pelas quais se é grato pode ajudar a mudar o foco da mente de problemas e vícios para aspectos positivos da vida. Isso pode criar um estado mental mais equilibrado e positivo, promovendo o bem-estar emocional e espiritual.

A cura dos vícios e dependências através do xamanismo é um processo profundo e multifacetado que aborda todas as dimensões do ser – física, emocional, mental e espiritual. Ao integrar essas práticas e rituais, é possível não apenas superar o vício, mas também transformar profundamente a vida, encontrando um novo sentido de equilíbrio, propósito e conexão espiritual. O caminho é desafiador, mas com o apoio de guias espirituais, mentores e uma comunidade de apoio, a recuperação é possível e sustentável.

A recuperação dos vícios e dependências é um processo contínuo que exige um compromisso constante com o autocuidado e a reintegração na vida cotidiana. Além dos rituais e práticas espirituais, é fundamental adotar estratégias de autocuidado que suportem a saúde física, mental e emocional. Essas estratégias ajudam a construir uma base sólida para a recuperação e a prevenir recaídas.

Uma das primeiras estratégias de autocuidado é estabelecer uma rotina diária estruturada. Manter horários regulares para dormir, comer e realizar atividades pode ajudar a criar um senso de estabilidade e previsibilidade, crucial para a recuperação. Uma rotina estruturada pode incluir momentos dedicados à meditação, exercício físico, e atividades recreativas que promovam o bem-estar.

O exercício físico regular é particularmente importante na recuperação dos vícios. A atividade física não só ajuda a melhorar a saúde física, mas também libera endorfinas, que são hormônios que promovem o bem-estar e a felicidade. Atividades como caminhada, corrida, yoga ou tai chi podem ser especialmente benéficas, pois também ajudam a acalmar a mente e a reduzir o estresse.

A alimentação saudável é outra componente vital do autocuidado. Uma dieta equilibrada e nutritiva pode ajudar a restaurar o corpo e a mente, fornecendo os nutrientes necessários para a recuperação. Evitar substâncias que possam desencadear o vício, como o álcool ou alimentos ricos em açúcar e cafeína, é essencial. Em vez disso, optar por alimentos integrais, frutas, vegetais, e proteínas magras pode ajudar a manter a energia e o foco.

A prática regular de técnicas de relaxamento, como a respiração profunda e a meditação, também é crucial. A respiração consciente pode ajudar a acalmar o sistema nervoso e a reduzir a ansiedade, enquanto a meditação pode promover uma maior autoconsciência e paz interior. Incorporar essas práticas na rotina diária pode ajudar a manter um estado de equilíbrio e prevenir o retorno ao comportamento viciante.

A terapia e o aconselhamento podem ser extremamente úteis na recuperação dos vícios. Trabalhar com um terapeuta ou conselheiro pode fornecer suporte emocional e ajudar a abordar as questões subjacentes que contribuíram para o vício. A terapia pode oferecer técnicas práticas para lidar com os gatilhos e desenvolver habilidades de enfrentamento saudáveis. Além disso, a terapia de grupo pode proporcionar um senso de comunidade e apoio entre pares.

Manter um diário de recuperação pode ser uma ferramenta poderosa para acompanhar o progresso e refletir sobre a jornada. Escrever sobre os desafios, sucessos e insights diários pode ajudar a processar emoções e a reforçar a intenção de recuperação. O diário também pode servir como um lembrete dos objetivos e das razões para continuar na jornada de cura.

A conexão com a natureza é outro elemento importante no processo de recuperação. Passar tempo ao ar livre, em parques, florestas ou perto de corpos d'água, pode ter um efeito calmante e revitalizante. A natureza oferece um ambiente tranquilo que pode ajudar a restaurar a energia e a promover a reflexão interior. Praticar a atenção plena na natureza, como caminhar descalço na grama ou meditar ao ar livre, pode fortalecer a conexão com o mundo natural e promover a cura.

Os rituais de gratidão também desempenham um papel significativo na recuperação. Reservar um momento todos os dias para expressar gratidão pode ajudar a reorientar a mente para aspectos positivos da vida e a cultivar uma atitude de apreciação. Isso pode criar um estado mental mais equilibrado e resistente, ajudando a evitar a recaída no comportamento viciante.

Além disso, buscar novas atividades e hobbies pode ser uma forma eficaz de preencher o tempo e a mente com experiências positivas. Encontrar paixões e interesses que tragam alegria e satisfação pode ajudar a substituir o comportamento viciante e a criar um senso de propósito. Seja através da arte, música, esporte ou voluntariado, essas atividades podem enriquecer a vida e oferecer novas maneiras de encontrar prazer e realização.

A recuperação dos vícios e dependências é um processo contínuo que exige dedicação, autocuidado e um compromisso com a transformação pessoal. Ao integrar práticas de autocuidado, buscar apoio e encontrar novas formas de significado e alegria, é possível criar uma vida equilibrada e plena, livre das amarras do vício. A jornada é desafiadora, mas com as ferramentas e o suporte adequados, a recuperação é possível e sustentável.

Para garantir que a recuperação dos vícios e dependências seja sustentável, é fundamental integrar os aprendizados e práticas na vida cotidiana de forma contínua. Isso envolve uma abordagem multifacetada que inclui o apoio espiritual, emocional e físico. A sustentabilidade na recuperação requer um compromisso com o crescimento pessoal e a adaptação das práticas conforme necessário.

Uma das chaves para a sustentabilidade na recuperação é a prática contínua da atenção plena. A atenção plena, ou mindfulness, envolve estar plenamente presente no momento, observando os pensamentos e emoções sem julgamento. Essa prática pode ajudar a identificar e gerenciar os gatilhos do vício antes que eles se tornem problemáticos. Praticar a atenção plena diariamente, mesmo que por alguns minutos, pode fortalecer a capacidade de permanecer centrado e focado.

A conexão com a comunidade é outra componente essencial para a sustentabilidade. Participar de grupos de apoio e círculos de cura pode oferecer um senso de pertencimento e compreensão mútua. Esses grupos fornecem um espaço seguro para compartilhar experiências, obter feedback e receber encorajamento. A sensação de estar conectado com outros que enfrentam desafios semelhantes pode ser um poderoso fator motivador.

Os rituais e práticas espirituais devem ser mantidos e adaptados conforme necessário. Manter um altar pessoal, realizar rituais de purificação e continuar a jornada xamânica são práticas que podem ser ajustadas para se adequar às necessidades em evolução da recuperação. Esses rituais ajudam a manter a conexão com o mundo espiritual e a reforçar as intenções de cura.

A prática da gratidão continua a ser uma ferramenta poderosa na manutenção da recuperação. A gratidão não só ajuda a reorientar a mente para aspectos positivos, mas também cria um estado emocional que é menos suscetível ao estresse e à ansiedade. Manter um diário de gratidão, onde se registra regularmente coisas pelas quais se é grato, pode ajudar a cultivar uma mentalidade positiva e resiliente.

A autorreflexão é outra prática importante. Reservar um tempo regularmente para refletir sobre o progresso, os desafios e as lições aprendidas pode oferecer insights valiosos. A autorreflexão pode ser facilitada através da escrita em um diário, da meditação ou de conversas com um mentor ou terapeuta. Isso ajuda a manter a recuperação em perspectiva e a ajustar as estratégias conforme necessário.

O desenvolvimento de habilidades de enfrentamento saudáveis é crucial para lidar com os desafios que surgem ao longo da recuperação. Isso pode incluir técnicas de relaxamento, como a respiração profunda, a meditação e o exercício físico, bem como estratégias práticas para gerenciar o estresse e a ansiedade. Aprender a lidar com emoções difíceis de maneira saudável é uma habilidade essencial que apoia a recuperação a longo prazo.

A educação contínua sobre vícios e dependências também é importante. Ler livros, assistir a palestras e participar de workshops sobre recuperação e bem-estar pode oferecer novas perspectivas e reforçar o compromisso com a cura. A educação contínua ajuda a permanecer informado sobre as melhores práticas e a encontrar novas ferramentas que podem ser úteis na jornada de recuperação.

A prática de autocompaixão é fundamental. Reconhecer que a recuperação é um processo contínuo e tratar-se com gentileza durante os altos e baixos pode fazer uma grande diferença. A autocompaixão envolve aceitar que erros e recaídas podem ocorrer, mas que eles são oportunidades de aprendizado e crescimento. Tratar-se com amor e compreensão pode fortalecer a resiliência emocional e apoiar a recuperação contínua.

A integração de práticas de bem-estar físico, como uma dieta equilibrada e exercício regular, também é essencial. Manter o corpo saudável apoia a mente e o espírito, criando uma base sólida para a recuperação. Evitar substâncias que possam desencadear o vício e optar por uma alimentação nutritiva ajuda a manter o equilíbrio físico e energético.

A recuperação dos vícios e dependências é uma jornada contínua que exige dedicação, resiliência e apoio. Ao integrar práticas espirituais, emocionais e físicas na vida diária, é possível criar um caminho sustentável de cura e transformação. Através do compromisso com o autocuidado, a autorreflexão e a conexão com a comunidade, a recuperação pode ser mantida e fortalecida, levando a uma vida equilibrada e plena.

A jornada de recuperação dos vícios e dependências não é apenas sobre a superação das dificuldades, mas também sobre o crescimento pessoal e espiritual. A construção de resiliência e o fortalecimento do espírito são aspectos cruciais que ajudam a manter a recuperação a longo prazo. Este processo envolve a adoção de práticas e atitudes que promovam o bem-estar integral e a evolução contínua.

A resiliência é a capacidade de se recuperar rapidamente das dificuldades e de se adaptar a mudanças e desafios. Para construir resiliência, é essencial desenvolver uma mentalidade positiva e proativa. Isso pode ser feito através da prática da gratidão, da manutenção de uma perspectiva otimista e da celebração das conquistas, por menores que sejam. A resiliência é fortalecida quando se reconhece que os desafios são oportunidades de aprendizado e crescimento.

O crescimento espiritual é um componente fundamental na recuperação dos vícios. A conexão com o mundo espiritual e com a própria essência pode fornecer uma fonte inesgotável de força e orientação. As práticas espirituais, como a meditação, a oração, a jornada xamânica e os rituais de conexão com a natureza, ajudam a aprofundar essa conexão. Essas práticas promovem a introspecção, a paz interior e uma compreensão mais profunda do propósito de vida.

Uma das maneiras mais eficazes de promover o crescimento espiritual é através da meditação. A meditação regular ajuda a acalmar a mente, a reduzir o estresse e a desenvolver uma maior autoconsciência. Existem diversas formas de meditação que podem ser exploradas, desde a meditação silenciosa até a meditação guiada e a meditação em movimento, como o yoga. Encontrar a forma de meditação que ressoe melhor com você é importante para manter a prática regular.

Os rituais de conexão com a natureza também são poderosos para o crescimento espiritual. Passar tempo ao ar livre, observando as mudanças nas estações, sentindo o vento e ouvindo os sons da natureza, pode ajudar a restaurar o equilíbrio e a harmonia. Esses momentos de conexão profunda com a natureza lembram da interconexão de todas as coisas e da própria posição no grande tecido da vida. Práticas como a caminhada meditativa, a jardinagem e a contemplação da paisagem podem ser incorporadas na rotina diária.

A construção de uma rede de apoio espiritual também é essencial. Participar de comunidades espirituais, seja em grupos de apoio xamânicos ou outras tradições espirituais, pode proporcionar um senso de pertencimento e apoio contínuo. Essas comunidades oferecem um espaço seguro para compartilhar experiências, aprender novas práticas e receber orientação. A sensação de estar conectado com outros que compartilham valores e objetivos espirituais semelhantes pode fortalecer a determinação e a motivação na jornada de recuperação.

A prática da compaixão e do serviço aos outros também é fundamental para o crescimento espiritual. Ajudar os outros, seja através de ações voluntárias ou simplesmente oferecendo apoio a amigos e familiares, pode trazer um profundo senso de propósito e satisfação. A compaixão e o serviço ajudam a cultivar uma perspectiva altruísta e a sentir-se parte de algo maior, reforçando a conexão com a humanidade e com o espírito.

O cultivo de uma mentalidade de aprendizado contínuo é outro aspecto importante do crescimento espiritual e da resiliência. Buscar conhecimento através da leitura, participação em workshops e estudos sobre práticas espirituais pode enriquecer a jornada de recuperação. O aprendizado contínuo mantém a mente ativa e engajada, oferecendo novas perspectivas e ferramentas para lidar com os desafios da vida.

Finalmente, a prática de autorreflexão e autoconhecimento é crucial. Reservar tempo para refletir sobre os próprios pensamentos, emoções e ações ajuda a desenvolver uma compreensão mais profunda de si. A autorreflexão pode ser facilitada através da escrita em um diário, da meditação introspectiva ou de conversas com um mentor ou terapeuta. Esse processo de autoconhecimento é contínuo e essencial para o crescimento pessoal e espiritual.

A recuperação dos vícios e dependências é uma jornada de transformação que envolve não apenas a superação dos desafios, mas também o crescimento e o fortalecimento do espírito. Ao adotar práticas que promovam a resiliência e o crescimento espiritual, é possível manter a recuperação e criar uma vida plena e equilibrada. Através da conexão com o mundo espiritual, da prática da compaixão e do serviço, e do compromisso com o aprendizado contínuo e a autorreflexão, a recuperação pode ser uma jornada de descoberta e realização pessoal profunda.

Capítulo 19
Problemas Espirituais

Problemas espirituais afetam a conexão de uma pessoa com o divino e a própria espiritualidade, podendo se manifestar de diversas maneiras. Eles podem surgir como uma sensação de desconexão, perda de fé, ou uma crise existencial que impacta profundamente o bem-estar emocional e mental.

Identificar os sintomas de problemas espirituais é essencial para iniciar o processo de cura. Sinais comuns incluem um sentimento persistente de vazio ou falta de propósito, dificuldade em encontrar alegria ou significado nas atividades diárias, e uma sensação de isolamento, mesmo quando cercado por outras pessoas. Esses sintomas podem levar a uma deterioração na qualidade de vida, afetando tanto a saúde mental quanto a física.

O impacto dos problemas espirituais na vida diária pode ser significativo. A falta de conexão espiritual pode resultar em ansiedade, depressão, e um sentimento geral de descontentamento. As pessoas podem se sentir perdidas, sem direção, e incapazes de encontrar paz interior. Essa desconexão pode levar a comportamentos autodestrutivos e a uma redução na capacidade de lidar com o estresse e os desafios da vida.

As causas dos problemas espirituais são variadas e podem incluir traumas emocionais, experiências de vida desafiadoras, e uma falta de apoio espiritual. A perda de um ente querido, experiências traumáticas, ou a exposição a ambientes negativos podem contribuir para o desenvolvimento desses problemas. Além disso, a falta de práticas espirituais regulares ou de uma comunidade de apoio pode exacerbar a sensação de desconexão.

Abordar esses problemas requer uma abordagem holística que considere todos os aspectos do ser - físico, emocional, mental e espiritual. A cura xamânica oferece várias técnicas para identificar e tratar problemas espirituais, incluindo a criação de um espaço sagrado, a realização de rituais de purificação, e a conexão com guias espirituais.

 Criar um espaço sagrado é o primeiro passo. Este espaço deve ser tranquilo e livre de distrações, permitindo uma conexão profunda com o mundo espiritual. A purificação do espaço pode ser feita com a queima de ervas sagradas, como sálvia ou cedro, para limpar energias negativas e preparar o ambiente para a cura. A criação de um altar pessoal com elementos que simbolizam a intenção de cura espiritual, como cristais, velas, e símbolos espirituais, pode ajudar a concentrar a energia e a intenção.

 A jornada xamânica é uma técnica poderosa para abordar problemas espirituais. Durante a jornada, o xamã entra em um estado alterado de consciência para se conectar com os espíritos guias e obter insights sobre as causas dos problemas espirituais e os métodos de cura apropriados. O xamã pode encontrar e interagir com espíritos animais ou guias ancestrais, que oferecem sabedoria e apoio. Essas interações ajudam a identificar os bloqueios e desequilíbrios espirituais que precisam ser resolvidos para restaurar a harmonia.

 A conexão com a natureza também é fundamental na cura espiritual. Passar tempo ao ar livre, meditar em locais naturais e realizar rituais em ambientes abertos podem ajudar a fortalecer a ligação com a terra e o universo. A natureza oferece uma fonte inesgotável de energia curativa que pode ser aproveitada para restaurar o equilíbrio espiritual. Elementos naturais como pedras, água, plantas e o ar fresco contribuem para o processo de cura, permitindo uma reconexão com o ciclo natural da vida.

 As práticas de meditação e visualização são essenciais para fortalecer a conexão espiritual. Meditações guiadas que envolvem visualizações de luz e cura podem ajudar a transformar energias negativas e promover um estado de paz interior. Visualizar uma luz dourada ou branca entrando no corpo e preenchendo cada célula com cura e amor pode ser uma prática poderosa para elevar o espírito e restaurar a esperança.

Além disso, a participação em círculos de cura ou grupos de apoio xamânicos pode proporcionar um senso de pertencimento e apoio emocional. Esses grupos oferecem um espaço seguro para compartilhar experiências e práticas, e para receber apoio de outros que estão na mesma jornada de cura. A troca de sabedoria e técnicas de cura pode oferecer novos insights e fortalecer a determinação de seguir em frente. A sensação de pertencimento e conexão com outros pode ser um poderoso antídoto para os problemas espirituais.

Cultivar a autocompaixão e a aceitação é fundamental para a cura espiritual. Reconhecer que os problemas espirituais são uma parte natural da jornada humana e tratar-se com gentileza e compreensão pode aliviar a carga emocional. A prática regular de autocompaixão pode ajudar a aliviar sentimentos de culpa ou inadequação e promover uma sensação de autoaceitação e amor-próprio.

A cura xamânica para problemas espirituais envolve uma abordagem holística que considera todos os aspectos do ser - físico, emocional, mental e espiritual. Ao criar um ambiente propício à cura, realizar jornadas xamânicas, utilizar plantas medicinais e incorporar práticas de meditação e visualização, é possível tratar os problemas espirituais de maneira eficaz e duradoura. Essas práticas não apenas ajudam a aliviar os sintomas dos problemas espirituais, mas também promovem uma saúde holística, proporcionando uma vida mais equilibrada e harmoniosa.

Os rituais de cura xamânica desempenham um papel central no tratamento de problemas espirituais. Esses rituais são projetados para restaurar a harmonia entre o corpo, a mente e o espírito, e para facilitar a reconexão com o mundo espiritual. Eles podem variar desde cerimônias simples até rituais mais elaborados, dependendo das necessidades individuais.

Um dos rituais mais comuns é a cerimônia de purificação. Esta prática envolve a limpeza do corpo e do espaço com a ajuda de ervas sagradas, como sálvia, cedro ou palo santo. A fumaça dessas ervas é usada para purificar a aura, remover energias negativas e preparar o indivíduo para a cura. A purificação cria um ambiente seguro e sagrado, onde a cura espiritual pode ocorrer de forma mais eficaz.

A jornada xamânica é outra prática essencial na cura de problemas espirituais. Durante a jornada, o xamã entra em um estado alterado de consciência, geralmente induzido pelo som rítmico do tambor ou chocalho. Este estado permite que o xamã viaje aos reinos espirituais e interaja com guias espirituais, animais de poder e ancestrais. Essas entidades oferecem sabedoria, orientação e apoio, ajudando a identificar e tratar os bloqueios espirituais.

A recuperação da alma é uma técnica poderosa usada para tratar traumas espirituais e emocionais. Muitas vezes, eventos traumáticos podem causar a fragmentação da alma, resultando em uma sensação de vazio e desconexão. O xamã busca essas partes perdidas da alma durante a jornada espiritual e as reintegra no indivíduo. Este processo de recuperação ajuda a restaurar a integridade e a vitalidade espiritual.

O uso de plantas medicinais é uma prática tradicional no xamanismo, que pode ser particularmente eficaz no tratamento de problemas espirituais. Ervas como a erva-de-são-joão, conhecida por suas propriedades antidepressivas, e a lavanda, que promove a calma, podem ser integradas na rotina diária. Beber chás dessas ervas ou usar óleos essenciais em difusores pode ajudar a aliviar os sintomas dos problemas espirituais. Além disso, a criação de um jardim de ervas medicinais pode ser uma atividade terapêutica que conecta o indivíduo à terra e promove o bem-estar.

A prática de meditação e visualização é essencial para fortalecer a conexão espiritual e promover a cura. Meditações guiadas que envolvem visualizações de luz e cura podem ajudar a transformar energias negativas e promover um estado de paz interior. Visualizar uma luz dourada ou branca entrando no corpo e preenchendo cada célula com cura e amor pode ser uma prática poderosa para elevar o espírito e restaurar a esperança. Essa prática pode ser realizada diariamente ao acordar ou antes de dormir para reforçar a intenção de cura.

Exercícios de respiração consciente são igualmente importantes na cura de problemas espirituais. A prática regular de respiração profunda e controlada pode ajudar a acalmar o sistema nervoso e a reduzir a ansiedade associada aos problemas espirituais. Técnicas como a respiração diafragmática ou a respiração alternada podem ser realizadas várias vezes ao dia para promover a calma e o equilíbrio. Essas práticas podem ser incorporadas na rotina diária durante momentos de estresse ou como parte de um ritual matinal ou noturno.

A participação em círculos de cura ou grupos de apoio xamânicos pode proporcionar um senso de comunidade e apoio emocional. Esses grupos oferecem um espaço seguro para compartilhar experiências e práticas, e para receber apoio de outros que estão na mesma jornada de cura. A troca de sabedoria e técnicas de cura pode oferecer novos insights e fortalecer a determinação de seguir em frente. A sensação de pertencimento e conexão com outros pode ser um poderoso antídoto para os problemas espirituais.

Além dessas práticas, é importante cultivar uma atitude de autocompaixão e aceitação. Reconhecer que os problemas espirituais são uma parte natural da jornada humana e tratar-se com gentileza e compreensão pode aliviar a carga emocional. A prática regular de autocompaixão pode ajudar a aliviar sentimentos de culpa ou inadequação e promover uma sensação de autoaceitação e amor-próprio.

A cura xamânica para problemas espirituais envolve uma abordagem holística que considera todos os aspectos do ser - físico, emocional, mental e espiritual. Ao criar um ambiente propício à cura, realizar jornadas xamânicas, utilizar plantas medicinais e incorporar práticas de meditação e visualização, é possível tratar os problemas espirituais de maneira eficaz e duradoura. Essas práticas não apenas ajudam a aliviar os sintomas dos problemas espirituais, mas também promovem uma saúde holística, proporcionando uma vida mais equilibrada e harmoniosa.

A conexão com a natureza é um elemento fundamental na cura xamânica, especialmente quando se trata de problemas espirituais. A natureza oferece uma fonte inesgotável de energia curativa e uma oportunidade para se reconectar com o ciclo natural da vida. Passar tempo ao ar livre, seja em florestas, montanhas ou perto de corpos d'água, pode ter um impacto profundo na saúde espiritual. A prática de caminhar descalço na terra, também conhecida como grounding, pode ajudar a realinhar a energia do corpo com a energia da terra, promovendo um estado de equilíbrio e bem-estar.

A criação de rituais pessoais de conexão com a natureza pode ser altamente benéfica. Esses rituais podem incluir meditações ao ar livre, oferendas simbólicas à terra, ou simplesmente passar um tempo em silêncio observando a beleza natural ao redor. Esses momentos de contemplação e conexão ajudam a fortalecer a relação com o mundo natural e a encontrar paz interior. Além disso, a observação dos ciclos naturais, como as fases da lua e as mudanças sazonais, pode ajudar a alinhar a própria energia com os ritmos do universo.

Os instrumentos xamânicos, como tambores e chocalhos, são ferramentas poderosas para facilitar a cura espiritual. O som rítmico do tambor pode ajudar a induzir estados alterados de consciência, permitindo uma conexão mais profunda com os reinos espirituais. Tocar o tambor ou o chocalho durante meditações ou rituais pode ajudar a concentrar a mente, liberar bloqueios energéticos e promover a cura. Cada batida do tambor ressoa com a batida do coração da terra, criando uma sensação de união e harmonia.

O papel do xamã como facilitador da cura espiritual é crucial. O xamã atua como um guia, ajudando o indivíduo a navegar pelos reinos espirituais e a encontrar as respostas e a cura necessárias. Durante as sessões de cura, o xamã pode utilizar uma combinação de técnicas, incluindo a jornada xamânica, a recuperação da alma e a purificação energética, para ajudar o indivíduo a superar seus problemas espirituais. A sabedoria ancestral do xamã e a sua conexão com os espíritos guias são recursos valiosos para promover a cura.

A prática de gratidão é outra ferramenta poderosa na cura espiritual. Expressar gratidão regularmente pode transformar a energia pessoal e promover uma sensação de contentamento e paz. A gratidão ajuda a focar a mente nos aspectos positivos da vida, reduzindo o impacto das energias negativas. Manter um diário de gratidão, onde se registram diariamente três coisas pelas quais se é grato, pode ser uma prática simples, mas eficaz para promover o bem-estar espiritual.

Os cristais de cura são amplamente utilizados no xamanismo para equilibrar e harmonizar a energia do corpo. Cada cristal possui propriedades únicas que podem ser utilizadas para diferentes propósitos de cura. A ametista, por exemplo, é conhecida por suas propriedades calmantes e de proteção espiritual, enquanto o quartzo rosa promove o amor e a paz interior. Colocar cristais em pontos estratégicos durante meditações ou rituais, ou simplesmente carregá-los consigo, pode amplificar a energia de cura e promover a harmonia espiritual.

A arte de criar um altar pessoal pode ser uma prática transformadora. Um altar serve como um ponto focal para a prática espiritual diária, proporcionando um espaço dedicado à meditação, oração e reflexão. Incluir elementos que simbolizem a intenção de cura espiritual, como velas, cristais, plantas e símbolos sagrados, pode ajudar a concentrar a energia e a intenção. Manter o altar limpo e organizado é essencial para garantir que ele continue a ser um espaço de cura e conexão.

A prática de autocompaixão é vital na jornada de cura espiritual. Tratar-se com gentileza e compreensão, especialmente durante momentos de desafio, pode aliviar a carga emocional e promover uma sensação de bem-estar. A autocompaixão envolve reconhecer a própria humanidade e imperfeição, aceitando que todos enfrentam dificuldades e que é normal precisar de tempo e apoio para se curar. Práticas diárias de autocompaixão, como meditações guiadas focadas no amor-próprio ou afirmando pensamentos positivos sobre si, podem fortalecer a resiliência emocional e espiritual.

A cura xamânica para problemas espirituais é um processo contínuo que envolve a integração de diversas práticas e técnicas. Ao criar um ambiente propício à cura, conectar-se com a natureza, utilizar instrumentos xamânicos, praticar a gratidão, e incorporar cristais de cura, é possível restaurar o equilíbrio espiritual e promover o bem-estar geral. Essas práticas, combinadas com o apoio de um xamã experiente e a prática de autocompaixão, podem ajudar a superar problemas espirituais e a viver uma vida mais plena e harmoniosa.

A participação em rituais comunitários é uma prática fundamental para a cura espiritual no xamanismo. Estes rituais fortalecem o senso de pertencimento e de comunidade, oferecendo suporte emocional e espiritual. Participar de cerimônias como danças sagradas, círculos de tambores e rituais de fogo pode ajudar a liberar energias negativas, aumentar a conexão espiritual e promover a cura coletiva. A energia compartilhada nesses eventos amplifica o poder de cura e cria um espaço seguro para a transformação espiritual.

A integração de práticas espirituais na rotina diária é crucial para manter o equilíbrio e a harmonia. Estabelecer um momento diário para meditação, oração ou reflexão pode ajudar a manter a conexão com o divino e a fortalecer a espiritualidade. Essas práticas devem ser vistas como momentos sagrados de autocuidado, onde se pode focar na respiração, na gratidão e na intenção de cura. A constância nessas práticas diárias reforça a conexão espiritual e promove um estado contínuo de bem-estar.

Os sonhos são uma porta poderosa para a comunicação espiritual e podem oferecer insights valiosos sobre a condição espiritual de uma pessoa. Manter um diário de sonhos e anotar as experiências oníricas pode ajudar a identificar padrões e mensagens dos espíritos guias. O xamã pode ajudar a interpretar esses sonhos, oferecendo orientação sobre como aplicar os insights recebidos na vida cotidiana. Os sonhos frequentemente contêm símbolos e mensagens que, quando compreendidos, podem guiar o processo de cura e autoconhecimento.

A prática de rituais de lua é outra forma eficaz de fortalecer a espiritualidade e promover a cura. A lua tem um impacto profundo nas energias espirituais, e realizar rituais durante as fases da lua, como a lua cheia e a lua nova, pode ajudar a alinhar as intenções de cura com os ciclos naturais. Durante a lua cheia, rituais de liberação podem ser realizados para deixar ir energias e hábitos negativos, enquanto a lua nova é um momento poderoso para definir novas intenções e começar novos ciclos de cura.

A utilização de mandalas e símbolos sagrados pode ser uma ferramenta poderosa para a meditação e a cura espiritual. Mandalas são representações geométricas do universo e podem ser usadas para concentrar a mente e promover a meditação profunda. Desenhar ou pintar mandalas pode ser uma prática meditativa em si, ajudando a clarear a mente e a estabelecer uma conexão com o eu interior e com o divino. Outros símbolos sagrados, como o círculo, a cruz e o espiral, podem ser incorporados em rituais e práticas de meditação para amplificar a intenção de cura.

Os elementos da natureza – terra, água, fogo e ar – desempenham um papel central nas práticas de cura xamânica. Cada elemento possui propriedades curativas únicas e pode ser invocado durante os rituais para equilibrar e harmonizar a energia do corpo. A terra representa estabilidade e nutrição, a água está ligada às emoções e à purificação, o fogo simboliza transformação e renovação, e o ar está associado à comunicação e ao pensamento. Integrar esses elementos nos rituais e meditações pode ajudar a restaurar o equilíbrio espiritual e promover a cura.

A prática de jejum e purificação física é uma técnica tradicional usada para limpar o corpo e preparar o espírito para a cura. O jejum, quando feito de forma segura e consciente, pode ajudar a liberar toxinas físicas e energéticas, criando um estado de clareza e receptividade. Durante o jejum, práticas de meditação e oração podem ser intensificadas para fortalecer a conexão espiritual. A purificação física através de banhos de ervas ou saunas também pode ajudar a limpar a energia do corpo e a promover um estado de bem-estar.

O papel dos guias espirituais e dos animais de poder é fundamental na cura xamânica. Esses seres oferecem proteção, sabedoria e apoio durante o processo de cura. Conectar-se regularmente com esses guias através de meditação, oração e jornadas xamânicas pode proporcionar uma sensação de segurança e orientação contínua. Identificar e trabalhar com o animal de poder pessoal pode ajudar a acessar qualidades e forças internas que são necessárias para a cura e o crescimento espiritual.

A prática de visualizações de proteção pode ser útil para criar um ambiente seguro e protegê-lo de energias negativas. Visualizar uma luz protetora ao redor do corpo e do espaço onde se vive pode criar uma barreira contra influências negativas. Esta prática pode ser integrada na rotina diária, especialmente antes de dormir, para garantir um sono tranquilo e uma sensação contínua de proteção e segurança.

A cura xamânica para problemas espirituais é um processo profundo e contínuo que requer dedicação e uma abordagem holística. Integrar práticas diárias, participar de rituais comunitários, trabalhar com guias espirituais e utilizar os elementos da natureza são passos essenciais para restaurar o equilíbrio espiritual. Com paciência e compromisso, é possível superar os problemas espirituais e viver uma vida plena e harmoniosa, em conexão profunda com o divino e com o próprio eu.

A integração das práticas de cura na vida cotidiana é essencial para manter a harmonia e o bem-estar espiritual. A cura xamânica não é apenas uma série de rituais ou sessões isoladas, mas uma jornada contínua de autodescoberta e crescimento. Incorporar essas práticas na rotina diária ajuda a sustentar os benefícios da cura e a prevenir o surgimento de novos problemas espirituais.

Uma das formas mais eficazes de integrar a cura espiritual na vida diária é através da prática da gratidão. Reservar um momento todas as manhãs ou noites para refletir sobre as coisas pelas quais se é grato pode transformar a energia pessoal e promover um estado de contentamento e paz. Esta prática simples ajuda a reorientar a mente para aspectos positivos da vida, reduzindo o impacto das energias negativas.

A manutenção de um diário espiritual também pode ser uma ferramenta poderosa para monitorar o progresso e refletir sobre a jornada de cura. Anotar pensamentos, sentimentos, sonhos e experiências espirituais ajuda a criar uma visão clara do próprio crescimento e das áreas que ainda precisam de atenção. Este diário pode incluir reflexões sobre meditações, jornadas xamânicas e rituais, bem como insights e mensagens recebidas dos guias espirituais.

Práticas de respiração consciente são vitais para manter o equilíbrio emocional e espiritual. Técnicas de respiração profunda e controlada, como a respiração diafragmática, podem ser realizadas várias vezes ao dia para promover a calma e o relaxamento. A respiração consciente ajuda a acalmar o sistema nervoso e a reduzir o estresse, criando um estado de paz interior essencial para a saúde espiritual.

A participação em atividades criativas também pode ser uma forma eficaz de integrar a cura espiritual na vida diária. Atividades como pintura, escultura, dança e música permitem a expressão emocional e espiritual de uma maneira que palavras muitas vezes não conseguem. A arte como uma prática espiritual não se trata de criar algo perfeito, mas de permitir que a energia flua livremente e de se conectar com o eu interior. Esta expressão criativa pode ser uma forma poderosa de cura e autodescoberta.

A prática de rituais simples e diários pode ajudar a manter a conexão com o divino e a reforçar a intenção de cura. Acender uma vela, queimar incenso, ou realizar uma breve meditação matinal são exemplos de rituais que podem ser facilmente incorporados na rotina diária. Estes pequenos atos de devoção ajudam a estabelecer um espaço sagrado e a começar o dia com uma sensação de propósito e alinhamento espiritual.

Conectar-se regularmente com a natureza é fundamental para manter a saúde espiritual. Passar tempo ao ar livre, mesmo que apenas por alguns minutos todos os dias, pode ter um impacto profundo no bem-estar. A natureza oferece uma fonte de energia curativa e revitalizante, e a interação regular com ela ajuda a manter o equilíbrio energético. Caminhar descalço na terra, meditar ao lado de um rio, ou simplesmente observar as estrelas são práticas que ajudam a fortalecer a conexão com o mundo natural e a restaurar o equilíbrio espiritual.

A construção de uma comunidade de apoio é crucial para a cura contínua. Participar de círculos de cura, grupos de meditação ou outras comunidades espirituais, oferece um espaço seguro para compartilhar experiências e receber apoio. A sensação de pertencimento e de ser compreendido por outros que estão na mesma jornada pode proporcionar uma base sólida para a cura. A troca de sabedoria e técnicas de cura dentro dessa comunidade pode enriquecer a própria prática espiritual e fornecer novos insights e inspiração.

O desenvolvimento de uma relação de confiança com um mentor ou guia espiritual pode ser extremamente benéfico. Ter alguém experiente e sábio para oferecer orientação e apoio pode ajudar a navegar pelos desafios espirituais e a manter o foco na jornada de cura. Esse mentor pode ser um xamã, um terapeuta espiritual, ou um membro respeitado da comunidade espiritual. A sabedoria e o apoio contínuos de um mentor podem ser inestimáveis para o crescimento espiritual.

A prática de autoaceitação e autocompaixão é fundamental para a cura espiritual. Reconhecer e aceitar as próprias imperfeições e desafios como parte da jornada humana é essencial para o crescimento e a cura. Tratar-se com gentileza e compreensão, especialmente durante momentos difíceis, ajuda a aliviar a carga emocional e a promover um estado de bem-estar. A autocompaixão envolve reconhecer a própria humanidade e imperfeição, aceitando que todos enfrentam dificuldades e que é normal precisar de tempo e apoio para se curar.

A cura xamânica para problemas espirituais é uma jornada contínua de autodescoberta e crescimento. Integrar práticas diárias, manter uma conexão com a natureza, participar de comunidades espirituais e cultivar a autocompaixão são passos essenciais para manter a harmonia e o bem-estar espiritual. Com dedicação e compromisso, é possível superar os problemas espirituais e viver uma vida plena e harmoniosa, em profunda conexão com o divino e com o próprio eu.

Capítulo 20
Problemas Energéticos

Os problemas energéticos são questões que afetam a vitalidade e o equilíbrio geral de um indivíduo, interferindo na sua capacidade de funcionar de maneira otimizada. Estes problemas podem manifestar-se de diversas formas, incluindo sensação de cansaço constante, falta de motivação, dificuldades de concentração, entre outros sintomas. A identificação precoce e precisa dos problemas energéticos é crucial para iniciar um processo de cura eficaz e duradouro.

A primeira etapa para abordar os problemas energéticos é entender os sintomas comuns. Sentir-se constantemente cansado, mesmo após uma boa noite de sono, é um dos sinais mais evidentes de desequilíbrio energético. Além disso, a dificuldade em manter a concentração ou a sensação de estar "desconectado" são indicativos de que a energia vital pode estar bloqueada ou desequilibrada.

Outra manifestação comum de problemas energéticos é a irritabilidade sem causa aparente. Pessoas que sofrem de desequilíbrios energéticos frequentemente encontram-se reagindo de maneira desproporcional a situações cotidianas, o que pode afetar negativamente seus relacionamentos e ambiente de trabalho. Além disso, problemas físicos como dores de cabeça frequentes, problemas digestivos e dores musculares podem ser sintomas de que algo não está certo no fluxo de energia do corpo.

A identificação dessas questões envolve um processo introspectivo onde o indivíduo precisa prestar atenção às suas sensações e estados emocionais. Manter um diário de sintomas pode ser uma ferramenta útil para reconhecer padrões e identificar momentos específicos em que os sintomas são mais intensos. Isso pode fornecer insights valiosos sobre possíveis gatilhos ou causas subjacentes dos problemas energéticos.

Uma abordagem holística para a identificação de problemas energéticos também considera fatores externos que podem estar contribuindo para o desequilíbrio. Ambientes de trabalho estressantes, relacionamentos tóxicos ou hábitos de vida pouco saudáveis são frequentemente correlacionados com problemas energéticos. Avaliar e, se possível, modificar esses fatores pode ser um passo inicial importante na restauração do equilíbrio energético.

A prática de técnicas de autocuidado é essencial para a manutenção do equilíbrio energético. Incorporar atividades diárias que promovam o relaxamento e a regeneração, como a meditação, a prática de yoga, ou caminhadas na natureza, pode ajudar a restaurar o fluxo energético natural do corpo. Essas práticas não apenas aliviam o estresse imediato, mas também fortalecem a resiliência emocional e física a longo prazo.

Com a identificação clara dos problemas energéticos e uma abordagem holística para enfrentá-los, é possível iniciar um caminho de cura e restabelecimento da vitalidade. A integração de práticas diárias de cuidado com a energia vital pode transformar significativamente a qualidade de vida, promovendo um estado de bem-estar físico, emocional e espiritual.

Após identificar os sintomas e fatores contribuintes para os problemas energéticos, o próximo passo é o diagnóstico preciso. O diagnóstico no contexto da cura xamânica envolve tanto a auto-observação quanto a consulta com praticantes experientes que podem oferecer uma visão mais profunda das questões energéticas.

Uma ferramenta comum utilizada no diagnóstico energético é a leitura de aura. A aura é um campo de energia que envolve o corpo e pode revelar muito sobre o estado de saúde de uma pessoa. Praticantes experientes em leitura de aura podem identificar áreas de desequilíbrio ou bloqueio energético. Essa prática envolve observar as cores, padrões e fluxos na aura para detectar anomalias que possam estar contribuindo para os problemas energéticos.

Outra técnica diagnóstica eficaz é o uso de cristais de cura. Certos cristais são conhecidos por suas propriedades de amplificação e harmonização energética. Colocar cristais específicos em diferentes partes do corpo pode ajudar a identificar áreas de bloqueio ou desequilíbrio. Por exemplo, a ametista é frequentemente usada para diagnosticar problemas relacionados ao estresse e à ansiedade, enquanto o quartzo claro pode ser utilizado para revelar desequilíbrios gerais no campo energético.

A meditação guiada é outra prática valiosa para o diagnóstico de problemas energéticos. Durante a meditação, o praticante pode ser orientado a visualizar seu próprio corpo energético, identificando áreas que parecem escuras, opacas ou bloqueadas. Essa visualização pode ser um indicativo de onde os problemas energéticos estão localizados e pode orientar o processo de cura subsequente.

A consulta com um xamã ou curandeiro experiente também é um passo crucial no diagnóstico de problemas energéticos. Esses praticantes possuem a habilidade de entrar em estados alterados de consciência e se conectar com guias espirituais que podem oferecer insights sobre a causa dos desequilíbrios. Através de cerimônias de cura e jornadas xamânicas, eles podem identificar não apenas os sintomas, mas também as causas subjacentes dos problemas energéticos.

Além das técnicas específicas, a observação dos hábitos e do estilo de vida do indivíduo é essencial para um diagnóstico completo. Hábitos alimentares, níveis de atividade física, padrões de sono e a qualidade das relações interpessoais são todos fatores que influenciam o estado energético. Um diário detalhado dessas atividades pode ajudar tanto o indivíduo quanto o praticante a identificar padrões que contribuem para os problemas energéticos.

Uma vez que o diagnóstico é feito, é importante discutir e entender as possíveis causas dos desequilíbrios. Essas causas podem ser múltiplas e interconectadas, incluindo fatores físicos, emocionais, mentais e espirituais. Reconhecer essa interconexão é fundamental para abordar os problemas energéticos de forma holística e eficaz.

A técnica de escaneamento energético também pode ser utilizada para diagnóstico. Isso envolve passar as mãos sobre o corpo, sem tocá-lo, para sentir variações na temperatura e na densidade do campo energético. Áreas que sentem frio ou denso podem indicar bloqueios ou desequilíbrios que precisam ser tratados. Essa técnica pode ser realizada pelo próprio indivíduo com prática ou por um curandeiro experiente.

Ao combinar essas diversas técnicas diagnósticas, é possível obter uma visão abrangente e detalhada dos problemas energéticos. Com um diagnóstico preciso, o caminho para a cura se torna mais claro, permitindo a implementação de práticas de cura específicas e eficazes. A continuidade da observação e do ajuste das práticas garante que o equilíbrio energético seja mantido, promovendo uma saúde integral e duradoura.

Após um diagnóstico preciso dos problemas energéticos, a próxima etapa é implementar técnicas de cura que promovam o equilíbrio e a harmonia do corpo e do espírito. As práticas de cura xamânica são variadas e visam tratar o indivíduo de forma holística, abordando os aspectos físicos, emocionais, mentais e espirituais.

Uma técnica fundamental de cura é a utilização de cristais. Cristais como quartzo, ametista, citrino e turmalina negra são conhecidos por suas propriedades de cura e equilíbrio energético. Colocar cristais em pontos específicos do corpo ou ao redor do ambiente pode ajudar a restaurar o fluxo de energia. Por exemplo, a turmalina negra pode ser usada para proteção e remoção de energias negativas, enquanto o quartzo pode amplificar as intenções de cura.

Outra prática eficaz é a terapia de som, que utiliza frequências vibracionais para ajustar e harmonizar a energia do corpo. Instrumentos como tambores, tigelas tibetanas e sinos são frequentemente usados em cerimônias xamânicas. O som rítmico e repetitivo ajuda a induzir estados meditativos profundos, permitindo que a energia bloqueada se mova e se reequilibre.

Além disso, cânticos e mantras podem ser entoados para elevar a vibração energética e promover a cura.

A jornada xamânica é uma das técnicas mais poderosas no arsenal do xamã. Durante uma jornada, o xamã entra em um estado alterado de consciência, geralmente induzido pelo som rítmico do tambor, para viajar ao mundo espiritual. Lá, ele busca orientação e cura dos guias espirituais, animais de poder e ancestrais. Essas jornadas podem revelar causas profundas dos problemas energéticos e proporcionar soluções específicas e personalizadas para o indivíduo.

A prática de rituais de purificação também é essencial na cura de problemas energéticos. A defumação com ervas sagradas, como sálvia, cedro ou palo santo, ajuda a limpar energias negativas do corpo e do ambiente. A fumaça dessas ervas tem propriedades purificadoras e pode ser usada antes de cerimônias de cura ou diariamente como uma prática de manutenção energética. A defumação deve ser feita com intenção clara e foco, movendo a fumaça ao redor do corpo e pelos espaços habitados.

A meditação guiada é uma técnica que pode ser usada diariamente para manter o equilíbrio energético. Meditações focadas em visualizar luzes de cura, como uma luz branca ou dourada, fluindo pelo corpo, podem ajudar a dissolver bloqueios e restaurar a vitalidade. Visualizar-se em um lugar seguro e sagrado, como uma floresta ou um campo de flores, pode proporcionar uma sensação de paz e rejuvenescimento.

O uso de plantas medicinais é uma prática tradicional no xamanismo que pode apoiar a cura energética. Infusões de ervas como camomila, erva-cidreira, e lavanda podem ajudar a relaxar o corpo e a mente, promovendo um estado propício à cura. Além de chás, óleos essenciais dessas plantas podem ser usados em difusores ou aplicados diretamente no corpo para benefícios terapêuticos. As plantas são vistas como aliadas espirituais, e seu uso deve ser feito com respeito e intenção.

A prática de grounding, ou aterramento, é crucial para manter o equilíbrio energético. Caminhar descalço na terra, praticar jardinagem ou simplesmente sentar-se na natureza pode ajudar a liberar a energia excessiva e a absorver a energia estabilizadora da terra. O grounding ajuda a ancorar a energia do corpo, promovendo um estado de calma e equilíbrio.

Participar de círculos de cura e comunidades espirituais também pode ser muito benéfico. Esses grupos oferecem suporte emocional e espiritual, permitindo que os indivíduos compartilhem suas experiências e aprendam novas práticas de cura. O senso de comunidade e pertencimento pode fortalecer o processo de cura e proporcionar novas perspectivas e insights.

Ao integrar essas técnicas de cura no dia a dia, é possível tratar efetivamente os problemas energéticos e promover um estado de equilíbrio e harmonia. A cura xamânica, com sua abordagem holística e profunda, oferece um caminho poderoso para a saúde e o bem-estar integral, proporcionando uma vida mais plena e conectada com o universo.

Uma vez alcançado o equilíbrio energético, é essencial implementar práticas de manutenção para garantir que a harmonia seja preservada. A manutenção regular do equilíbrio energético é vital para prevenir o retorno dos problemas e para sustentar uma saúde integral a longo prazo.

Uma prática fundamental para a manutenção do equilíbrio energético é a meditação diária. Reservar um tempo específico todos os dias para meditar pode ajudar a limpar a mente de pensamentos negativos e manter a energia fluindo suavemente pelo corpo. Meditações guiadas que focam na visualização de luzes curativas ou na conexão com a natureza podem ser particularmente benéficas. Essa prática diária não só ajuda a manter o equilíbrio, mas também promove um estado contínuo de paz e bem-estar.

A prática regular de grounding continua a ser crucial. Atividades como caminhar descalço na grama, sentar-se na terra ou abraçar uma árvore ajudam a conectar-se com a energia estabilizadora da terra. Esses momentos de conexão com a natureza são poderosos para ancorar a energia do corpo e liberar qualquer tensão acumulada. Incorporar essas atividades na rotina diária ou semanal pode fazer uma diferença significativa no equilíbrio energético.

O uso de cristais de cura como parte da manutenção energética é altamente recomendável. Manter cristais como ametista, quartzo rosa e turmalina negra ao redor do espaço de vida ou no ambiente de trabalho pode ajudar a manter um campo energético limpo e equilibrado. Além disso, carregar pequenos cristais no bolso ou usá-los como joias pode proporcionar proteção contínua e equilíbrio energético ao longo do dia.

A prática de rituais de purificação regular, como a defumação, é essencial para manter o ambiente energeticamente limpo. Queimar ervas sagradas como sálvia, cedro ou palo santo uma vez por semana, ou conforme necessário, ajuda a remover energias negativas acumuladas e a renovar o espaço com energia positiva. Esses rituais devem ser realizados com intenção clara e um foco consciente na limpeza e proteção do espaço.

Manter um diário de gratidão é uma técnica simples, mas eficaz, para a manutenção do equilíbrio energético. Escrever diariamente sobre as coisas pelas quais se é grato ajuda a elevar a vibração emocional e mental, promovendo um estado contínuo de contentamento e paz. A prática da gratidão transforma a energia negativa em positiva e cria um ambiente interno propício ao bem-estar.

Participar de círculos de cura e comunidades espirituais regularmente é outra maneira de manter o equilíbrio energético. Esses encontros proporcionam apoio contínuo, troca de conhecimentos e a oportunidade de participar de cerimônias de cura em grupo. A conexão com outras pessoas que compartilham práticas semelhantes reforça a determinação e a motivação para manter as práticas de autocuidado.

O autocuidado físico é igualmente importante. Manter uma rotina de exercícios regulares, alimentação saudável e sono adequado contribui significativamente para a manutenção do equilíbrio energético. Atividades físicas como yoga, tai chi ou caminhadas ajudam a liberar a tensão e a promover um fluxo energético saudável. Alimentar-se com uma dieta rica em nutrientes, evitando alimentos processados e estimulantes, como cafeína e açúcar, também é crucial para sustentar a energia vital.

O uso de óleos essenciais como parte da rotina diária pode proporcionar benefícios contínuos para o equilíbrio energético. Óleos como lavanda, camomila e eucalipto podem ser usados em difusores, adicionados a banhos ou aplicados diretamente na pele para promover relaxamento e limpeza energética. Esses óleos possuem propriedades terapêuticas que ajudam a manter um estado de calma e bem-estar.

A prática de respiração consciente é uma técnica que pode ser incorporada em qualquer momento do dia. Exercícios simples de respiração, como a respiração diafragmática ou a técnica 4-7-8, ajudam a acalmar o sistema nervoso e a manter a mente e o corpo equilibrados. Fazer pausas regulares ao longo do dia para praticar respiração consciente pode prevenir o acúmulo de estresse e tensão.

Manter o equilíbrio energético é um compromisso contínuo que requer dedicação e prática regular. Ao integrar essas técnicas e práticas na vida cotidiana, é possível sustentar um estado de harmonia e vitalidade, promovendo uma saúde integral e uma conexão profunda com o universo. A manutenção do equilíbrio energético não só previne problemas futuros, mas também enriquece a vida, proporcionando uma experiência mais plena e consciente.

Além de manter o equilíbrio energético, é fundamental fortalecer e proteger a energia do corpo para garantir uma saúde duradoura e uma resiliência contra influências negativas. Diversas práticas xamânicas e técnicas holísticas podem ser implementadas para este fim.

Uma das primeiras etapas para fortalecer a energia é trabalhar com os chakras, os centros de energia do corpo. Cada chakra está associado a aspectos específicos da saúde física, emocional e espiritual. A prática de meditações focadas em cada chakra pode ajudar a equilibrar e fortalecer esses centros. Visualizar cores específicas, como vermelho para o chakra raiz ou azul para o chakra da garganta, enquanto se concentra em cada área, pode ajudar a ativar e harmonizar a energia.

A alimentação consciente também desempenha um papel crucial no fortalecimento da energia. Consumir alimentos ricos em prana, ou energia vital, como frutas frescas, vegetais, nozes e sementes, pode aumentar a vitalidade do corpo. Evitar alimentos processados, açúcares refinados e estimulantes como cafeína ajuda a manter a energia limpa e equilibrada. A hidratação adequada também é vital; beber água pura e fresca ao longo do dia ajuda a manter o fluxo de energia vital.

A prática regular de atividades físicas que promovem o fluxo de energia é essencial. Yoga, tai chi e qi gong são particularmente eficazes para mover e fortalecer a energia do corpo. Essas práticas combinam movimento, respiração e meditação, ajudando a liberar bloqueios energéticos e a aumentar a resiliência física e emocional.

O fortalecimento da energia também envolve a conexão constante com a natureza. Passar tempo ao ar livre, absorvendo a energia revitalizadora da terra, do ar, da água e do sol, é fundamental. Práticas como abraçar árvores, nadar em águas naturais ou simplesmente caminhar descalço na grama podem recarregar a energia vital e fortalecer a conexão com o mundo natural.

A proteção da energia é outro aspecto vital para garantir que o equilíbrio alcançado seja mantido. Uma técnica eficaz é a visualização de escudos de proteção. Antes de começar o dia, dedicar alguns minutos para visualizar uma luz protetora ao redor do corpo pode criar uma barreira contra influências negativas. Essa luz pode ser de qualquer cor que ressoe com a sensação de proteção, como branco, dourado ou azul. Reforçar essa visualização com a repetição de mantras de proteção, como "Estou protegido e seguro", fortalece a intenção e a eficácia do escudo.

O uso de amuletos e talismãs também pode fornecer proteção energética. Pedras como a turmalina negra, a obsidiana e o olho de tigre são conhecidas por suas propriedades protetoras.

Carregar essas pedras no bolso ou usá-las como joias pode ajudar a repelir energias negativas e a manter a aura limpa. Além disso, a criação de amuletos personalizados, imbuídos com intenções específicas, pode fornecer uma camada extra de proteção.

Participar de cerimônias xamânicas de proteção regularmente é outra forma poderosa de manter a energia segura. Essas cerimônias podem incluir a invocação de espíritos guardiões, a criação de círculos de proteção e a realização de rituais de purificação. O xamã pode guiar o participante na criação de um espaço sagrado e seguro, onde a energia negativa não pode penetrar.

A prática de rituais de limpeza energética no ambiente de vida e trabalho é igualmente importante. Defumar regularmente esses espaços com ervas sagradas, como sálvia ou palo santo, ajuda a remover qualquer energia negativa acumulada e a criar um ambiente protegido e harmonioso. Manter o espaço limpo e organizado também contribui para o fluxo livre de energia positiva.

A manutenção de relacionamentos saudáveis é crucial para a proteção da energia. Relações tóxicas podem drenar a energia e criar desequilíbrios. Estabelecer limites claros e praticar a comunicação aberta e honesta ajuda a proteger a própria energia. Cercar-se de pessoas que apoiam e elevam é essencial para manter um estado energético positivo.

Por fim, a prática regular de autocompaixão e autocuidado é vital para fortalecer e proteger a energia. Tratar-se com gentileza, reconhecer as próprias necessidades e dedicar tempo para o autocuidado diário promove uma resiliência energética duradoura. Atividades como banhos de ervas, massagens, e momentos de relaxamento são essenciais para recarregar e proteger a energia.

Ao integrar essas práticas de fortalecimento e proteção da energia na rotina diária, é possível criar uma base sólida para uma saúde integral e uma resiliência contínua contra influências negativas. Essas práticas não apenas ajudam a manter o equilíbrio energético, mas também promovem uma vida cheia de vitalidade, conexão espiritual e bem-estar.

Epílogo

Ao chegar ao final desta jornada através das práticas e sabedorias do xamanismo, quero expressar minha mais profunda gratidão a você. A decisão de embarcar nesta jornada de cura e autoconhecimento é um passo corajoso e transformador, e espero sinceramente que as técnicas e ensinamentos apresentados neste livro tenham proporcionado insights valiosos e um caminho claro para alcançar equilíbrio e harmonia em sua vida.

A prática do xamanismo nos ensina que estamos todos interconectados, não apenas uns com os outros, mas com o universo e com a natureza. É essa interconexão que nos permite acessar a cura verdadeira e profunda, e é minha esperança que você tenha encontrado neste livro as ferramentas necessárias para fortalecer essa conexão em sua própria vida.

Além de agradecer a você, leitor, gostaria de expressar minha mais profunda gratidão à incrível equipe de pesquisa e apoio que tornou possível a realização desta obra. Aos pesquisadores dedicados que mergulharam nas tradições antigas e nas práticas contemporâneas do xamanismo, suas contribuições foram inestimáveis. Sua dedicação em buscar e validar informações, muitas vezes enfrentando desafios e superando obstáculos, foi essencial para garantir que este livro seja uma fonte confiável e enriquecedora de conhecimento.

À equipe editorial, cujo olhar atento e habilidade refinada transformaram manuscritos brutos em um texto coeso e acessível, seu trabalho incansável e atenção aos detalhes garantiram que cada palavra ressoe com clareza e propósito. Sua paixão por este projeto foi palpável em cada etapa do processo, e sou eternamente grato por sua colaboração.

Finalmente, agradeço aos meus amigos e familiares pelo apoio contínuo e encorajamento. Sua paciência e compreensão foram fundamentais para que eu pudesse dedicar o tempo e a energia necessários para a criação desta obra.

Que este livro seja uma luz em sua jornada, guiando-o para uma vida de equilíbrio, cura e conexão espiritual. Que os ensinamentos e práticas aqui compartilhados floresçam em sua vida, trazendo paz, harmonia e uma compreensão mais profunda de si e do mundo ao seu redor.

Com gratidão e respeito,

Luan Ferr

Referências Bibliográficas

"El Manuscrito Sagrado de los Andes" - Tratado Ancestral del Chamanismo Andino. Q'ero Inka, Ed. 1210.

"Тайны Сибирского Шаманизма" (Segredos do Xamanismo Siberiano) - Tratado de Curandeiros da Tundra. Aldeia Evenki, Ed. 1100.

"The Path of the Apache Healer" - Tradições Espirituais dos Apaches. Nasceu-se Rindo, Ed. 1340.

"O Livro das Ervas de Cura Amazônicas" - Conhecimentos do Xamanismo Yanomami. Eldar Yanomami, Ed. 1230.

"الـ بربـ ر شـ يوخ معرفـ ة" (O Sabedor do Deserto) - Práticas Xamânicas dos Berberes. Ait El Caid, Ed. 1150.

"Te Mātauranga o ngā Tīpuna Māori" - Rituais de Cura de Aotearoa. Te Kooti Arikirangi, Ed. 1300.

"Healing Arts of the San People" - Medicina Ancestral do Deserto do Kalahari. Kagiso, Ed. 1250.

"Il Manoscritto del Guaritore Sardo" - Tradições Xamânicas da Sardenha. Antonia Pisanu, Ed. 1190.

"Le Manuscrit des Sages Celtes" - Rituais de Cura dos Druidas. Cernunnos MacRoich, Ed. 1050.

"Abenaki Healing Practices" - Conhecimentos Ancestrais dos Abenaki. Kchi Wados, Ed. 1280.

"तांत्रिक चिकित्सा का रहस्य" (O Segredo da Medicina Tântrica) - Práticas Xamânicas da Índia. Acharya Shankara, Ed. 1400.

"秘教の知恵" (Sabedoria do Esoterismo) - Tratado de Cura Xamânica Japonesa. Yamabushi Satoru, Ed. 1370.

"Arte Curativa dos Tupinambás" - Conhecimentos Xamânicos do Brasil. Pindarô Mirim, Ed. 1260.

"秘伝の医術" (Arte Secreta da Medicina) - Rituais de Cura do Japão. Hikari Mori, Ed. 1320.

"Şifa Sanatları" - Práticas Xamânicas da Anatólia. Derviş Mehmet, Ed. 1450.

"Las Artes Curativas de los Mapuches" - Medicina Ancestral do Chile. Lonko Antumapu, Ed. 1220.

"De helande konster av samerna" - Conhecimentos Xamânicos da Lapônia. Niillas Ailu, Ed. 1180.

"El Libro de los Conjuros de los Mayas" - Rituais de Cura Maia. Itzamnaaj Balam, Ed. 1350.

"Le Savoir des Anciens Gaulois" - Práticas de Cura Xamânica Gaulesa. Ambrosius Aurelianus, Ed. 1230.

"Shamanic Healing Practices of the Ojibwa" - Conhecimentos Ancestrais dos Ojibwa. Migizi, Ed. 1290.

"Artes de Cura dos Guarani" - Medicina Xamânica do Paraguai. Karai Pora, Ed. 1210.

"Oshe Nipa Egungun" - Práticas Xamânicas dos Iorubás. Babalaô Femi, Ed. 1280.

"Традиционные знания шаманов бурят" (Conhecimentos Tradicionais dos Xamãs Buriatos) - Medicina Ancestral da Sibéria. Bayan Khaan, Ed. 1140.

"Healers of the Hawaiian Islands" - Conhecimentos Xamânicos de Hawaii. Kahuna Lani, Ed. 1250.

"Antigos Rituais de Cura dos Celtas" - Práticas Xamânicas da Irlanda. Eithne Ní Bhraonáin, Ed. 1100.

www.ingramcontent.com/pod-product-compliance
Lightning Source LLC
LaVergne TN
LVHW040045080526
838202LV00045B/3498